М.М.БАХТИН

巴赫金文集

〔苏〕米哈伊尔·巴赫金 著

钱中文 主编

附卷二

张杰 樊锦鑫 王东政
吴晓都 征钧 华昶 译

陕西师范大学出版总社 西安

图书代号 WX24N1112

图书在版编目（CIP）数据

巴赫金文集．附卷二／（苏）米哈伊尔·巴赫金著；钱中文主编．—西安：陕西师范大学出版总社有限公司，2024.8
　　ISBN 978-7-5695-4091-8

Ⅰ．①巴…　Ⅱ．①米…②钱…　Ⅲ．①巴赫金(Bakhtin,Mikhail Mikhailovich 1895-1975)—文集　Ⅳ．①C52

中国国家版本馆CIP数据核字（2024）第018668号

巴赫金文集　附卷二
BAHEJIN WENJI　FUJUAN ER

〔苏〕米哈伊尔·巴赫金　著

钱中文　主编

出 版 人	刘东凤
出版统筹	杨　沁
特约编辑	李江华　黄　勇
责任编辑	于立平
责任校对	李　昊
封面设计	高　洁
版式设计	李宝新
出版发行	陕西师范大学出版总社
	（西安市长安南路199号　邮编 710062）
网　　址	http://www.snupg.com
印　　刷	三河市宏达印刷有限公司
开　　本	710 mm×1000 mm　1/16
印　　张	20.5
字　　数	272千
版　　次	2024年8月第1版
印　　次	2024年8月第1次印刷
书　　号	ISBN 978-7-5695-4091-8
定　　价	118.00元

读者购书、书店添货或发现印装质量问题，请与本社联系、调换。
电话：(029) 85308697

青年时期的巴赫金

青年时期的沃洛希诺夫

《巴赫金文集》编辑委员会

主　编　钱中文
副主编　白春仁　卢小合
委　员　钱中文　白春仁　卢小合　周启超
　　　　张　杰　夏忠宪　万海松

目 录

弗洛伊德主义　批判纲要 …………………………… 1

第一编　弗洛伊德主义与当代哲学、
　　　　心理学思想流派（批评原则）…………… 1

第一章　弗洛伊德主义的基本思想主题 ………… 1

第二章　当代心理学的两种流派 ………………… 11

第二编　弗洛伊德主义阐释 ……………………… 22

第一章　无意识和心理动力 ……………………… 22

第二章　无意识内容 ……………………………… 32

第三章　精神分析方法 …………………………… 43

第四章　弗洛伊德主义的文化哲学 ……………… 51

第三编　弗洛伊德主义批判 ……………………… 60

第一章　弗洛伊德主义是主观心理学的变种 …… 60

第二章　心理动力是思想观念动机的斗争，
　　　　不是自然力量的斗争 ………………… 67

第三章　作为思想观念的意识内容 ……………… 77

第四章　评对弗洛伊德主义的马克思主义辩护 … 84

在社会性的彼岸 …………………………………… 105

生活话语与艺术话语 ……………………………… 137

马克思主义与语言哲学 … 163
导论 … 163
第一编 语言哲学问题对于马克思主义的意义 … 167
第一章 意识形态科学与语言哲学 … 167
第二章 基础与上层建筑的关系问题 … 174
第三章 语言哲学与客观心理学 … 182
第二编 马克思主义语言哲学的道路 … 200
第一章 语言学哲学思想的两个派别 … 200
第二章 语言、言语和表述 … 219
第三章 言语的相互作用 … 238
第四章 语言中的话题与意义 … 255
第三编 语言结构中的表述形式史 … 263
第一章 话语理论和句法问题 … 263
第二章 "他人言语"问题的展示 … 267
第三章 间接言语、直接言语及其变体 … 277
第四章 法语、德语和俄语中的准直接言语 … 295

题注 … 320

弗洛伊德主义　批判纲要[①]

第一编　弗洛伊德主义与当代哲学、心理学思想流派(批评原则)

第一章　弗洛伊德主义的基本思想主题

  一　弗洛伊德主义和当代性
  二　弗洛伊德主义的思想主题
  三　当代哲学的类似主题
  四　弗洛伊德主义的初步评价

一、弗洛伊德"精神分析"的开端。

  1893年,两位维也纳医生弗洛伊德和布洛伊尔在一家精神病学的专业杂志上发表了一篇短文[②],题名为《论歇斯底里现象的心理机制》(预告)。文章为运用催眠术来治疗歇斯底里提供了崭新的方法。这

[①] 本书发表时署名B.H.沃洛希诺夫,本应编入本全集第2卷,现因篇幅关系收入本卷。——编者
[②] 该文收入布洛伊尔医生和弗洛伊德医生合著的《歇斯底里研究》(Studien über Hysterie)一书,1895年第1版,1922年第4版。——译者

一"预告"成了当代欧洲最盛行的思想流派之一——"精神分析"的发展开端。

精神分析诞生时,不过是作为一种简单的精神病治疗的方法①,其理论基础极其薄弱,然而在此后不过十年里,精神分析就已确立了自己的普通心理学理论,这一理论重新阐述了人的精神生活的各个方面。随后,这种心理学理论被运用于解释文化创作的不同方面,如艺术、宗教,以及社会和政治生活的现象。所以,精神分析就又建立起了自己的文化哲学。精神分析的这些普通心理学和哲学的理论渐渐排斥了这一学说的原始的、纯精神病学的内核②。

精神分析在欧洲知识界获得广泛成功还是始于战前。但是战后,尤其是最近几年,在欧洲各国和美国,它的影响达到了前所未有的程度。按精神分析在资产阶级知识界影响的广度来看,它已是一切同时代思想流派所望尘莫及的。在这方面能与其媲美的也许只有人智说(斯泰纳学说③)。甚至国际上的时髦流派,如当时的柏格森主义和尼采主义,任何时候,即使在其鼎盛时代,也没拥有过像弗洛伊德主义那样众多的追随者和爱好者。

精神分析"赢得欧洲"是相当缓慢的,而且一开始(在20世纪的头十年中)经历了非常艰难的道路。这表明,它并非像斯宾格勒学说④

---

① 弗洛伊德和布洛伊尔提出的治疗歇斯底里的方法应该只是对医学上其他疗法的一种补充。——作者
② 并非所有的精神分析者都像我们所说的那样。然而,这种观点是可信的。弗洛伊德后期的两本专著《超越唯乐原则》(*Jenseits der Lustprinzips*,1920年)和《自我和本我》(*Das ich und das Es*,1923年)具备纯哲学的性质。1922年,在上届世界精神分析者代表大会上,许多代表表示了忧虑,担心精神分析的投机的(思辨的)部分完全排斥了它本来的治疗使命,关于这一点参见费伦齐博士和奥托·朗克博士合著的《精神分析的发展目标》(*Entwicklungziele der psychoanalyse*,1924年)。——作者
③ 人智说是法国斯泰纳(1861—1925)等人的神智学的一种,它认为,人具有特别的"超自然"性质,可以直接与好像存在的灵魂世界交往。——译者
④ 斯宾格勒·奥斯瓦尔德(1880—1936),德国唯心主义哲学家,法西斯主义思想的先驱者之一,著有《西方的没落》。——译者

那样不胫而走,表面上"时髦一时",而是更持久、更深刻地反映着欧洲资产阶级现实的某些本质方面。所以,任何一个人,只要想深入了解当代欧洲的精神面貌,就不能回避精神分析。因为它非常独特、令人难忘地反映了当代生活的特征①。

怎样解释精神分析的这一成就呢?为什么欧洲资产阶级热衷于它呢?

当然,不是因为这一学说关于学术专业和精神病学的方面。如果以为,所有这些大量的精神分析的狂热崇拜者只是出于对精神病学的专业问题,以及对研究这一学科的专门构造感兴趣才倾心于精神分析,那是极其幼稚的。他们不是在这方面和弗洛伊德主义情投意合。在绝大多数情况下,弗洛伊德是他们研究过的第一位也是最后一位精神病学家。而《国际精神分析杂志》(*Internationale Zeitschrift für Psychoanalyse*)成了他们翻阅的第一种也是唯一的一种精神病学专业杂志。如果以为弗洛伊德成功地使精神病学的专业问题引起了广泛的注意,那同样非常幼稚。显而易见,并非由于对治疗方法成就的实际兴趣而导致了对精神分析的关注。倘若认为所有这些大量的弗洛伊德的崇拜者只是些渴求痊愈的精神病院的病人,那就更加荒唐。毋庸置疑,弗洛伊德之所以能使当代资产阶级大为激动,不是靠其学说的学术专业方面,也不是靠它狭义的运用方面。

任何一个思想流派如果不只是专家的狭小范围内的所有物,而还能逐渐地吸引广大社会各界的读者群,而这些读者自然不会钻研学说的专业细节及细微差别,那么其中,必然会有一个基本主题,即决定其成就与影响的整个体系的思想基调。这一基本主题能笼络人心,独自

---

① 统一的国际弗洛伊德主义者组织的存在就可以说明弗洛伊德主义运动的广泛性。1924年举行了第八届弗洛伊德主义者会议。出席大会的各地方团体的代表分别来自维也纳、布达佩斯、柏林、荷兰、苏黎世、伦敦、纽约、加尔各答和莫斯科。创立了许多精神分析期刊和专门的"布达佩斯国际精神分析出版社"。1920年,在柏林为贫穷的精神病患者开办了第一家精神分析医院。——原编者

说明许多问题。它相对独立于广大读者难以理解的,该学说的科学理论的复杂构造。所以,可以用简单明了的形式来标出它,用不着担心有什么不准确。

在开头这一章里,我们为下面的介绍做一点准备,我们的任务是挖掘弗洛伊德主义的这一基本思想主题,并给予它以初步的评价。

这样,我们按下面的内容来论述。

精神分析是一座极为复杂,时而又饶有趣味的迷宫。在引导读者步入之前,必须一开始就使其站在坚决批判的立场上。我们应首先向读者说明,在什么样的哲学界状况之中,也就是说在哪些其他哲学流派之中,无论它们是否支配着欧洲知识界的思想,他应该来了解精神分析,以便真正把握这一学说的思想实质和价值。因此,必须强调,精神分析的主题绝不是什么绝对新颖和意料之外的,而是完全可以纳入20世纪第一个四分之一时期一切资产阶级哲学思潮发展的基本轨道,也许是它们最鲜明和最大胆的表现。

在下一章即第二章里,我们不急于阐释弗洛伊德学说本身,努力先使读者了解当代心理学各种流派的斗争,然后再去批判地理解这一学说的纯心理学方面。由此,我们就确定了要了解和评价弗洛伊德主义的纯心理学观点的步骤。

我们让读者有了批判的思想准备,做好了认识新现象的历史铺垫,从第三章开始转向系统阐释精神分析,不再用批评来打断这一叙述。本书的第二篇[①]将重新回到第一编两章中批判过的内容。

二、什么是弗洛伊德主义的基本思想主题呢?

人的命运,人的生活和创作的一切内容,也就是说,如果他是艺术家,他的艺术内容;如果他是学者,他的科学内容;如果他是政治家,他的政治纲领和活动——完全取决于他的性欲的命运,只取决于这一种

---

① 应为第三编。——译者

命运。其他一切只是性欲这一基本的强大旋律的泛音①。

如果人的意识告诉自己其他的生活和创作起因与动力,那么人在撒谎。在弗洛伊德那里,基本主题的展开总是伴随着对意识的批驳。

因而,人身上起重要作用的不是决定其历史地位和作用的各自所属的那个阶级、民族和历史时代,而只是他的性和年龄。其余一切都仅仅建筑在此之上。人的意识的确立不在于其历史生活条件,而在于生物条件,主要是性欲。

这就是弗洛伊德主义的基本意识形态主题。

就一般形式而言,它并不新鲜,也不奇特,然而,新鲜和奇特之处在于其各个组成部分——性和年龄这两个概念的仔细分析,因为在这里,弗洛伊德确实成功地揭露了丰富多彩的新因素和新特点。由于官办科学在所有涉及人的性生活问题上的无比虚伪,这一切在他以前完全不能够科学地加以考察。弗洛伊德多少展开和充实了性欲的概念。我们习惯于把这一概念和那些通常的生活认识联系在一起,而这些认识原来仅是他庞大理论中的一个小角落。在评价精神分析时,需要记住这一点。因为,例如指责弗洛伊德主义是"泛性论"的同时,不应该忘却弗洛伊德的"性欲"一词有着这种新的、特别宽泛的含义。

其次,在性欲和年龄间的联系问题上,精神分析揭示了许多难以预料之处。人的性欲史始于其诞生之时,经历了一个漫长、独特的发展时期。它迥然不同于"从无辜婴儿到成熟少年,再到无辜老人"这一素朴的体系。弗洛伊德竟然不落窠臼地解开了斯芬克斯让俄狄浦斯猜的人的年龄之谜②。这种解谜有多少道理是另一回事,我们后面再

---

① 作者强调的只是弗洛伊德主义的基本主题。在进一步的阐述之中(第二编第一章),读者可以确信,无意识精神过程之存在的学说、"宣泄与反宣泄"说同样是弗洛伊德主义不可分割的部分。[见《性科学手册》(*Handbuch der Sexualwissenschaften*)(1926年,第614页)中弗洛伊德的文章]——原编者
② 据希腊神话,斯芬克斯那个著名的谜语是:"是什么用四条腿、两条腿和三条腿行走,腿越多时反而越没有力气?"聪明的俄狄浦斯猜出来谜底是"人",因为人儿时用四肢爬行,成年时用双脚行走,到了老年则需要加上一根拐杖。——译者

论述它。这里我们注重的只是,弗洛伊德主义的基本思想主题的两个组成部分"性和年龄"都已用新的内容加以补充和丰富了。所以,一个本身古老的曲调发出了新的音响。

然而,曲调仍是古老的。在各个社会团体和阶级频频更迭、创造历史的所有时代中它常常重复出现。这是危机和衰落的主题。

当这一或那一社会阶级处于没落时期并被迫退出历史舞台时,其意识形态就开始再三重复和不断变换说法来强调:人首先是一个动物。它企图从这一"启示"的观点出发,重新评价世界和历史的整个价值。著名的亚里士多德公式的第二部分("人是社会的动物")这时被彻底忽视了。

这些时代的意识形态把注意的重心转到了孤立的生物体。而机体一般动物生活的三个基本事件"出生、性交(coitus)、死亡",按其思想意义来看,开始和历史事件相匹敌,似乎成为历史的替代物。

人身上的非社会性东西和非历史性东西被抽象出来,并通过超社会、超历史的尺度和标准来解释。看来似乎这些时代的人们想逃避不适而又冷漠的历史氛围,躲进动物生活的机体温暖之中。

例如,在希腊国家的没落时期,在罗马帝国的衰歇时期,在法国大革命前的封建贵族制的崩溃时代,都出现过类似情况。

尽管在不同的情绪中,在诸如贪图享受、禁欲主义之类的现象中,还存在着各种细微的差别,罗马衰落时期的文学(如彼特罗尼乌斯的《萨蒂里孔》),17世纪末至18世纪的法国贵族怀疑主义的智慧就这样向我们表现了自然之力、造化之力和历史之无力且无益的主题。恐惧历史、重新评价个人生活的利益、把人身上生理和性欲的因素放置首位——这就是所有这类思想现象的共同特征。

三、正因为如此,自19世纪末叶以来,类似的曲调重新清晰地在欧洲思想中响了起来。抽象的生物体再度成为20世纪资产阶级哲学研究的主要对象。

"纯粹理性"(康德)的、创造性"自我"(费希特)的,以及"绝对精神"(黑格尔)的哲学是资产阶级兴盛时代(18世纪末,19世纪上半叶)朝气蓬勃、自我清醒的哲学。它还充满着历史及资产阶级领袖的激情。到19世纪下半叶,它就越来越庸俗化,并停滞在后继者的经院哲学的死气沉沉、毫无变化的体系之中(新康德主义者、新黑格尔主义者、新费希特主义者)。终于,在我们今天,消极、萎靡的生命哲学接踵而来。它用生物学和心理学装扮自身,百般变化,并且使用了所有可能加前后缀的动词"жить"(生活)、"переживать"(忍受)、"изживать"(摆脱)、"вживать"(体验)等等①。

各种结构组成的生物学术语直接吞没了宇宙观。因为大家都千方百计地寻找一切生物学上的比喻,乐于使在康德纯粹理性的冷漠之中凝固了的物体复活。

这一当代哲学的基本特征是什么呢？

当代思想家们,如柏格森、齐美尔②、戈姆佩尔兹③、实用主义者舍勒尔④、杜里舒⑤、斯宾格勒,尽管彼此之间存在着许多分歧意见,各属不同的流派,但是基本上仍然有三个基本主题把他们联系在一起：

(1)哲学体系的中心是生物学意义的生命。孤立的有机体的统一性被认为是哲学的最高价值和标准。

(2)不相信意识。试图把意识在文化创作方面的作用降到最低限度。因此,把康德主义作为一种意识哲学加以批判。

(3)企图用主观心理学或生物学之范畴来替换客观社会经济学的范畴。力图回避经济,直接从自然本性出发来认识历史和文化。

这样,作为至今仍最知名的欧洲哲学家之一,柏格森把生命冲动(elan vital)这一概念确立为整个哲学体系的中心。他竭力从这里引

---

① 见Г.李凯尔特的《生命哲学》(科学院,1922年)。书中有许多资料,但作者作为新康德主义者、唯心主义者,其观点是不能被接受的。——作者
② 齐美尔(1858—1918),德国哲学家。——译者
③ 戈姆佩尔兹(1832—1921),德国哲学家。——译者
④ 舍勒尔(1874—1928),德国哲学家。——译者
⑤ 杜里舒(1867—1941),德国生物学家,活力论的代表人物之一。——译者

出文化创作的一切形式。认识的最高形式(指哲学的直觉认识)和艺术创作类似于本能。它最充分地反映了整个生命之流。柏格森轻视造就精密科学的理智,而且即使理智的形式也是直接从机体的生物构造中演绎出来①。

不久前去世的齐美尔在早期的论著中表现为一个康德主义者,到20世纪就成了各种时髦的生物学流派的旗帜最鲜明的鼓吹者之一。他认为,个体生命之封闭的有机体的统一性是一切文化价值的最高标准。凡是能接近这种个体统一性的,才具有思想和意义。在其代表作之一《个体律令》中,齐美尔努力把个性特殊发展的规律理解成道德法则。他一边反对康德提出的道德法则是一种普遍形式(绝对的无上命令),一边又发展了自己特殊的道德法则的概念。这一法则应该调节的不是人与人的社会关系,而是封闭、孤立的有机体内部的力量和欲望②。

刚故去的美国心理学家、实用主义之父詹姆士的追随者和实用主义者运用了更愚蠢的形式来表现哲学上的生物学倾向。他们试图把文化创作的一切形式都归结为适宜、合理等生物学过程③。

弗洛伊德的同胞,维也纳哲学家根里赫·戈姆佩尔兹在未完成的"泛经验主义"哲学体系中表现出和弗洛伊德主义接近的独到之处。戈姆佩尔兹试图把诸如因果关系、客体等一切思想范畴一起归于人的机体对外界的感觉和情感反应。维也纳性学家奥托·韦伊宁格尔对他不无影响④。

---

① 柏格森最重要的著作《创造进化论》(俄译本,莫斯科,1909年)。——作者
② 见齐美尔的《特殊的规律》(罗戈斯通讯社,1914年)。该文作为一个章节收入齐美尔的最后一本专著《生命直观》(Lebensanschauung,1909年)。关于齐美尔,斯维亚洛夫教授已用马克思主义的观点撰写了一篇短文,作为齐美尔《现代文化的冲突》一书的序(彼得格勒,《基础知识》,1923年)。——作者
③ 见詹姆士的哲学著作《实用主义》(Прагматизм,俄译本,蔷薇出版社)。该书是这一流派的主要著作。——作者
④ 戈姆佩尔兹的主要著作 Anschauungslehre 有俄译本《直观理论》,蔷薇出版社出版。关于奥托·韦伊宁格尔对他的影响参见《直观理论》,第172—175页。——作者

我们注意到,当代最有影响的德国哲学家、现象学派的主要代表舍勒尔也以更加复杂的形式发表了同样的见解。舍勒尔一边反对心理论、简单生物论,宣扬客观主义,一边又深深怀疑意识及其形式,采用认识的直觉方法。舍勒尔在这方面和柏格森接近。他由生物体对外界的适应形式推出一切正确的经验科学①。

著名生物学家、新活力论者、实验形态学的奠基人之一、现任的哲学教授杜里舒在其著作中最彻底地表现出要竭力使哲学服从于部门科学的任务和方法。他的体系的基本概念是"隐德来希"(亚里士多德所用的术语。逐字译出的意义是指"实现一种内在目的的活动")。"隐德来希"仿佛是有机体一致和达到目的的基本要素。它制约着机体的一切行为,无论是低级的动物作用,还是高级的文化活动②。

最后,我们还得提提轰动一时,但已几乎被遗忘的斯宾格勒。他试图用生物学范畴来理解历史过程③。

这样,我们发现,弗洛伊德主义的基本思想主题绝不是孤立的。它附和着当代资产阶级哲学的一切基本主题。当代哲学的整个体系始终贯穿着对历史的特殊恐惧。它力图不顾整个历史和社会去开辟

---

① 从舍勒尔的著作中,我们列举两本为例,如《现象学和同情感理论》(*Phänomenologie und Theorie der Sympathiegefuhle*,哈勒,1913 年),《论人的永恒》(*Vom Ewigen im Menschen*,1920 年)。除了巴姆梅尔的文章《马克思·舍勒尔,天主教和工人运动》(《在马克思主义旗帜下》,第7—8页,1926年)以外,没有关于舍勒尔的俄文论著。我们在准备出版的《当代西方哲学思想》一书中为舍勒尔专门写了一章。在列举的第一本书中,舍勒尔花了不少笔墨来分析和评价弗洛伊德主义。——作者

② 杜里舒的代表作:《机体哲学》(*Philosophie des Organischen*,1909 年,两卷本版,做过重要修改的一卷本出版于 1921 年)。《秩序论》(*Ordnungslehre*,1926 年)和《实在论》(*Wirklichkeitslehre*,1924 年)。俄文版的杜里舒著作有《活力论及其历史和体系》(莫斯科,1915 年)。评论他的俄语论文,参见尼·伊·卡纳耶夫的《当代新活力论》(《人与自然》杂志,1926 年,第 1—2 期,国家出版社书籍发行联合公司列宁格勒分公司)。——作者

③ 他的著作《西方的没落》,两卷本版。第 1 卷的第一部分有俄译本《因果与命运》(科学院,1924 年)。用马克思主义的观点来批判斯宾格勒的论著有:杰博林的《哲学和马克思主义》(论文集),论文《欧洲的毁灭或者帝国主义的胜利》(国家出版社,1926 年)。——作者

另外的世界，并且就在有机体的深处挖掘到了这一世界。这是资产阶级世界瓦解和衰落的征兆。

弗洛伊德的"性理论"是时髦的生物论的极端。它把当代反历史主义的各种因素都集中到了一个浓缩的方面。

四、我们应该如何看待当代哲学的基本命题呢？是否有根据来设想从人体的生物学原因直接推导出整个文化创作呢？

抽象的生物个性，当代思想之基础的生物个体其实并不存在。因而社会之外的人，客观社会经济条件之外的人就根本没有。这是一种歪曲的抽象。人的个性只能是社会总体的一部分，只能处于阶级之中。他是历史现实和文化生产的一部分。若要成为历史的人，仅仅生理上的出生是不够的。动物只有生理上的出生，但它不是历史的。这就需要第二种出生，即社会出生。人的出生不是表明诞生了一个抽象的生物体，而是说明降生了一个地主或农民，资产者或无产者；还表示生于1800年还是1900年。因为只有这种社会和历史对人的制约才使人成为现实的人，决定着人的生活和文化创作的内容。任何回避这第二种的社会出生的企图以及由机体生存的生物学前提演绎出的一切东西都是不可信的，并且注定要失败的。因为无论一个人的每一举动，无论一种具体思想的形成(想法、艺术形象，甚至梦幻内容)都不可能脱离社会经济条件来阐释和理解。甚至即使生物学的专门问题，如不充分考虑被研究人体的社会地位，也不可能得到彻底解决。显然，"人的本质并不是单个人所固有的抽象物。在其现实性上，它是一切社会关系的总和……"①

---

① 马克思语。引自《费尔巴哈论纲第六》，见恩格斯的《路德维希·费尔巴哈》，第89页，普列汉诺夫译，莫斯科红色处女地出版社，1923年。——作者

第二章　当代心理学的两种流派

一　问题的提出
二　实验心理学
三　客观心理学
四　语言反应
五　马克思主义与心理学
六　弗洛伊德主义的心理学问题
七　科学与阶级

一、我们已经熟悉了精神分析的基本主题，并且明确了它和欧洲当代其他思想流派的渊源关系。

这一主题始终贯穿着整个精神分析体系。当然，在其独特的文化哲学方面，思想倾向更加一目了然。但是，即使就心理学而言，在该体系的专业学科材料中，我们也能够发现这种基本的主题。它作为一种决定因素制约着弗洛伊德主义者关于人的精神生活及其内驱力的一切概念。

然而，却流行着一种相当普遍的看法①：尽管精神分析的基本思想主题是异端邪说，但精神分析仍具有健康和宝贵的科学因素，这就是它的心理学理论。该观点的维护者认为，弗洛伊德的专业心理学学说完全受另一种哲学观的支配。它最恰当地回答了马克思主义对科学心理学提出的要求。

为了弄清这个问题，我们认为，在阐释精神分析之前，必须引导读

---

① 贝霍夫斯基、扎尔金德、弗里德曼、卢里耶等人的观点。参见第三编第四章评对弗洛伊德主义的马克思主义辩护说的批判分析。——作者

者了解当代心理学基本流派的状况,以及马克思主义观点可能对这一科学的方法论基础提出哪些要求。目前,在西欧和我们国内,在研究人和动物的心理活动方面,展开了一场两种派别的激烈论战,即客观心理学和主观心理学的论战。

它们中的每一流派自身又分成了许多分支。下面我们仅谈谈其中最重要的一些。可是,至于它们的区别和特点,我们将不涉及。我们注重的只是客观主义者和主观主义者观点间的最根本的区别。

主观心理学在当代最重要的变种是实验心理学(冯特①、詹姆士等人的学派;我国这一学派的魁首是切尔巴诺夫教授②)。而客观心理学的变种是反射学(巴甫洛夫③、别赫捷列夫④等人的学派),也称之为"关于行为反应的科学"(行为主义)。它在美国得到了极大的发展(华生⑤、帕迈里⑥、杜威等)。在国内,布隆斯基、科尔尼洛夫从事着类似行为主义方面的研究(反应学)⑦。

主客观心理学间的本质区别何在?

人对心理活动的认识有两种:

(1)人在自身、在内部经验中直接观察到不同内心感受的流动,即表象、情感和愿望。

(2)人从其他人和动物身上仅仅只能够观察到另一客体受刺激而产生的各种反应的心理活动的外部表现。当然,在外部经验中,没有

---

① 冯特·威廉·马克斯(1832—1920),德国心理学家、哲学家、实验心理学的代表人物。主要代表作有《生理心理学原理》等。——译者
② 盖奥尔克·伊凡诺维奇·切尔巴诺夫(1862—1936),俄国心理学家、哲学家。——译者
③ 参见 И.П.巴甫洛夫院士的《动物高级神经活动客观研究的二十五年实验》,1926年版,关于多数大脑半球研究的讲稿,1927年版。——作者
④ 参见 Б.М.别赫捷列夫的《人的反射学的一般基础》(彼得格勒,1923年,1926年,第3版)。——作者
⑤ 参见 J.B.华生的《行为主义者眼光中的心理学》(伦敦,1919年,俄文版,国家出版社,1926年)。——作者
⑥ 参见 M.帕迈里的《人的行为科学》(纽约,1921年)。——作者
⑦ 参见科尔尼洛夫的《关于人的反应学说》(莫斯科,1921年,第2版,国家出版社,1927年)以及《用辩证唯物主义观点解释的心理学教科书》(莫斯科,1926年)。——作者

任何愿望、任何情感、任何意动。因为,它们无论如何是看不见、听不到、摸不着的,而存在着的只是产生在反应(也就是刺激反应)体中的一定的物质过程。显然,这一心理活动的外在物体语言,人在自身也能观察到。

这里就出现一个问题,科学的心理学应该依据哪种经验:内部的,即主观的,还是外部的,即客观的,或许是这一和那一经验材料的某种综合?

二、应当说,把纯主观经验作为心理学的唯一基础,不掺杂任何外部经验,真正持这一观点的人,目前已不存在。

主观心理学的现代翻版的代表们下了这样的结论:作为心理学的基本原则,也许只能说,直接观察内心活动,即自我观察是合适的。然而,它的材料应该由外部观察来充实和检查。这就是实验的目的,即在一定的、正是由实验者创造的外部条件之中来引发各种心理现象(体验)。

同时,这种心理学的实验内容不可避免地表现为两部分:

(1)实验的第一部分,指作为研究对象的体验,它产生所需要的一切外部物理环境,即设备、刺激物。因刺激而出现的身体外部的表现和试验对象的反应属于实验者外部客观经验的范围。实验的第一部分都服从于利用专门仪器进行精密的自然科学的鉴定、分析和测算的方法。

(2)实验的第二部分,指心理体验本身。它不属于实验者的外部经验,而且原则上超出了任何外部经验的范围。这部分只是试验对象本身的内部经验。它向实验者提供自我观察的结果。实验者已经把试验对象的这些直接的内部材料和自己的外部客观经验材料加以联系。

显然,整个实验的重心在于第二部分,即它的主观部分,也就是说,在于试验者的内在体验上;实验设备正是为了它而安排的。其实,这一内部体验也是心理学研究的对象。

13

所以，实验心理学最关键的词是自我观察。这一流派的代表者们引以为自豪的其他一切——一切精密的测算仪器——只是自我观察的外部形式，只是主观内心图画的客观科学框架，不会有更多的内容。

三、这就必然会出现一个问题：试验对象的"内在体验"不是破坏了实验者的外在经验的一致性和连续性吗？

某些和外在经验材料不相连的东西，某些原则上不属于客观分析和测算的东西，不是加入了这一内在观点吗？（要知道，正是用内部观点，研究对象阐明了自己的体验。）

客观心理学的代表者们正是这样认为的。他们断言，如这样运用主观主义者推崇的自我观察方法，就不可能建立起真正的客观科学。在建立科学的心理学时，必须始终如一地坚持外在客观经验的观点。若引进自我观察的材料，就会破坏客观经验的统一性和连续性。显然，一切在生活和实验中具有某种意义的东西，应该是外在物质的因素，应该在某种纯物质的变化中来表现①。

这类纯物质因素是生物体对刺激的不同反应。这种反应综合起来就形成了我们所说的人或动物的行为。

动物体的这种行为完全属于外在的客观经验。而在外在的客观经验中，一切都能被注意和测算到，都能被推导出和外在刺激以及周围物质环境条件的必然的因果关系。只有这种人和动物的物质表现行为才是心理学研究的对象。这种心理学研究才是准确和客观的。客观主义者的主张就是这样。

心理学的实验（即使是客观主义者，当然也应该运用实验）应该限于外在世界，并且它的一切方面应该使实验者容易了解。但有一点是完全不能允许的，即把内在和外在观察的资料放在同一个物质经验的

---

① 为了准确，必须指出，行为主义者在否定把自我观察作为一种研究的科学方法的同时，毕竟还承认，在心理学作为一门科学的现代条件下，自我观察在某些方面还可以当作一种我们直接运用的观察方法加以运用。（参见华生的《作为行为科学的心理学》，第38页）——原编者

水平面上。而主观心理学正是这样做的:两种材料不可避免地会同时形成(也就是说同一种现象将出现两次);这将产生混乱,外在物质经验的严整和一致将遭到动摇。试验对象的"内心感觉"也应该在某种程度上变成外在经验语言。只有在这种形式下,它才能被实验者观察到。

四、试验对象的语言[①]**和外在经验中的内心体验相一致,在语言的帮助下,试验对象能表达这一体验。**

体验的这种表现称之为语言或口头反应(或者用行为主义术语说,"语言报告法")。

口头反应是高层次的复杂现象。它包括下面几个成分(也就是组成部分):

(1)语音的物理现象。

(2)神经系统、发音和知觉器官中的生理过程。

(3)对应于语言"意义",并从另一(或另一些)方面来"理解"这一意义的各种现象和过程的特殊组织。这个组织不属于纯生理的阐释。因为,构成它的各种现象越过了封闭的生理机体的界限,并且以一些机体的相互影响为前提。所以,语言反应的这一第三组成部分具有社会学的特征。各种语言意义的形成要求在个人间的长期而又有规律的社会交往过程中,确定视觉、运动觉、听觉反应间的联系。可是,即使这一组织,也完全是客观的。因为,无疑所有这些构成语言联系的途径和过程都属于外在经验,并原则上接近客观方法,尽管不是纯生理学意义的方法。

即使在试验对象一点也没把自己体验说出来,而是"默默地"体验着的时候,口头反应的复杂器官也在一些基本方面运动着:因为如果它意识到体验,那么它就会产生出内在的("内隐的")言语过程(这是由于我们又思索、又感觉、又想借助于言语;如没有内在言语,我们自

[①] 原著为 acoь,这里采用"语言"的译法。——译者

身什么也不能意识到);这一过程和外在言语①一样,是客观存在的②。因此,倘若我们进行心理学实验时,用口头的等价物(内在和外在的言语,或仅仅是内在的言语)去替换"内在体验",那么我们就能够保持外部物质经验的统一性和连续性。客观主义者正是这样理解心理学实验的。

五、当代心理学的两个流派。

在这两个流派中,哪一个更接近辩证唯物主义原理呢?显然是第二个,即客观心理学流派。因为,只有它才符合唯物主义一元论的要求。

马克思主义决不否定主观心理现象的存在。无疑,主观心理现象是存在着的。然而,无论如何不能把它和机体行为的客观物质基础相分离。心理现象只是有机体的特性之一,所以不能把它作为一种特殊的解释现象和物质相对立。相反,必须完全以外在物质经验为基础,说明在哪一类有机物和哪一个复杂性层次中,物质会出现这一新的特性——心理现象。这只是物质的一种新特性。内在主观经验根本不能解释这一点。在这方面,客观心理学是完全正确的。

然而,辩证唯物主义给心理学提出了又一个非常重要的要求。这一要求远非是客观主义者常常意识到并加以完成的,即人的心理学应该社会学化的。

确实,若不注意客观社会学的观点,怎能理解人的行为呢?一切基本的、人的生活中存在的行为都是由社会环境条件中的社会刺激物所引起的。如果我们知道的只是刺激物的物理成分,只是反应的、抽象的生理学成分,我们对人的行为还了解得很肤浅。

例如,语言反应在人的行为活动中起着极大的作用,因为内在言

---

① 内在言语,原文为 внутренняя речь;外在言语,原文为 внешняя речь。——译者
② 《论语言的反应》,参见华生的《心理学》,第 6 章。Л.С.维戈茨基的论文《意识作为行为心理学问题》(科尔尼洛夫教授主编的论文集《心理学和马克思主义》,第 175 页,列宁格勒,国家出版社,1925 年)。——作者

语总是伴随着人的每一个有意识的行为。正如我们所看到的,语言反应不属于纯生理学的研究方法,它是人的机体的特殊的社会表现。

语言反应只能形成于社会环境的条件之中。口头联系的复杂构造形成和实现于各生物体间长期而有规律的、多方面的社会交际的过程之中。显然,没有客观社会学的方法,心理学就无法解释。

总之,心理学应该运用客观方法,在自然和社会环境条件中,研究人的实际表现行为。这就是马克思主义给心理学提出的要求。

六、在当代心理学流派的斗争中,精神分析占据着什么样的位置呢?

弗洛伊德本人和弗洛伊德主义者们把自己的学说看成是建立真正客观的自然主义心理学的第一次和唯一的一次尝试。正如我们所指出的那样,在俄国心理学和哲学文献中,出现了一些论著。它们企图证明,精神分析在专业研究方面是正确的。所以,在此基础之上(当然,包括各种变化和补充),它更多地回答了马克思主义向心理学提出的要求[1]。另一些客观心理学和马克思主义的代表人物则对精神分析持另一种看法。他们认为,精神分析和客观唯物主义的观点格格不入[2]。

这一问题有趣而又非常重要。

客观心理学是一门年轻的科学,它还只是刚刚开始形成。它对自己观点和方法的最好解释在于深入批判和反对其他流派的过程之中(当然,至于它对行为具体材料的直接研究,就更不用说了)。因为这

---

[1] 参见 A.Б.扎尔金德的《弗洛伊德主义和马克思主义》(革命时期的文化概观);同名文章发表在《红色处女地》杂志,1924年,第4期。另见他的《有机体的生命和暗示》(国家出版社,1927年,第7、8、9三章)。Б.贝霍夫斯基的《论弗洛伊德精神分析学说的方法论基础》(《在马克思主义的旗帜下》,1923年,第12期)。Б.Д.弗里德曼的《弗洛伊德的基本心理学观点和历史唯物主义理论》(科尔尼洛夫主编,《心理学和马克思主义》)。A.Г.卢里耶的《精神分析作为一元论的心理学体系》(出处同上)。——作者

[2] 参见 B.尤里涅茨的《弗洛伊德主义和马克思主义》(《在马克思主义的旗帜下》,1924年,第8—9期),并见拙文《在社会性的彼岸》(《星》杂志,列宁格勒,1925年,第5期)。——作者

促使它在方法论方面坚定和更清楚地认识到自己的立场。

客观心理学一直受到一种严重的威胁，即堕入朴素的机械唯物主义的危险。这一危险在研究无机自然界的自然知识方面，早就不那么严重了，而它在生物学方面却已更加严重。在心理学中，简单的机械唯物主义能够起到直接破坏的作用。这种简单的唯物主义倾向和与此相连的客观心理学任务的特别简单化，我们在美国的行为主义者①和俄国的反射学学者那里能够发现。

这样，当客观心理学面临着对精神分析提出的一切复杂和特别重要的问题必须表明批判立场的时候，明显地表露出以简单化的生物学态度去看待人的行为的缺陷和拙劣。因此，在心理学中运用辩证法和社会学的观点的必要性就显而易见了。

问题在于，对弗洛伊德心理学理论的批判分析，把我们紧紧地引向了语言反应的问题以及它在整个人的行为活动中的意义。这是人的心理学的一个最重要和最难解的问题。

我们看到，精神分析向我们解释的一切精神现象和冲突，都是人的语言和非语言反应间的复杂的相互关系和冲突。

我们知道，即使在人的行为的语言（口语）之中，也存在着内在和外在言语之间的强烈冲突。我们清楚，在生活的某些方面（例如，性的方面），语言联系形成得特别困难而又缓慢（也就是说，语言反应的形成必须经过个人之间交际的过程，从而达到确定视觉和运动，以及其他反应间的联系）。用弗洛伊德的话来说，所有这一切都是意识与无意识的冲突②。

弗洛伊德的力量在于，他非常尖锐地提出了这些问题，并且收集了研究材料。他的弱点在于，他不理解这一切现象的社会本质，并力图钻进个别有机体及其心理的狭小圈子。

---

① 指人的行为科学的代表者。——作者
② 其实，弗洛伊德本人就知道"无意识的"即"非语言的"这一定义。这一点下面再说。——作者

他从个体心理学的角度来解释一些实际的社会过程。

由于如此忽视社会学,弗洛伊德学说还存在着另一个弊病,即其方法的主观性。显然,这种主观性已加以了掩饰(因为这个缘故,所以会引起争议)。弗洛伊德并没有自始至终地坚持外在客观经验的观点,并从内部来阐释人的行为冲突,即用自我观察的方法(但是,我们再次强调,它已加上了一些修饰过的形式)。因此,就像我们让读者确信的那样,他注意的那些事实和现象的解释(说明)是根本无法接受的。

在批判地评价弗洛伊德主义之际,我们还会面临另一个非常尖锐的问题。它和第一个语言反应问题紧密地联系着。它涉及"心理的内容":思想、愿望、梦幻等内容①。这一心理内容完全是思想意识方面的;从模糊思想和不清楚、不定型的愿望,到哲学体系和复杂的政治构想,我们看到一个连续着的思想意识现象系列,从而也是社会学的现象系列。无论这一系列从头至尾的哪一个部分,都不只是个别有机体创造的产物。不管是最模糊的思想,如果没说出来的,还是复杂的哲学活动,都同样是以个体间的社会交际为前提的(固然,这一交际的社会性有着不同的形式和层次)。然而,弗洛伊德却认为,这从头至尾的一系列思想意识现象都来源于个别心理的最简单因素,仿佛处于社会的真空里。

当然,在这里,我们只先指出心理学最重要的两个问题。但是我们强调,读者在阅读下面精神分析的阐释时,应该时刻注意这两点。

七、现在,在本章的结尾处,我们还应该谈谈本章开头稍稍提过的一个问题。

从我们前面的初步意见中,读者已经能看出,弗洛伊德在心理学的专业学科方面绝不是以中立的态度来对待一般思想意识的阶级观点。这和其在基本哲学主题方面所鲜明地表现出来的观点是一致的。

---

① 严格地说,这是同一问题的另一个方面。因为,我们借助于内在言语来认识心理内容。——作者

至于这一点，并不是所有人都同意。许多人认为，专门科学问题能够而且应该完全脱离一般的世界观。在当代争论之中，就心理学研究的对象和方法来说，不少学者提出了这样的观点：在世界观和社会倾向的问题之中，专门科学是高度中立的(所以，心理学也是如此)。

我们认为，专门科学的这种中立是纯属空想的。因为，无论从逻辑上，还是从社会学内容上来看，这种中立都是不可能的。

确实，只有当我们还没有完全把某种科学理论认识清楚时，我们才会看不到它和世界观基本问题的必然联系。只要我们执着地思索，这种理论就一定会向我们表明其一般的哲学倾向。

例如，主观心理学的任何流派，无论其怎样发展，在方法论上都必然会倒向二元论，也就是把存在分为两个互不相容的方面，即物质和精神；或许倒向纯唯心主义的一元论。"内在体验的"那个纯而又纯的部分，正像我们看到的那样，在实验室里破坏了实验心理学派的客观存在的统一性，并且足以成为阿基米德所要的那个支点，使整个世界的客观物质图画分崩瓦解。

在社会学方面，科学的中立也不可能存在。要知道，即使人的思想中的最无可非议的主观真诚性也不能令人相信。阶级利益和偏见是一个客观社会学的范畴。它远非是个体的心理所总能意识到的。然而，正是在这一阶级利益中包含着任何一种理论，任何一种思想的力量。很清楚，如果思想是有力、可信而又有意义的，那么，显然，它能够触及一定社会组织生活的某些本质方面，能够在阶级斗争中把自己和这一组织的基本立场联系起来，哪怕这种思想的创立者本身完全没有意识到。思想家的影响和活动力量与他们的阶级基础、他们受到一定组织的社会经济生活影响的大小直接成正比关系。我们记得，语言反应纯粹是社会的产物。这种反应的一切根本的、不变的(牢固的)因素正是阶级的，而不是个人的自我意识因素。

人的思想从来都不只是反映，他力图了解客体的存在，而且同时反映认识主体的存在，反映主体的具体的社会存在。思想是一个双面镜。它的两面能够而且应该明亮而不模糊。我们力图理解弗洛伊德思想的两面。

现在,无论是主要的哲学,还是主要的心理学的当代流派,我们都已经相当清楚了。我们又熟悉了马克思主义的准则。所以,我们手中现在就有了一个指南针。我们借助于它,就能够步入精神分析的迷宫了。

第二编　弗洛伊德主义阐释

第一章　无意识和心理动力

一　意识和无意识
二　弗洛伊德主义发展的三个时期
三　无意识的最初概念
四　净化法
五　第二时期的特点
六　压抑说

一、弗洛伊德认为，人的心理分为三个部分：意识、无意识和前意识。

这三部分或者心理现象体系处于不停的相互影响状态，而前两部分又处在彼此激烈的斗争之中。人的心理生活就是由这一影响和这种斗争所构成的。应该把每一种精神活动和每一个人的行为都看作是意识和无意识之间冲突、斗争的结果，看作是这样一种标志，即在生活的某一瞬间，这些不停斗争着的各方所达到的力量对比关系的一种标志。

如果我们只听到意识向我们述说我们的精神生活，那么我们任何时候都不能弄清这一生活。因为，在同无意识的不停斗争中，意识总是有片面性的。无论是整个心理生活，还是意识自身，意识向我们提供的都是些十分虚假的材料。然而，心理学却总以意识提供的材料为基础，来确立自己的原理。而且大部分心理学家简单地把心理现象和意识现象相混淆。只有少部分人注意到了无意识,如李普斯①或者沙可·让·马丁②及其流派。但他们又根本没有充分肯定它在心理中的作用。他们把无意识作为精神生活的永恒不变的现成附属品而提出来。他们对它和意识斗争的不息活动却视而不见。根据弗洛伊德的意见,由于心理现象和意识的这一混淆,旧心理学为我们描绘了一幅完全虚假的精神生活图画。因为心理现象的主要部分和其动力中心正是在于无意识部分。

弗洛伊德主义的"情欲"③揭示了整整一个世界。它在文化和历史的彼岸发现了新大陆。然而,同时它对于我们又很熟悉。它随时准备冲破意识表层,它反映在我们的语言、任何偶然失言、手势和行为之中。弗洛伊德理论的基本特点之一是无意识现象的这一可触性,而深入这类生活的最实际现象和日常普遍现象又那么容易。它不同于诸如叔本华,特别是爱德华·哈特曼④这类文体高雅的"无意识哲学家"的学说。

二、弗洛伊德的无意识这一概念并不是一蹴而就的,而是经历了一个漫长和几次质变的过程。

我们把它发展的历史分为三个时期。

在第一时期(一般称为弗洛伊德-布洛伊尔时期),弗洛伊德的无意识概念接近于著名法国精神病学家和心理学家沙可·让·马丁、李厄保⑤、伯恩海姆⑥、让内⑦的学说,它和他们有着直接的渊源关系(弗洛伊德求学于沙可和伯恩海姆)。

第一时期的大概年限是 1890 年至 1897 年。这一时期主要的和

---

① 李普斯(1851—1914),德国哲学家、心理学家、美学家。——译者
② 沙可·让·马丁(1825—1893),法国神经病理学家。——译者
③ 指弗洛伊德主义的无意识的主要内涵,即被压抑的情欲。"пафос"一词来自希腊语。——译者
④ 爱德华·哈特曼(1842—1906),德国哲学家。——译者
⑤ 李厄保(1823—1904),法国精神病学家。——译者
⑥ 伯恩海姆(1837—1919),法国精神病学家。——译者
⑦ 让内(1857—1947),法国心理学家。——译者

唯一的著作是弗洛伊德与布洛伊尔合著,并发表于1895年的"Studien üder Hysterie"(歇斯底里研究)。

第二时期是精神分析发展最漫长、最重要的一个时期。弗洛伊德关于无意识学说的一切基本和突出的特征在这一时期确立。这时,它已不落窠臼,独树一帜。各方面问题的研究都在这一时期进行,特别是理论和应用心理学方面。弗洛伊德还回避了广泛的哲学概括,回避了世界观问题。整个体系具有明显的实证主义特征[1]。弗洛伊德论著的风格冷静而又枯燥。这一时期大概的年限是1897年至1914四年。这一时期出版了弗洛伊德的所有主要的精神分析著作[2]。

在第三时期,无意识概念发生了本质的变化(尤其在弗洛伊德的学生和追随者的著作),并且开始和叔本华、哈特曼的形而上学学说相接近。世界观的一般问题开始压倒具体的专门问题。无意识开始既反映人身上一切最低级的东西,也反映其一切最高级的东西(主要指弗洛伊德主义的瑞士学派的代表者们)。出现了"自我理想"(Ich-ideal)学说。

如何解释学说精神本身的这些变化呢?这多少来自叔本华和爱德华·哈特曼的直接影响(还有尼采)。这时弗洛伊德着手仔细地研究他们(在第一和几乎整个第二时期的过程中,弗洛伊德作为彻底的实证主义者,不承认哲学[3])。这还多少说明追随弗洛伊德的新继承者们的有力影响。他们从一开始就用哲学与人文科学的方法来全面

---

[1] 弗洛伊德一直到现在(1926年)还继续坚持并实现了其学说的严格的经验主义特点。用他的话说,精神分析不是一个哲学体系。它不从个别严格的确定前提出发,力图借助于它们来把握世界的整体性,一劳永逸,而不留给新的探索和深邃观察以更多的空隙,它从不狂妄,随时准备修正自己的理论〔Handwörterbuch(《袖珍字典》),第616页〕。——编者

[2] Traumdeutung(《梦的解析》,1900年,俄译本,1911年)。Psychopathologie des Alltagslebens(《日常生活的精神病学》,俄译本,1925年)。Der Witz(《俏皮话》,俄译本,1925年)。Drei Abhandlungen zur Sexualtheorie(《性欲理论三讲》,俄译本,国家出版社,年代未注)。最后,主要的三卷Kleine Schriften zur Neurosenlehre(《神经病学论文集》)和一系列其他比较不重要的论著。——作者

[3] 参见弗洛伊德的《性心理学概述》,第55页,第75—79页。——作者

研究精神分析问题,并赋予这一研究以新的色调(特别是奥托·朗克和费伦齐)。然而,也许在这种转变中起最大作用的是着迷的同时代人对弗洛伊德学说的反响。在这一时期之前,弗洛伊德已成为最广泛的知识界所公认的"思想领袖"。但是,这一广泛的知识界却已在力图从弗洛伊德过去的著作中探求那些恰恰属于哲学的思想的主题。他们期待着,并且要求精神分析在世界观方面"开诚布公"。正因为如此,弗洛伊德渐渐地屈从于这一要求和期待。一个相当普遍的现象出现了:成就和推崇把在蔑视和敌意气氛中成熟和突起的学说引向了顺应环境和蜕化变质。

这一最后时期,即第三时期,和第二时期的界限大致是1914年至1915年左右①。这一时期的主要著作是弗洛伊德的两部晚期作品:*Jenseits des Lustprinzips*(《超越唯乐原则》)和 *Das ich und das Es*(《自我和本我》)②。然而,用更鲜明的文字论述来表现精神分析这一时期的,并不是弗洛伊德,而是他的得意门生奥托·朗克,是他在三年前出版的那本轰动一时的论著《生之创伤》③。这是最近主宰着精神分析的新精神的最典型表现。论著是一本彻头彻尾的哲学书。全书是用一位聪明人的语调和风格来写成的。他说着"庄严而恐怖的话语"。书在许多方面像一本拙劣的模仿之作,模仿处于迷恋叔本华时期的尼采④。结论极其惊人。在精神分析的第二时期,即经典时期,在冷静而枯燥的气氛中,这类书是根本不可能出现的。

这就是精神分析发展的三个时期。必须时刻注意它们的区别和特点。为了体系的逻辑一致性,不应该忽视它们。在三十三年的历史过程中,精神分析在许多方面发生了本质的变化。现在,它已经不是

---

① 弗洛伊德后期特征的最初旋律开始出现在下列论著中:*Einführung des Narzissmus* 和 *Trauer und Melancholie*(《自恋导论》和《忧伤和忧郁病》)。——作者
② 该书有俄译本(科学院,1924年)。——作者
③ *Trauma der Geburt*(《生之创伤》,1924年)。——作者
④ 指尼采的论著《悲剧的诞生》。奥托·朗克从这部书给自己的书选录了卷首题词。——作者

1914年战前的那个样子了。

三、究竟什么是"无意识"呢？在精神分析发展的初期，它的概念又是怎样的呢？

早在1889年，在南锡，弗洛伊德当时还是一位年轻的维也纳医生。著名的催眠术专家伯恩海姆的一次试验使他感到惊讶：被催眠的女患者得到指示：醒来之后，过一段时间打开放在房间角落里的那把伞。从催眠状态醒来以后，女患者在指定的时间准确地完成了这一指示。她走到角落，打开了房里的伞。在回答自己行为动机时，她说，她似乎想确认，这把伞是不是她的。这一动机和行为的实际原因完全不一致。显然，这是在行为之后想出来的。然而，它很可以满足患者的意识：她执意相信，打开伞是按照自己的愿望，她所有的目的是，要确认伞是否是她的。随后，伯恩海姆经过再三提问和引导她的思想，终于使病人回忆起真正的行为动机，即她在催眠时获得的指示[①]。

从这一实验中，弗洛伊德得出了三条一般的结论。这些结论确立了他早期的无意识概念。

（1）意识的动机，无论其主观上怎样执意，并非总是和行为的动因相一致。

（2）行为有时可以受制于活跃在心理之中、但却不能进入意识的力量。

（3）这些心理力量借助于一定的方法才能够被引导进入意识。

这三条又经受了精神病学自身的实践检验。以此为基础，弗洛伊德和他的老同事布洛伊尔医生一起提出了新的方法，名为治疗歇斯底里病的净化方法[②]。

四、这一方法的实质在于：歇斯底里和某些其他精神性（由于精神，而不是器官刺激所引起的）神经病的根源是患者不能意识到的精

[①] 关于这一点，见弗洛伊德的《精神分析运动史论》（《神经病学论文集》，第4辑）。——作者

[②] 关于这一切，参见弗洛伊德医生和布洛伊尔医生的《歇斯底里研究》（1895年，第1版；1922年，第4版）；或者参见弗洛伊德的《性学手册》，第610页。——作者

神构造物。

这是患者曾感觉过而故意忘却的某些精神刺激、感情或欲望。因为,出于某种原因,他的意识或者害怕,或者羞于记起它们。这些被忘却的感觉没有进入意识,因此就不能够得到正常的解脱和反应(宣泄)。它们导致了歇斯底里病症。医生应该召回这些感觉的记忆缺失(遗忘部分)使它们进入患者的意识,编织成这一意识的一个共同体。这样,给它们以自由宣泄和自我解脱的机会。用这种解脱方法,歇斯底里病症就不再存在了。

例如,某位姑娘依恋着一位亲人。但用她的眼光看,这种情欲是无法实现的,是粗野和反常的,以致她甚至连自己都不能承认这一感情。所以她不能使它受到清醒而又有意识的谴责,哪怕是一个人独自的时候。这种她自己都不承认的感觉在她心中处于完全隔绝的状态。它不能和其他感觉、思想和想象相联系。恐惧、羞愧、愤怒促使这一感觉要作痛苦的精神宣泄。这种被隔绝的感觉不可能找到宣泄的突破口。因为,宣泄正常的出口是一定的活动、动作或者哪怕是语言和意识的理智活动。这些宣泄口都封闭着。遭到各方挤压的(用弗洛伊德的话说,eingeklemmte 受压抑的)、被隔绝的感觉,开始用非正常的、不能被意识察觉的方法来寻找出口:用体内任何健康因素的沉默,用无缘无故的恐惧动作,用某种无意义的活动,等等。歇斯底里病症就形成于这种方法。在这种情况下,医生的任务就是,了解患者这种故意遗忘并不肯承认的病因,迫使她回忆起病因。为了这一点,弗洛伊德和布洛伊尔利用了催眠术(全部或者局部)。医生在知道了病因之后,应该帮助患者克服恐惧和羞愧,承认被遗忘的体验,不再把它"隐藏在歇斯底里的病症之中",并且让它进入意识的"正常生活"。这里或者用同这一体验的有意识斗争的方法,或者有时用合理让步的方法,医生给这一体验以正常宣泄的机会。也许我们的这位姑娘不得不忍受着沉重的生活痛苦和不快,然而,无论如何,这种痛苦已不是病症了。歇斯底里病症已不再要紧,并在渐渐减退。

弗洛伊德借助于亚里士多德的一个术语,把用有意识的宣泄方法来抛弃恐惧和羞愧的这种解脱,称为"卡塔西斯",即净化法。根据亚里士多德的理论,悲剧使观众的心灵由于恐惧和怜悯的情绪冲动而达到净化,它迫使观众消极地去体验这些感情。弗洛伊德和布洛伊尔正是从这里取得方法名称,即卡塔西斯(净化)①。

称之为歇斯底里病症的这些被遗忘感觉就是"无意识"。弗洛伊德在其学说发展的第一阶段就是这样理解它的。"无意识"可以被确定为是潜藏在心理中的某种异物,它和意识的其他部分并没有被固定的联想线索联系着,所以它破坏了意识的统一性。在精神生活中,幻想接近于它。幻想也比现实生活的体验更自由,它摆脱了联系着我们意识的密切的联想关系。催眠状态也接近于它。因此,弗洛伊德和布洛伊尔把"无意识现象"称为催眠现象②。

这就是早期弗洛伊德的无意识概念。

我们指出并且强调它的两个特点。第一,弗洛伊德没给我们提供无意识的任何生理学理论,甚至都没有做过这方面的努力。他和布洛伊尔恰恰相反。布洛伊尔提出了自己方法的生理学基础③。弗洛伊德从一开始就故意不谈生理学。第二,无意识的产物,我们只有在将其译成意识语言时才能把握到它。直接通过患者本人来处理无意识的其他方法并没有,也不可能有。

我们还要向读者指出,净化方法赋予语言反应以很大的意义。弗洛伊德本人就指出了自己理论的这种特征,他把自己治疗歇斯底里的方法和天主教的忏悔相比较。在忏悔时,教徒确实感到轻松和净化。因为他向外人(当时向神甫)公开了他自认为是罪孽的那些行为和思想,公开了他在其他场合决不会对任何人说的东西。这样,他使压抑和封闭在他心理之中并让其心理感到沉重的东西得以语言反应和语

---

① 参见弗洛伊德和布洛伊尔的《歇斯底里研究》,第 1—14 页。——作者
② 参见弗洛伊德和布洛伊尔的《歇斯底里研究》,第 188—189 页。——作者
③ 参见弗洛伊德和布洛伊尔的《歇斯底里研究》,第 161—162 页。——作者

言宣泄。语言的净化力量就在于此①。

五、现在,我们应该转入论述在精神分析的第二时期,即经典时期的无意识概念的进一步发展。它在许多新的最本质方面得到了丰富。

在第一时期,无意识表现为人心理中的相当偶然的现象:这是一种心病,是在任何偶然的生活环境的影响下,渗入歇斯底里患者心中的某种异物。正常的心理机制在第一时期是一个完全静止、不变的东西。各种心理力量的斗争根本不是一种常见的、有规律的形式,却是非常特殊和不正常的精神生活现象。其次,无意识内容在这一时期完全未被解释清楚,并且也被看作是一种偶然的东西。由于人的各自特点及其生活的巧合环境,这种或那种的痛苦或羞愧的感觉被隔绝、被遗忘,而且成为无意识现象。弗洛伊德并没有把这些感觉按任何类型加以概括。性因素的特殊意义还未被提出来。这就是第一时期的概况。

在第二时期,无意识已成为任何人的心理机制必不可少而且非常重要的一个组成部分。心理机制本身是动态的,也就是说,处于不停运动的状态之中。意识和无意识的斗争被阐释为一种经常的、有规律的心理活动形式。无意识成为文化创作的一切方面、特别是艺术方面的心理动力和能量产生的源泉。与此同时,在同意识斗争失利的情况下,无意识又可能成为一切精神疾患的根源。

依照弗洛伊德这些新观点,无意识的形成过程是具有必然性的。从人的诞生之日起,它就在人的整个生活过程中逐渐实现。这一过程称为"压抑"(Verdrangung)。压抑是精神分析学说的重要概念之一。

以后,无意识内容被加以典型化了。这已不是些偶尔、零散的体

---

① 应该同时指出,正是在这一时期,弗洛伊德在精神病学实验中已不再用催眠术来达到净化的目的,而换用了自由联想法。医生事先使患者有思想准备,用启示的问题和长时间的观察,来探寻到被驱逐进无意识的"羞愧或恐惧"的体验,并使它们进入意识,给它以自然的宣泄。——原编者

验,而是某些典型的体验,是基本上对所有人都一样的、具有一定特性的、主要是性欲的体验凝聚体(情结)。这些情结(体验凝聚体)在每个人的生活历程中重复着,在特定的阶段上被排挤进无意识。

在本章里,我们将要了解压抑的基本心理"机制"和与其紧密联系着的"检查作用"概念。无意识内容,我们在下一章里涉及。

压抑究竟是什么呢?

六、在人格发展的初级阶段,我们的心理不知道可能与不可能、有利与有害、允许与不允许的区别。

它只具有一个原则,即"唯乐原则"(Lustprinzip)[①]。在人的内心发展的初期,心中自由而随意地产生着感情和欲望。这些感情和欲望在以后的发展时期中会以犯罪感和卑鄙感引起意识的恐慌。在儿童心中,"一切都是允许的"。对他的心灵来说,不存在不道德的欲望和情感。它不知道任何羞愧与任何恐惧。它广泛地利用这一特权来大量积累最不道德的形象、感情和欲望。当然,这种不道德是用以后发展的眼光来看的。在发展的最初阶段,幻觉满足欲望的能力附和着唯乐原则的这种不容分说的霸权。因为,幼儿还不知道现实和非现实的区别。任何想象对于他来说已经是现实。这种幻觉满足通过梦伴随着人的一生[②]。

在精神发展的下几个阶段,唯乐原则在心理中失去了特殊的统治地位。因为和它一起出现的"现实原则"开始无视它,而成为经常活动着的心理生活的新原则。一切心理体验现在都应该从这两个原则中的每一个出发,体验到双重感受。显然,欲望常常不可能得到满足,所以导致了焦虑。或者,在满足的时候,它会给自己招来不快的后果,因为这些欲望本该受到压抑。某种表象能够密切地联系着恐惧感或痛苦的记忆,因为这些表象本不该出现在心中。

[①] 参见弗洛伊德的《论心理形成的两个原则》(《神经病学论文集》,第 3 辑,第 271 页)。——作者

[②] 参见弗洛伊德的《梦的解析》,第 388—391 页,第 403—405 页。——作者

这样就出现了心理选择。只有从两种原则观点出发,体验双重感受的心理部分,似乎才是合法的,能获得充分的权利并进入心理活动的最高领域——意识,或者才有可能进入它,也就是说,成为前意识,那些没有体验的部分就成了非法的,被压挤入了无意识体系。

这一压抑活动在人的整个生活过程之中。它机械地进行着,不要意识的任何介入。意识则使自己处于充分准备好的、净化的形式之中。它不注意压抑现象,并且也许甚至完全没有一点察觉到它的存在和它的内容。操纵压抑的是一股特殊的心理力量,弗洛伊德形象地称它为"检查员"①。检查员存在于无意识和意识体系之间。所有处于意识之中,或能进入意识的,都要受到严格的检查②。

一切大量的未能通过检查、被压抑至无意识的表象、感情和欲望,任何时候都不会消亡,不会丧失自己的力量。因为根除某种欲望或感情只能通过意识和意识操纵的活动和行为,首先要通过语言。而无意识是不能用语言表达的。它害怕语言。我们甚至独自用内心言语,都不能承认无意识的欲望,从而使它们没有任何出路,不能够变为行动。所以,它们总是潜藏在我们心中,却有着十分充沛、新奇的力量③。

压抑过程正是这样进行着的。

根据无意识形成的心理动力,我们现在可以把无意识现象确定为被压抑现象。这种被压抑的特性,换句话说,就是无意识的内容,我们将在下一章对此加以阐述。

---

① 即检查作用,又可译为守门员。——译者
② 参见弗洛伊德的《梦的解析》,第116页,第439页以后;《自我和本我》,第1—2章。——作者
③ 参见弗洛伊德的《超越唯乐原则》,第35—36页。《神经病学论文集》,第4辑,《无意识》。——作者

第二章 无意识内容

一　本能理论
二　幼儿的性欲生活
三　俄狄浦斯情结
四　第二时期的无意识内容
五　第三时期的本能理论(爱本能与死本能)
六　"自我理想"

一、我们已经知道了压抑过程。那么受压抑的材料从哪儿来呢?

究竟是哪些感情、欲望、表象被排挤进了无意识呢?

为了理解这一点,为了弄清无意识内容,就必须了解弗洛伊德的本能理论(Triebe)①。

心理活动的变化来自器官内部和外部的刺激。内部刺激有躯体的(身体的)源泉,也就是说,产生于我们自己的器官之中。弗洛伊德称这些内部躯体刺激的心理体现为本能。

弗洛伊德按目的和躯体源泉,把一切本能分为两种:

(1)性本能,其目的是延续种族,即使付出个体生命的代价。

(2)个体本能,或"自我本能"(Ich-triebe),其目的是保存个体。

这两种本能互不相融,彼此之间常常发生各种冲突。

我们只论述性本能,因为它的主要材料部分属于无意识体系。弗洛伊德仔细研究了这种性本能②。根据某些人的意见,弗洛伊德的主

---

① 参见弗洛伊德的《神经病学论文集》,第4辑,《本能及其命运》,以及《自我和本我》,第4章。——作者
② 参见弗洛伊德的 Drei Abhandlungen zur Sexualtheorie(俄译本,《性心理学概述》,莫斯科,国家出版社,1925年)。——作者

要功绩就在于性理论方面。

二、在上一章里我们谈过,幼儿在其心理生活的初期阶段,积蓄了意识以为是淫荡和不道德的大量感情和欲望。

这一观点对于不熟悉弗洛伊德主义的读者来说,大概非常奇怪,也许不能相信。确实,幼儿的不道德和淫荡的欲望从何而来呢?要知道,幼儿——这是纯洁无瑕的象征!

性欲,或者按弗洛伊德的说法,力比多(Libido,指性饥渴)是幼儿与生俱来的。它和他的躯体同时诞生,并在他的机体和心理中进行着不息的、只是有时较弱但任何时候永不完全停息的活动。性成熟,这只是性欲发展中的一个阶段,当然是非常重要的阶段,但这根本不是性欲的开始①。

在发展的初级阶段,"一切皆允许"的唯乐原则还不容分说地占据着统治地位。那时,性欲表现为下列基本特征:

(1)生殖器(性器官)还没成为机体的性欲中心。它们只是性感区之一(弗洛伊德称其为躯体的性敏感部位),并且其他区域和它们进行着有力的竞争。例如,口腔(吮吸时),anus②,或排泄粪屎时的肛门区域(肛门),皮肤,手或脚的大拇指等③。可以说,幼儿的性欲或力比多并没有在尚未成熟的性器官中聚积起来。它分散到他的整个躯体。他身体的任何一个部位都可以成为性激动的躯体源泉。弗洛伊德把性的发展的第一时期称为前生殖器期,因为性器官(生殖器官)还未成为性欲的机体中心。必须指出,性激动在人以后的整个生活过程中,一直保存在各种性欲区域之中(口腔和肛门)④。

(2)幼儿的性欲还不是独立的,尚未分化。因为,它密切地联系着

---

① 参见弗洛伊德的《性心理学概述》,第47—55页。——作者
② anus一词来自英文,意为肛门。——译者
③ 参见弗洛伊德的《性心理学概述》,第43—44页,第58页,第61页。——作者
④ 根据弗洛伊德的观点,幼儿的性欲发展经历了下面几个阶段:首先,前生殖器阶段是口腔阶段。这时,相对幼儿的最根本利益而言,嘴起主要作用。随之是肛门阶段。最终,是最后一个阶段。这时,生殖(性)器官占居首位。按弗洛伊德的意见,幼儿非常迅速地度过这一切阶段,大约在出生后的5至6年期间。——编者

机体的其他要求与满足过程,联系着摄食、吸奶过程,联系着小便、大便(解大手)等。它赋予这一切过程以性色调①。

(3)在第一阶段,即"口腔"阶段,幼儿的性欲在自身获得满足,并不需要客体(另一个人)。这是幼儿自恋的缘故②。

(4)因为生殖器官的主要作用(即它们在性生活中的优势地位)还不存在,所以本能的性分化还不牢固。可以说,性本能在其发展的第一阶段,是两性同体的(即雌雄同体)③。

(5)由于早期性欲的这些特点,幼儿表现出多方面的反常(Polymorph pervers)。它听命于受虐淫④、施虐淫、同性恋以及其他异常行为的摆布⑤。因为,幼儿的力比多分散在全身,并且能够和任何一个过程与机体触觉联系在一起。它从这一切中获得性满足。幼儿最少领悟到的正是正常的性行为。弗洛伊德把成人的性行为反常看成是正常发展的受阻现象,看成是向幼稚型(儿童)性欲的早期阶段的一种倒退。

在弗洛伊德看来,这就是幼稚型性欲的一些基本特征。

现在,显而易见,性欲及其表象和感情是一个如此巨大的蕴积物。它依凭儿童的力比多,产生于幼儿的心中。然后,它应该被无情地排挤进无意识。

我们可以说,我们心灵历史的一切早期阶段都处于我们的意识范围之外。要知道,人通常在四岁以前不记事。然而,这一阶段的内容没有丧失其力量,并且常常活动在无意识之中。这一过去并未消亡,它仍保留到现在,因为它是不可能被根除的。

三、在儿童的性欲生活中,这一受压抑历史的最重要内容就是对母亲的性欲,以及与此联系着的对父亲的仇视。

---

① 参见弗洛伊德的《性心理学概述》,第 55 页,第 75—79 页。——作者
② 参见弗洛伊德的《性心理学概述》,第 56—58 页。——作者
③ 参见弗洛伊德的《性心理学概述》,第 93—94 页。——作者
④ 受虐淫指用自我折磨和痛苦来满足性欲。——作者
⑤ 参见弗洛伊德的《性心理学概述》,第 66—68 页。——作者

这被称为俄狄浦斯情结①。关于这一情结及其在人的生活中的作用的理论就是弗洛伊德主义的最重要方面之一,它的主要内容在于:按我们以上分析的幼稚型性欲的思想来看,当然,人的性欲的第一个对象就是他的母亲。从一开始,幼儿对母亲的态度就明显地表现出性欲。弗洛伊德的著名学生奥托·朗克认为,甚至胎儿位于母腹之中时,就具有了性欲的特性。特别是,从分娩活动开始(与母亲第一次和最痛苦的分离、与母亲机体联系的破坏),就出现了俄狄浦斯的悲剧②。但是,力比多还要一次又一次地冲向母亲,把母亲照料和关心的每一举动都性欲化了。如喂奶、洗澡、擦屁股,所有这一切,对于幼儿来说,都蒙上了性色调,同时,对各种性欲区域和生殖器官的触及,往往又是不可避免的。这就唤起了幼儿的快感,有时甚至出现第一次勃起。幼儿常常跑到母亲床边,依偎在她身边。机体的模糊记忆把他吸引向母亲的 uterus(子宫),使他希望回归这一 uterus。所以,幼儿本能地渴求乱伦(近亲之间的性关系)。在这种情况下,乱伦的欲望、感情和表象的产生就很必然了。

在这种性欲中,父亲就成了小俄狄浦斯的情敌。他激起了儿子对自己的敌意。因为父亲干涉幼儿和母亲的关系,不允许把他放到床上,让他独自一人,要他适应没有母亲帮助的环境,等等。因此,幼儿就滋生出杀死父亲的幼稚型欲望。只有父亲的死,才能使他独自占有母亲。因为在幼儿发展的这一时期,在其心中,唯乐原则还占据着独裁的地位。所以,无论是乱伦的还是仇视的冲动、欲望,以及与之相连的各种感情和形象,都不受任何发展的限制③。

在现实原则具备了力量的时候,当父亲的禁令之声渐渐变为自己

---

① 关于这一点,参见弗洛伊德的《梦的解析》,第196—204页。这类论著还有:荣格的 *Die Bedeutung des Vaters für das Schicksal des Einzelnen*(《父亲的个人命运之意义》)、奥托·朗克的 *Incest motiv in Dichtung* 和 *Trauma der Geburt*(《诗与神话的动机》和《生之创伤》,1924年)。——作者
② 参见奥托·朗克的《生之创伤》。——作者
③ 对于幼女来说,正好是一种相反关系。——作者

的良心之声时,与乱伦欲望的沉痛、艰难的斗争开始了。这些欲望被排挤进了无意识。整个俄狄浦斯情结屈从于记忆缺失(遗忘)。恐惧和羞愧产生出来,取代了被压抑欲望。它们正是由心中渴求对母亲性欲的意向所引起的。检查员出色地完成了自己的任务:合法的(或说官方的)意识非常真诚地反对着俄狄浦斯情结的任何迹象。

弗洛伊德认为,俄狄浦斯情结的压抑过程远非总是对幼儿无害的。它常常导致精神病症,特别是儿童的恐惧症[①]。

根据弗洛伊德的观点,俄狄浦斯情结彻底说明了为什么在不同民族之间都广泛流传着有关乱伦,子杀父,或相反,父杀子的神话,以及类似的传说。这还解释了索福克勒斯的著名悲剧《俄狄浦斯王》给所有人留下的强烈印象。不过,从官方意识来看,我们应该承认,俄狄浦斯的遭遇无论如何是虚构的,不是生活中的典型现象。然而,弗洛伊德认为,这部悲剧如同任何一部伟大的艺术作品,绝不是为了迎合我们的官方意识,而是为了反映整个心理,首先是无意识深层[②]。

俄狄浦斯情结,这是人的生活的第一个史前事件。按照弗洛伊德学说,它对人的生活具有巨大的、直接决定的意义。这一初恋和初恨将永远成为他生活的最不可分割的感情。较之这些感情,一切后来的、已经出现于意识之中的色情态度只表现出某种表面的、肤浅的现象,没有触及机体和心理的最深层。奥托·朗克和费伦齐就干脆认为,一切后来的恋爱关系都只是第一次俄狄浦斯之恋的替代。而在俄狄浦斯情结之前,便出现了和客体即母亲的完全有机的结合。人的未来的 coitus(性行为)只是胎内的失去天堂的部分补偿。成人生活的一切方面都从这第一次被压抑进无意识的方面(即俄狄浦斯情结)获取心理力量。在更后面的生活里,人(当然,自己

[①] 参见弗洛伊德的《一个五岁男孩的恐惧症史》(《弗洛伊德文集》,第3卷,第1页起)。——作者

[②] 这类心理学研究以精神分析为基础,力图深入人的心理活动的深层(无意识区域)。它在精神分析的文献资料中获得一个新的术语"深层心理学"(Tiefenpsychologie)。——原编者

完全意识不到这一点)再三和生活的新加入者一起表演着这第一次的俄狄浦斯情结的内容,把被压抑的感情发泄到他们身上,然后把永恒的恋母和恋父感情移向他们。这也就形成了被称之为"移情机制"(Ubertragung)的基础。

移情机制是精神分析理论和实践的非常重要的方面。弗洛伊德用它来理解被压抑欲望的无意识转移,主要是性欲转移,从自己直接的对象转向另一替代者。例如,在每次用精神分析治疗时,恋母欲和恨父感常常移向医生。这样,病症就部分地被根除了。这就是移情机制在精神分析实践中的意义。移情是回避官方意识禁令的方法之一,是赋予无意识(哪怕部分的)以自由和表现的方法之一。

弗洛伊德认为,人的爱情生活在许多方面取决于他能把固定在母亲身上的力比多解放出来的程度。少年恋爱的第一个对象常常和母亲相像。

然而,在性欲的发展中,母亲形象会起到极其不幸的作用。因为官方意识把对母亲的爱变成了一种较高的精神之爱,也称之为敬爱,这就甚至不允许想到肉欲。乱伦的恐惧就由此而生。这种恐惧会在人的心中与任何敬意、任何精神方面密切地结合在一起。这就常常导致不可能与精神上钟情和敬爱的女人进行性交往,这就使得性欲整体不幸地分裂为两股,即肉欲冲动和精神依恋,它们不统一在同一对象身上①。

四、俄狄浦斯情结及其有关的一切构成了无意识体系的主要内容。

在人的一生中,后天被压抑的心理活动在无意识中还是较少的一部分,尽管个人的文化和修养水平的提高总是不断要求新的压抑。然而,一般可以说,主要部分,也就是说,无意识的基本部分是由以性为特征的幼稚型本能所构成的。在"自我"本能之中,应该提一提称之为侵略的(敌意的)本能。在儿童心理之中,因为"一切皆允许",这种侵

---

① 参见弗洛伊德的《爱情生活心理学》(《弗洛伊德文集》,第4卷)。——作者

略本能具有凶残的特性:幼儿强烈地希望自己的敌人至少要死去。这种"杀人的想法"甚至是针对最亲近的人。它们在幼儿生活的最初几年聚积得非常之多,随后,被排挤进了无意识。由于唯乐原则占统治地位,幼儿在一切方面都是一个完全彻底的利己主义者。对于这一利己主义,并不存在任何道德、文化的限制。在此基础上,无意识的大量材料已在形成。

这就是无意识内容的基本特征。我们可以用下面的扼要内容来表述它:只要机体听命于唯乐原则的摆布,只要他不与现实和文化原则相联系,他所能做的一切就都属于无意识范围。这里包括,在生活的早年幼稚型时期,当现实和文化压抑还很微弱的时候,当人自由地表现出自己天生的机体的自我满足时,他公开期望和明确想象出来的(在极小程度上已完成的)一切。

我们上面涉及了在弗洛伊德的无意识概念中各种基本因素的一切定义和特征:心理实现的两个原则,压抑、检查作用,本能理论,以及最后的无意识内容。正像我们已经指出的那样,在第二时期,即精神分析发展的良好时期,弗洛伊德对此进行了研究。我们主要依据这一时期的著作来阐述。

然而,我们知道,在第三时期,这一学说经受了相当大的质变和补充。我们也知道,这些变化向何处发展。

我们将不仔细地涉及精神分析发展的第三时期本身所带来的一切新的内容。因为,在今天,这一时期发展的高潮正在到来。其中许多方面尚未形成,还没最后确定。弗洛伊德本人这一时期的两部代表作也存在着表述不清和许多地方不明确的缺陷。它们在这些缺陷方面不同于弗洛伊德以前的著作。他以往的论著,从清晰度、准确性和完整性上来看,可算是经典之作。因此,我们只限于扼要地分析最重要的部分。

五、本能理论发生了质的变化。过去,本能分为性本能(延续种族)和"自我"本能(保存个体)。现在,取代它们出现了两种新的

本能：

(1)性本能或性欲。

(2)死的本能。

首先,"自我"本能和自卫天性归入了性本能(性欲)。所以,性本能的概念特别扩大了,它囊括了过去划分出的两种本能。

弗洛伊德用性欲来理解机体的生的本能,来理解千方百计保存和发展生命的本能。它们或者以延续种族的形式(狭义的性欲),或者以保存个体的形式。死的本能的任务是:一切有生命的机体回归到无机物的(即死亡物体的)无生命状态,力图回避生命和性欲的骚扰。

在弗洛伊德看来,整个生活就是这两种本能之间的斗争和妥协。在生命体的每一个细胞中混杂着性欲和死亡这两种本能;前者符合生理学的创造过程,后者是指有机物的衰亡。只要细胞活着,性欲就占上风[①]。

当不安的、求生的性欲在性方面得到满足时,死的本能就开始提高了自己的嗓门。因此,性欲充分满足后的状况和死相似,而在一些低级动物那里,授胎行为和死相一致。它们之所以死的原因在于:性欲满足时,死的本能就获得了充分的自由,并且要完成自己的使命[②]。

弗洛伊德的这一新理论反映出,他在生物学方面受到了德国著名生物学家、新达尔文主义者奥古斯特·魏斯曼[③]的很大影响;而在哲学方面,受到叔本华的强烈影响。

六、现在,我们要论述第三时期的第二个特点。它是指无意识内容的扩展,指这一内容从崭新和独特的方面得以丰富。

第二时期的特征是,从动力方面去理解作为被压抑现象的无意

---

① 参见弗洛伊德的《自我和本我》,第39页。——作者
② 参见弗洛伊德的《自我和本我》,第47—48页。——作者
③ 奥古斯特·魏斯曼(1834—1914),魏斯曼主义的创始人。——译者

识。弗洛伊德在精神病现象的研究中主要涉及了这一点①。在这一时期,专门的精神病学的研究占主导地位。正如我们看到的那样,被压抑现象主要是由性欲构成。它与我们的"自我"意识为敌。在最近的一部论著《自我和本我》中,弗洛伊德提出,把和我们的"自我"不相融合的、整个心理活动的这一部分,称为"本我"。"本我"——这是由性欲和本能所组成的内在混沌的自然力。我们有时非常敏锐地在自身察觉到它。它抗拒我们的理智和良好的意志。"本我"是一股强烈的冲动力;"自我"是一种理智和控制。在"本我"中,唯乐原则是至高无上的;"自我"则是现实原则的代表。一句话,"本我"是无意识的。

到目前为止,在涉及无意识时,我们只提到"本我"。因为被压抑的本能正是属于它的范围之内。所以,一切无意识都表现为某种低级的、模糊的和不道德的东西。所有崇高的、道德的、理智的一切都和意识相一致。这种观点是不正确的。无意识不仅是"本我"。即使在"自我"里,而且在它的高层次之中,也有无意识部分。

无疑,从"自我"出发的压抑过程是无意识的,为"自我"所实现的检查作用是无意识的。所以,相当的"自我"部分也是无意识的。弗洛伊德在后期把注意力集中到了这一方面。"自我"的内容揭示,显然比开始更广泛,更深入,并且更接近本质。由于我们了解了作为被压抑现象的无意识,就可以得出结论:正常人比他所认为的要更不道德。这一结论是可信的。然而,我们应该加以补充说,他比自己对这一点的了解更道德些②。

弗洛伊德说:"人的本来面目,无论是善的方面,还是恶的方面,都大大超出了他的自我意识。也就是说,他的'自我'是通过意识障碍来认识的。"

---

① 弗洛伊德本人说:"病理学研究把我们的兴趣主要引向了被压抑方面。"(《自我和本我》,第14页)——作者
② 参见弗洛伊德的《自我和本我》,第53—54页。——作者

弗洛伊德把"自我"中的高层次的无意识部分称为"自我理想"（Ich-ideal）。

"自我理想"——首先是指那个检查员，它的检查完成着压抑作用。然后，它（"自我理想"）在一系列其他非常重要的个人和文化生活的现象之中自我表现出来。"本我"表现于无意识的犯罪感之中。这种犯罪压迫着某些人的心灵。意识不允许这种犯罪，并同犯罪感做斗争，但是不能够克服它。这一犯罪感在宗教狂的残暴行为的各种表现之中，在与此相联系的自我折磨（禁欲生活、苦行、自焚等）的各种表现之中，起着巨大的作用。下面，"自我理想"则表现为被称之为"良心的突然发现"的现象、人异常的严格律己的表现现象、蔑视自己、忧郁等。在这一切现象之中，"自我"意识不得不屈从于无意识深层的实际力量。然而，同时，这一力量又是道德的，甚至常常是"高于道德"的，正如弗洛伊德所说的那样。

这种力量是如何在人的心中形成的呢？"自我理想"是怎样产生于这一力量之中的呢？

为了理解这一点，必须了解"自居作用"（认同）的心理机制。人的本能在对待任何他人时都会有两个方面。一是能够渴望占有对方。例如，幼儿在俄狄浦斯情结时期，力图占有母亲。二是也能够把自己和另一强者认同，与他一致，成为像他那样，吸收他进入自身。幼儿对父亲的态度就是这样：他想成为父亲那样，并模仿他。这第二种对待客体的态度出现得更早：它联系着幼儿和整个人类发展的最早的口腔（嘴）阶段。在这一阶段，幼儿（和史前人）除了吸收以外，不知道对待客体的其他方法；所有他认为有价值的东西，他都立即想把它放入自己的嘴里，并且这样使它成为自己机体的一个组成部分。模仿欲似乎是一种更原始的吸收的心理替代物。在人的生活中，自居作用有时取代了猎取恋爱对象的正常欲望。例如，在失恋时，在无法占有恋爱对象时，人要是把自己所爱之人的特征吸收进自身，他就与该对象相像，和他认同①。自居作用(认同)就解释了"自我理想"在人心中的形成。

在经历俄狄浦斯情结的时期,就"自我理想"的形成而言,与父亲的认同具有最重要的意义。这时,幼儿把父亲及其勇敢、威胁、指示和禁令一起吸收进了自身。因此,严厉和残酷的色调就出现在"自我理想"、良心、职责和绝对命令等本能之中。"你应该"第一次回响在人的心中,就像俄狄浦斯情结时期父亲的声音一样。与这一情结一起,它被排挤进了无意识。从那里,这一声音继续回响着,就如同内部的职责权威,如同崇高的、独立的"自我"和良心的嘱咐。在进一步的发展中,教师、宗教和教育的权威与父亲的声音相呼应。然而,这些影响是较表面和有意识的。所以,他们自己应该从人和父亲及其意志的早年认同中获取力量。弗洛伊德说:"'自我理想'保存着父亲的特性。俄狄浦斯情结愈厉害,压抑愈迅速,随之'自我理想'就像良心那样,也许像无意识的犯罪感那样,将愈严厉地控制着'自我'。"

这就是弗洛伊德关于"自我理想"的理论。

在结束本章时,我们指出,弗洛伊德在最近的一部著作中把无意识确定为是非语言的;它借助于和相应的语言表象的结合,变成前意识(从这里往往可以进入意识)②。在这里,弗洛伊德较自己过去的论述来说,赋予了这一定义以更大的意义。可是,即使这样,它仍然没有被进一步展开论述。

现在,我们要结束无意识的描述。我们已知道了它的产生,了解了它的内容。然而,我们还不知道最重要的一点:弗洛伊德获得了这一切关于无意识的见解,究竟依凭了哪些材料,借助了哪些方法,也就是哪些研究手段?因为,只有回答这一问题,我们才能判断所有这些见解的科学根据和可信性。下一章将对此进行阐述。

---

① 参见弗洛伊德的《大众心理学与自我分析》,1921年,第68—77页。——作者
② 《自我和本我》,第15—16页。在这里,弗洛伊德援引了较早的论述。这一论述首先提出了该定义。——作者

第三章　精神分析方法

　　一　妥协的结构
　　二　自由联想法
　　三　梦的解析
　　四　神经机能病症
　　五　日常生活的精神病学

一、当我们阐述早期的弗洛伊德的无意识概念时，我们强调，弗洛伊德没有找到揭示这一概念的直接途径，而是通过病人本身的意识了解到它。

至于他的成熟时期的方法，仍然必须重申这一点。正如弗洛伊德本人在最近的一部论著中就此所说的那样：

　　我们的一切知识常常和意识联系着。甚至我们能够认识无意识，也只是通过把这转换为意识的方法。

弗洛伊德的精神分析方法的实质在于解析（说明）特种意识的某些结构。

这些结构的形成根源于无意识材料的影响。

究竟这些结构是什么呢？

正如我们所知道的那样，对于无意识来说，直接通往意识和前意识的大门是封闭着的。检查员在门槛上守卫着。然而，我们也已知道，一切被压抑的本能并没丧失其能量，所以，常常竭力冲向意识。

它们要做到这一点，只有部分采用妥协和变形的方法。凭借这一方法，它们来蒙骗检查员的警惕性。当然，被压抑本能的变形和伪装在无意识区域中完成。它们一出现，就哄骗了检查员，从而进入意识。在意识中，它们是不被发觉的。研究者正是从这里，从意识之中发掘它们并且加以分析。

所有这些妥协的结构可以分为两种：

（1）病态结构：歇斯底里病症、呓语的思绪、恐惧症、日常生活的病态现象，如：遗忘名字、失言、笔误等。

（2）正常结构：梦境、神话、艺术创作，哲学的、社会的乃至政治的思想等，也就是说，人的整个思想意识创作方面。

这两种结构的界限是不稳定的。因为常常很难说明，正常结构在哪儿结束，病态结构又始于何方。

弗洛伊德把最主要的研究花在梦境上。解析梦境形象的实际方法就成了整个精神分析的拿手好戏。

弗洛伊德把梦境区分为两个方面：

（1）显意（manifester lnhalt），指梦境的形象。它们一般来自最近几天的模糊印象。我们容易回想起来，并且希望把它们告诉别人。

（2）隐意（latente Traumgedanken），指那些害怕意识境界，并巧妙地用显梦的形象来加以伪装的欲望。意识常常料想不到其本质[①]。

如何揭示这一隐意，也就是说，怎样解析梦呢？

二、针对这一点，弗洛伊德提出了"自由联想"的方法（freie Einfalle）或者由所析梦的显像而产生的自由联想（freie Assotiationen）。

应该让自己的心理获得充分的自由，应该减弱我们意识的阻抗和批评程度：无论什么，即使是最荒诞的、乍一看和所析之梦没有任何关系的思想和形象都让它进入大脑。应该采取完全消极的态度，并给一切要进入意识的东西打开自由的通道，尽管它似乎是无意识、失去作用或者和事情不相关的；唯独必须竭力捕捉心理中无意产生出来的

[①] 参见弗洛伊德的《梦的解析》，第80页以后。隐意由于其和白天印象的关系，有时称之为"白天留下来的无用的记忆"（Tagesreste）。——作者

东西①。

我们一着手这项工作,就会立即发现,它受到我们意识的强烈抵抗。因为某种内在的阻抗滋生出来,反对进行梦的解析。这一阻抗有各种形式:有时我们以为,不用解析,显意就够清楚了,所以不需要任何解释;有时又恰恰相反,我们认为自己的梦非常荒谬和怪诞,以致以为它不可能有任何意义。最后,我们往往谴责进入自己头脑的想法和形象,并把它们视作和梦境无关的偶然现象排挤进其发源地。换句话说,我们总是力图维护和坚持合法的意识观念,我们无论如何不想违背支配着这一最高心理境界的法规。

为了揭示隐意,必须克服这一顽固的阻力。因为它就是作为检查作用的那股力量。它使梦的真实内容(隐意)变形,把它变为梦境的显像(显意)。这股力量也阻碍着目前我们的研究。它正是梦和我们回忆时遇到的那些无意识的变形现象容易迅速遗忘的原因。然而,阻抗的存在有一个非常重要的标志:它出现的地方必然存在着被压抑的"未被检查"的竭力冲向意识的本能;所以阻力集结在那里。妥协的结构,也就是指梦境的显像以检查作用唯一允许的形式取代了这一被压抑本能。

当一切表现形式的阻抗最终被克服时,那些经过意识、看来偶然并无联系的自由思想和形象,原来却是达到被压抑本能即隐意的那根链条上的一些环节。这一隐意是欲望的隐蔽实现②。这种欲望在大部分情况下(但也不总是)③指性欲和一般幼稚型性欲。梦境的显像是欲望客体的换位表象,或者无论如何和被压抑本能有某种关系。

构成被压抑本能客体的这些替换象征的规则非常复杂。决定着它们的目的在于:一方面,要维护与被压抑表象的某种哪怕是模糊的联系;而另一方面,又要具有完全合法、无懈可击的意识形式所能接收的特点。这一点表现为:把某些形象融合成一个混杂的形象;确定许

---

① 参见弗洛伊德的《梦的解析》,第83—87页。——作者
② 参见弗洛伊德的《梦的解析》,第101页以后。——作者
③ 《袖珍字典》,第616页。——作者

多无论与被压抑表象,还是与现存的梦的显像有联系的间接形象和环节;构造意义迥然不同的形象;把激情和冲动及其实际客体转化为其他模糊的梦的细节,把情感激动转化为其对立面,等等。

这就是构成梦境象征的手法。

这些替换形象,即梦幻象征,究竟具有什么意义呢?这些意识与无意识的、允许与不允许的(但总是所希望的)妥协是为什么而服务的呢?它们是为被压抑本能开辟通路。它们允许部分地铲除无意识,并且以此来使心理纯洁,摆脱其深处聚积的被压抑能量。

在现实原则的压迫下,机体的一切本能和欲望的满足都遭到了拒绝,象征的创造是一种部分的补偿。这是妥协地摆脱现实的解放,是以"一切皆允许"和欲望的幻觉满足向幼儿天堂的一种回归。在做梦时,机体本身的生物形态是部分地再现了胎儿的胎内状态。当然,我们是在无意识地重新玩味这一状态,玩味这一向母腹的回归。因为我们脱去了衣服,盖上了被子,蜷起了双腿,歪斜着脖子,也就是说,我们再造了胎儿的状态;机体与一切外界刺激和影响隔绝;最终,正如我们所看到的那样,梦境部分地恢复了唯乐原则的权力。

三、我们现在以弗洛伊德本人分析梦的例子,来说明上述的一切[①]。

梦者刚在数年前死了父亲,其梦的显意如下:

父亲已死,但又被掘出,他面有病容。他继续活着,而梦者则尽力阻止死者注意……其后梦及他事,看来,和这一问题没有任何联系。

他的父亲已死,我们知道这一事实。"但又被掘出"——这和事实不符。对于以后的一切来说,不应该注意这一事实。但是,梦者说,在他给父亲送葬回来之后,他的一颗牙齿开始作痛。犹太人的宗教学说

---

① 参见弗洛伊德的《精神分析引论》,第 1 卷,第 195 页以后。——作者

中有一格言："牙痛,可以将牙齿拔去。"他想要照格言去做,因此,去看牙医。但是牙医说："这颗牙不需拔去,只要忍耐几天。我想用药杀死齿下神经,你过三天再来,我把放进去的药取出来。"

梦者忽然说："这一取出,便就是掘出了。"

"难道他的话对吗?其实,这不完全对,而只是大概如此。因为取出的不是牙本身,而至多是牙已坏死的一部分。据我们通过其他分析的经验,梦的工作是可以有这种遗漏的。在这种情况下,梦者因压缩作用,将已死的父亲和已死、而尚保留着的牙合而为一。无怪显梦是如此荒谬,因为关于牙的一切话语显然不适用于他的父亲。然而,父亲和牙之间究竟有哪一种公比的成分①呢?"

梦者本人对此作了回答。他说,他知道,"梦中掉牙,就是家内要死人的预兆"。

"我们知道,这种俗语的解释是不对的,或者最多也只是一种歪理。因此,我们在梦的内容的其他成分的背后,去发觉真意,便更感惊异了。

"在没有追问的情况下,梦者开始细述他的父亲的病和死,以及父子之间的关系。父亲卧病既久,儿子对于病人的侍候和治疗费用很大。但他仍忍耐着,毫不介意,绝没有希望一切早点结束的念头。他自诩在对待父亲方面能不违背犹太人的孝敬观念,而且坚守犹太人的法律的一切要求。

"然而,他的梦念难道没有向我们展示矛盾之点吗?他曾将牙齿和父亲混而为一。他一方面要以犹太法处置病牙,以为牙痛须即拔牙,另一方面又要以犹太法对待父亲,以为做儿子的不必顾惜金钱或精神上的损失,须承担整个负担,不要对父亲有所怨恨。假使梦者对于病父和对于病牙有同样的情感,也就是说,假使他希望父亲的病痛和费用因为他的死而早日完结,那么,二者情境的相同不更令人信服吗?

"我相信,这确是梦者对久病的父亲的态度,我又相信,他以孝顺自

---

① 两个概念对比所依据的第三个概念。——作者

谑乃是想阻止这种念头的出现。人们在类似的情形下,往往不免希望病父快死,而在表面又装作善意的考虑。例如,以为这对父亲也是一种解脱。然而,请注意,此时我们已跨过了隐意上的樊篱。无疑其思想的第一部分是无意识的,只是暂时的,换句话说,只是当梦的工作正在进行时才是这样。然而,敌视父亲的心理运动大概早已在患者的'无意识'之中聚积,还可以溯源于儿童期。而在父亲生病期间,这些运动又一次胆怯地化装潜入意识之内。对于成梦的其他隐意,无疑,我们更可以作此主张。确实,梦中没有对父亲怨恨的表示。但是,我们若追溯到孩提时代梦者对父亲的怨怒,便可知他之所以畏惧父亲,乃是由于他在儿童期和青春期后有手淫行为①,而他的父亲往往加以禁止。这便是梦者和他父亲的关系:他对父亲的情感略带敬畏的色彩。而敬畏则来源于早年的性的威胁。

"我们现在可由手淫的情结来解释梦中其他的说法了。②'他面有病容',实暗指牙医的另一句话,这里没有牙就未免不好看了。但是同时又暗指青年在青春期内因性欲过度,而流露或害怕自己流露的病容。梦者在显梦里的病容由自己转向他的父亲——这是梦的工作的拿手好戏之一③。

"'他继续活着',这句话一方面是指求父亲复活的愿望,也符合牙医保牙不拔的允诺。'梦者则尽力阻止死者(父亲)注意',非常巧妙地引导我们用他已死来完成这一句话。但句子的填补实际上又可指手淫那一情结。年轻人当然要设法掩盖自己的性生活,而不使父亲探悉。

"你们由此可见,这个不可解的梦是如何形成的。它是由一种奇异而引人进入歧途的压缩作用所构成的。因为此梦的一切形象都来源于隐意,并且造成双关的代替物,以代表隐意……"

---

① 俄狄浦斯情结。——作者
② 各种感觉一起和儿童的手淫联系着。——作者
③ 借助于弗洛伊德的阐释,梦的隐意转变为显梦并被揭示开来的过程称之为梦的工作。——原编者

精神分析的释梦正是这样进行的。在这种情况下,自由联想法为揭示一切中间物(病牙及拔牙的必要性)提供了可能。这些中间物把显梦(父亲被从坟里掘出)和被压抑的无意识本能(杀死父亲的幼稚型欲望)联结起来。此类的隐意是仇视父亲并希望他死,只是在显梦里加以了伪装,以至于这一显梦完全满足了意识的最严格的道德规范。大概,弗洛伊德的病人难以同意这种对他的梦的解析。

这一梦之所以有趣,在于其隐意(即暗藏的欲望)为患者一生蕴藏在无意识之中对父亲的敌视情绪提供了出口。梦浓缩了他一生三个时期的无意识的敌视本能:俄狄浦斯情结时期的,性成熟时期的(手淫情结的),以及最后,父亲生病和死亡时期的。无论如何,在这一梦方面,分析的探针深透到了最底层,即俄狄浦斯情结的幼稚型本能。

四、在分析妥协的结构的其他形式时,弗洛伊德仍然运用这些方法,首先把它运用于研究各种神经病的病态症状。

要知道,弗洛伊德是出于病理学的需要才去释梦的,他试图把梦当作病症。如果分析梦的方法被研究出来,得到完善和琢磨,那么当然,神经病症便成了无意识及其内容的结论的主要材料。

显然,哪怕是稍微深入一点这一有趣而专门的方面,我们都不能做到。所以我们只能有限地说一些弗洛伊德方法在精神病学方面的运用。

在每次精神分析时,患者应该向医生公开由于其病情症状而进入头脑中的一切。这时,就如同释梦一样,主要的任务是克服患者的意识表现出的阻抗。然而,这一阻抗同时为医生作出一个重要的提示:凡是在患者心中意识阻抗特别激烈的地方,恰恰正是"病原"所在。这一"病原"应该成为医生工作的主要方面。因为,我们知道:哪里有阻抗,哪里就有压抑。医生的任务是挖掘到患者心中被压抑情结,因为一切精神病的根源在于没有成功地压抑住患者的某种特别有力的幼稚型情结(最多的是俄狄浦斯情结)。可以说,在揭示出情结之后,需要让它消逝在患者的意识之中。要做到这一点,患者首先应该接受(承认)情结,然后,依凭医生的帮助,全面地根除它,也就是说,把对这一情结的不成功的本能的压抑(Verdrangung)变为有意识的理智的斥责。这样,治疗就完成了。

五、弗洛伊德把精神分析方法运用于一系列非常广泛的日常生活现象,如失言、笔误、遗忘词和名字等。

在分析时,它们都是与梦境和病态属于同一类型的妥协的结构。弗洛伊德的"日常生活的精神病学"正是致力于这些现象的研究。我们从这方面举几个例子。

某个奥地利法院的院长在一次开庭时说:"先生们,我承认合法的出庭人数,所以我宣布闭庭。"

当然,他本应说"开庭"。如何解释这种失言呢?这次开庭对于他来说没有任何好处,所以他在心灵深处希望看到闭庭。显然,这种希望,他无论怎样都不会承认。然而正是它不顾意志和意识,打断了他的语流并且歪曲了它①。

另举一例:

一位教授在发言中打算说:"我没有能力(Ich bin nicht geeignet)来充分评价尊敬的前辈所作出的一切成就。"但他没说这句话,却说了"我不想(Ich bin nicht geneigt)评价一切成就",等等。这样,在应该说"geeignet"(没能力)的地方,他误用了一个音很相似的词"geneigt"(不想)。这就完全得出了另一个意思。然而,这正好表明了教授在专业方面对前辈的一种无意识的不友好态度。

这种类似的过程也表现在忘记某个词或者名字本身的现象之中。当我们试图回想起任何被遗忘的名字时,我们的意识中总是会浮现出和被遗忘名字有这种或那种关系的某些其他的名字和思想。这些不由自主地浮现出来的名字和思想类似于梦的替换形象。借助于它们,我们就可以找到被遗忘的内容。这种情况总是在于,遗忘的原因是联系着被忘却名字的某些使我们不愉快的回忆。正是它把这个毫无过错的名字引向了"遗忘的深渊"。

---

① 参见弗洛伊德的《日常生活的精神病学》。——作者

弗洛伊德就曾举过一个这类的例子。他说："一次，某个陌生人请我到饭店里和他同饮一杯意大利酒。但是，他却忘记了想要喝的酒的名字。他之所以遗忘，只是由于他对这种酒有某种特别愉快的回忆。有许多不同的代名相继引起，我从而推知他因一个名叫赫德维的女人，而遗忘了这种酒名。他不仅承认自己曾经在初尝此酒时遇见一位名叫赫德维的女人，而且由于我这个推测，而立即记起了酒名。那时，他已幸福地结婚了，这个赫德维则属于不愿回首的往事。"①

这样，意识与无意识的斗争和妥协构成了我们熟悉的心理活动。据弗洛伊德看，它渗透进一切普通的日常生活现象。

精神分析方法进一步运用的方面是狭义的意识形态方面：神话、艺术、哲学思想，以及社会和政治现象。至于这些，请见下一章。

第四章　弗洛伊德主义的文化哲学

一　文化与无意识
二　神话与宗教
三　艺术
四　社会生活形式
五　生之创伤

一、根据弗洛伊德的学说，一切思想意识创造都根源于梦和精神病之类的心理本能。无论其成分，或其形式和内容完全可以归结于这些根源。

思想意识体系的每一因素都受生物心理的严格制约。它是机体内部各种力量斗争相调和的产物。它标志着这类斗争中各种力量间

---

①　参见弗洛伊德的《精神分析引论》，第115页。——作者

所达到的平衡,或者一种力量战胜了另一种力量。如同神经机能病或呓语的思绪,思想意识体系从无意识深层汲取力量。然而它又不同于精神病现象,它包含着对意识和无意识双方同样有利的更持久、更稳定的和谐,因而它有益于人的心理①。

在弗洛伊德主义的文化哲学中,我们涉及的是一切都已经很清楚的"心理机制",因此不必花更多的时间来分析它。

二、用神话塑造形象完全类似于做梦。

神话是民族集体的梦。神话形象是无意识中被压抑本能的替换象征。在神话中,与忍受和压抑俄狄浦斯情结有关的主题具有特别重要的意义。一则著名的希腊神话就是这类典型例子之一:克鲁纳斯②吞食亲生的孩子,宙斯的母亲救下宙斯,暂时把他藏入肚中(收回母腹),后来宙斯又阉割并打死了克鲁纳斯。显而易见,这个神话的所有象征形象都来自俄狄浦斯情结。一切民族中流传最广的关于父子之争的传说都属于这一类:日耳曼史诗中的希尔德布兰特和古蒂布兰特之争③,波斯史诗中的鲁斯坦姆与苏赫拉布之争④,我国勇士歌中的穆罗姆人伊里亚和儿子之争。这一切总是描写同一个永恒的主题,即为占有母亲而斗争。

宗教体系就更加复杂些。在这里,无意识的"自我理想"和被压抑的性欲情结一起具有极大的作用。然而,就宗教思想和文化的发展而言,俄狄浦斯情结仍然是主要的依据。弗洛伊德主义把宗教分成母亲宗教和父亲宗教,正是根据宗教忍耐中哪一种因素占上风:恋母还是禁欲和父亲意志。前者的典型例子是东方宗教中的阿斯塔特⑤教、巴

---

① 弗洛伊德主义者荣格指出,病人臆想 Dementia praecox(少年痴呆)和原始时代各民族的神话间有许多惊人的相似之处。——原编者
② 克鲁纳斯是宙斯的父亲。——译者
③ 参见日耳曼史诗《希尔德布兰特之歌》(流传于8世纪)。——译者
④ 参见菲尔多西(伊朗诗人,940—1020)的史诗《王书》(10世纪至11世纪之交)中的悲剧故事《鲁斯坦姆与苏赫拉布》。——译者
⑤ 古腓尼基丰收女神和爱神。——译者

尔①教等。父亲宗教最地道的表现是犹太教,它有着各种禁律、戒条、甚至割礼(父亲禁止儿子性欲的象征)。

现在我们来谈艺术。

三、弗洛伊德本人把释梦和分析病症的方法首先运用于研究笑话和俏皮话的审美现象②。

俏皮话形式正是取决于构造梦幻形象的形式结构的那些规律,即替换表象形成的规律。这些规律就是指用一定方法来合理迂回的方式,即表象融合和词义融合,形象替换,词义的二重性、由一方变为另一方的转义、移情等。

笑话和俏皮话的意向在于:回避现实性,从生活的严肃性中解脱出来,并宣泄被压抑的幼稚型本能、性欲或侵略本能。

性俏皮话出于猥亵,作为猥亵的一种审美替换。什么是猥亵呢?它是性行为和性满足的替代物。猥亵以女人及其出现为对象,哪怕是想象的。它试图让女人来进行性刺激。这是一种犯罪的手段。猥亵对象的名称常常是些幻象、呈象或触觉的替代物。猥亵披上俏皮话的外衣,就更隐蔽了自己的意向,使它更能为文化意识所接受。好的笑话需要听众。它的目的不仅在于回避禁戒,而在于赢得听众,用笑去赢得,在笑中造就同盟者,似乎这样能使罪孽社会化。

在艺术形式的遮掩下,攻击性俏皮话有独特的表达方式,即由对父亲和父权的无意识态度(俄狄浦斯情结),到最终对任何其他人的仇视(幼稚型独立),转变为对任何规则、法令、国家、婚姻的幼稚型敌意。

所以,俏皮话只是宣泄被压抑的无意识能量,也就是说,俏皮话最终为这种无意识服务并控制它。无意识的需求构造着俏皮话的形式和内容。

弗洛伊德本人就艺术问题没有更多的专门论述。这方面进一步

---

① 腓尼基日神,古代东方的神名。——译者
② 参见弗洛伊德的 *Der Witz und seine Beziehung zum Unbewussten*(《笑话及其与无意识的关系》,1921年,第3版,有俄译本)。——作者

的深入研究是由他的学生进行的,主要是奥托·朗克。

按照弗洛伊德主义者论艺术的意思,任何艺术形象总是在宣泄无意识,只不过是以蒙骗和稳定意识的形式。这是一种有益的蒙骗。因为它在不制造和意识重大冲突的同时,可以解开一般人的情结。

在各种艺术形式中,性欲象征具有特别重大的意义。实际上,似乎最无辜和普通的艺术形象,如果加以揭示,原来都是某种性欲对象。我们从俄罗斯文学方面来举一例。莫斯科教授叶尔马科夫运用精神分析方法来解释果戈理的著名中篇小说《鼻子》。据叶尔马科夫认为,"鼻子"竟然是 penis'a(男性生殖器官)的替换象征。与俄狄浦斯情结(父亲威胁)紧密联系着的名为"阉割症结"的内容,即害怕丧失 penis' a 或者性能力,是丧失鼻子的整个题材及其展开动因的基础①。

我们以为不必再多举例说明。

然而,艺术不仅从无意识的"本我"中汲取力量,而且无意识的"自我理想"也可以成为艺术的源泉。例如,陀思妥耶夫斯基的基本动机之一就是无意识的原罪感,后期的托尔斯泰则是对人的强烈的道德要求等。出自"自我理想"范围的类似动机能促进艺术创作,尽管这些动机更重要的意义并不在艺术,而在于哲学。

因此,一切艺术内容方面都以个性心理为出发点,它反映人的个别心灵中各种心理力量的变化,却不反映客观社会经济生活及其各种力量与冲突。我们在艺术中常常遇到来自社会和经济关系领域的形象,然而这些形象具有的仅仅是替换意义:就像柯瓦辽夫少校②的鼻子那样,在它们身后一定隐藏着某种个人的性欲情结。

至于艺术形式和技巧问题,精神分析者或者完全用沉默来回避,或者从旧的原则观点出发来解释形式,即花最少的气力。形式艺术在于欣赏者花力最小而收效最大。这种经济原则(确实,在较细腻的形式方面)由弗洛伊德用来作为分析俏皮话和笑话的技巧。

---

① 参见叶尔马科夫教授的《果戈理创作的心理学概述》。——作者
② 果戈理小说《鼻子》中的主人公。——译者

四、现在,必须扼要地谈谈精神分析理论关于社会形式起源问题。

这一理论的基础是由弗洛伊德后期的专著 *Massenpsychologie und Ich-Analyse*(《大众心理学和自我分析》)奠定的。

整个这一社会心理学体系的中心是我们已熟悉的自居作用机制和无意识方面的"自我理想"。

我们看到,"自我理想"(无意识欲求、责任嘱托、良心等的综合体)是通过和父亲以及其他控制自己早期恋爱对象的不可及者的自居作用(自我认同)而形成于人的心中。"自我理想"表现有一个重要方面,我们现在还无须说明。众所周知,在一般情况下,恋人热衷于用对象其实并不存在的一切优点和理想来装饰自己的恋爱对象。在这种状况下,我们说,人把自己的爱物理想化了。这一理想化的过程是无意识的。因为,显然恋人完全确信,所有这些优点确实属于对象本身,并且不怀疑仅在他心中实现的理想化过程的主观性。进一步说,不仅狭义的性爱物可以理想化,而且我们还常常把自己的老师、领导、喜爱的作家或艺术家理想化(过高地评价其优点,而忽视其缺点),最终甚至可以把某一机关或思想理想化。一句话,可能的理想化范围极其广泛。

什么是理想化的心理机制呢?我们可以说,理想化过程和"自我理想"的形成是逆向的。因为,那里我们把客体吸收进自身,用它来丰富自己的心灵;这里却恰恰相反,我们把自己本身的部分,特别是"自我理想"注入客体。我们丰富着客体,同时使自己贫乏。在一般的性爱中,这一过程大多数是不完全的。但是如果我们完全为客体而让出"自我理想",或者换句话说,把外部客体放到"自我理想"的位置,我们会失去任何可能反抗这一客体的意志和权威。显而易见,既然它占据着"自我理想"的位置,我们良心的位置,我们怎么能反对它呢?这种权威的意志是不容争议的。这就形成了领导、神甫、国家和教堂的威信和权势①。在俄狄浦斯情结时期,父亲的声音进入人的内心并成

---

① 参见弗洛伊德的《大众心理学与自我分析》,第 81 页,1921 年。——作者

为人的良心的内在声音。现在,通过逆向过程,重新外露,并成为绝对和崇敬的外部权威之声①。

据弗洛伊德看,催眠现象正是依据于用他人人格来替换"自我理想"这一过程。做催眠疗法的医生掌握患者的"自我理想",占据这一"自我理想"应有的位置并以此便容易控制人的弱意识的"自我"。

但是,社会组织本来就还不限于人对权威者如领袖、祭司等个人的关系。显然,除了这种关系之外,还存在着部落、教会、国家一切成员之间密切的社会关系。如何解释这种关系呢?这还是自居作用的机制。由于这一机制,部落的所有成员都把各自的"自我理想"移到了同一个客体(领袖)身上,他们在相互等同以外,没有别的东西,只有相互平等,消除差异。这样就形成了部落。

弗洛伊德本人总结的定义就是:蒙昧无知的群众(集体)是一些个人的总和。他们把同一个外部客体放在自己"自我理想"的位置上,因此,他们把各自的"自我"互为等同②。

正如读者看到的那样,弗洛伊德完全用心理机制来解释社会组织。心理力量促使并形成交际,赋予交际以稳定和持久性。大多数情况下,同一定社会权威的斗争,社会和政治的革命,在"本我"那儿有自己的根基:这一"本我"是对"自我理想",更准确地说,对替换它的外部客体的一种反抗。在文化创作的一切方面,我们的意识"自我"具有最小的意义。这一"自我"坚持现实性的(外部世界的)利益,它以此企图缓和"本我"的欲望和冲动。在"自我"上又压着具有自己绝对要求的"自我理想"。这样,意识"自我"就为三个敌视的主人服务(外部世界、"本我"和"自我理想"),并且竭力调和它们之间常常发生的冲突。在文化创作中,"自我"起着形式与警察的作用,而"本我"和"自我理想"造就了文化的激情、力量和深度。

五、正如我们所指出的那样,弗洛伊德主义发展后期出现的倾向

---

① 参见弗洛伊德的《大众心理学与自我分析》,第83页。——作者
② 参见弗洛伊德的《大众心理学与自我分析》,第87—88页。——作者

在奥托·朗克的《生之创伤》一书中达到了登峰造极的地步。

这似乎是弗洛伊德主义文化哲学的总结。我们应该在结尾加以阐述。

必须指出,奥托·朗克是弗洛伊德的得意门生。他被认为是最正统的弗洛伊德主义者。该书是赠予老师并献给他的诞辰的。无论如何不能把它看作是个偶然现象。它完整地表现了我们时代的弗洛伊德主义精神。

据奥托·朗克看,人的一生和一切文化创作,不外乎是在不同道路上,借助于不同方法的帮助,消除和克服生之创伤。

人降生于世就已受创伤:在分娩过程中,从母体挤出的机体经受着可怕和痛苦的震荡。能和它相提并论的只有死的震荡。这一创伤的恐怖和疼痛就是人心理活动的开端,这是心灵的底层。生的畏惧成了第一个置换心境,随之逐渐出现了一系列置换。生之创伤是无意识和一切心理活动的根源,人在此后的一生中不可能摆脱生的恐惧。

然而,伴随恐惧一起也产生了回归的向往,即回到逝去的胎态天堂。这种回归的欲望和恐惧是人对待母腹的二重性态度的基础。它既吸引人,又排斥人。这一"生之创伤"既决定着个人生活,也决定着文化创作的任务和思想。

胎态特征是没有欲望和满足间的不平衡,也就是说,没有机体和外在现实间的不平衡:显然,狭义的外部世界对胎儿来说并不存在。因为,这是母亲的机体,是直接养育他的个体。神话和史诗中的天堂与黄金时代的一切特征,哲学体系和宗教启示中的未来世界的和谐特征,以及甚至政治上的乌托邦的社会经济天堂,这一切都明显地表现出那些来自这种渴求回归人曾体验过的胎内生活的特点。关于确已逝去天堂的混沌的无意识记忆是这些特点的基础。所以,它们如此强烈地影响人的心灵;它们不是被杜撰出来的,但它们的实情不存在于未来,而存在于每一个人的过去。当然,天堂的大门由一位严厉的卫兵把守,即生的恐怖。它不允许记忆彻底醒悟,并且用各种置换形象和象征来遮掩回归母腹的欲望。

生之创伤重现在病症之中:在儿童的惧怕之中,在成人的神经机能病和变态心理之中。这里,它震动着病人的身躯,不生产地重复着(当然,以较弱的形式)分娩时经历过的、真正的震动。可是,在这种情况下,创伤不会被根除。彻底克服创伤只能通过文化创作的途径。奥托·朗克把文化确定为是各种努力的综合,即努力变外部世界为替换物,为母腹的代用品。

整个文化和技术都具有象征意义。我们生活在象征的世界中。象征归根结底只指一个,即母腹①以及入腹的途径。原始人藏身的山洞意味着什么?我们感到舒适的房间是指什么?家乡、国家等等呢?所有这一切都只是安适的母腹的代用品和象征。

奥托·朗克试图通过分析建筑形式的途径,来揭示它们和 uterus 的隐蔽的相似之处。他正是从这一源泉即生之创伤推出艺术形式。例如,身体弯曲、坐着的古老塑像明确地表示了胎儿的姿态。只有希腊人塑像(在外界自由戏耍的大力士)才标志着克服创伤。希腊人首先在外部世界中感到自己美好,因为他们不向往黑暗和胎态的舒适。他们解开了狮身人面像之谜,按奥托·朗克看,这谜正是人的诞生之谜。

这样,一切创作无论从形式方面,还是从内容方面,都是由诞辰活动所决定的。然而,奥托·朗克认为,性生活是天堂的最好替代物,是最彻底的生之创伤的补偿。Coitus(性交)是部分地回归 uterus。

奥托·朗克以为,死也被人看作是回归子宫。和死的思想联系着的恐惧是重复生的恐惧。最古老的安葬形式有:挖地("大地母亲"),死者盘着双腿成坐的姿态(婴儿姿势),埋葬在小船里(暗示子宫和羊水),棺材的形状,最后安葬的仪式——这一切都表现了对死的无意识理解,即回归母腹。希腊人烧掉尸体的方法就意味着最成功地克服了生之创伤。根据奥托·朗克的意思,濒临死亡的痉挛就是重复出生机

---

① 原义 uterus 指子宫。——译者

体的第一次痉挛。

奥托·朗克的这一研究方法完全是主观唯心的。他不试图客观地从生理上分析生之创伤及其可能对机体以后生活的影响。他只在梦境、病症、神话、艺术以及哲学之中来寻找创伤的记忆。

奥托·朗克的观点是很有代表性的。他把第一次精神分析看作是分娩活动的再现(精神分析的使用本身一般要持续九个月左右)。因为,开始时病人的力比多附着在医生身上。病人把半明半暗的诊室(亮处只站着病人,医生在昏暗处)想象成母亲的子宫。治疗结束时通常再现生之创伤:病人应从医生那里解脱出来,并且用此反映出从母亲那里创伤性地分离出来。因为生之创伤是一切精神病的最后根源。

到此为止,我们可以结束弗洛伊德主义的阐释。奥托·朗克的论著为我们的批判部分做好了铺垫。这本书充分暴露了弗洛伊德主义某些方面的错误本质。

第三编 弗洛伊德主义批判

第一章 弗洛伊德主义是主观心理学的变种

一 弗洛伊德主义和当代心理学
二 心理和"无意识"的基本构成
三 心理"动力学"的主观主义
四 性感区理论批判
五 弗洛伊德主义和生物学

一、在本书的第一编第二章中，我们已经说明了当代心理学的两个基本流派的特征，即主观和客观。现在我们必须努力作出准确和详尽的回答：应该把弗洛伊德主义归入这两大流派中的哪一个①。

弗洛伊德本人和弗洛伊德主义者们认为，他们完成了对旧心理学的根本改造，他们为崭新的、客观的心理现象科学奠定了基础。

令人遗憾的是，无论弗洛伊德，还是弗洛伊德主义者们，从未力图怎样准确和详尽地表明自己对同时代的心理学及其实践方法的态度。这是弗洛伊德主义的一大缺陷。精神分析学派在形成的初期就遭到

---

① 关于弗洛伊德的批判文献不多，除了已经提到的著作外，还有：Dr. Maag. *Geschlechtsleben und seelische Störungen*(Beiträge zur Kritik der Psychoanalyse)，(马克博士：《性生活与心理紊乱》，载《精神分析批判论集》，1924 年)；Otto Hinrichsen. *Sexualität und Dichtung*，(奥托·欣里希斯：《性兴奋与诗创作》，1912 年)；Edgar Michaelis. *die Menschheit Problematik der Freudschen psychoanalyse*, *Urbild und Maske*. Leipzig，(埃德伽·米夏埃尔：《弗洛伊德精神分析中的人性问题——原型与假象》，莱比锡，1925 年)。——作者

整个学术界的批评。因此,它自我封闭,染上了一些完全不适合于科学的、工作和思想上的宗派主义习气。弗洛伊德及其追随者只引证和相互引证自己的东西,在较后的时期,他们还开始援引叔本华和尼采的思想。而整个其他的领域对于他们来说,几乎不存在①。

所以,弗洛伊德从来没有认真地努力怎样深入细致地把自己与其他心理学流派和方法加以区分。他对下列方法和学派的态度不明,如内省法(自我观察)、实验法、符茨堡学派(麦塞尔②等)、差异心理学(B.斯特恩)③,以及被称之为美国的 behaviorism(行为主义,即关于行为的科学的客观主义方法的新尝试)。在弗洛伊德的同时代心理学家和哲学家之间,展开了一场关于心身平行论和心身因果论的著名论战。而在这场论战中,弗洛伊德却立场不鲜明④。

当弗洛伊德及其追随者们把自己的心理学思想凌驾于一切其他的心理学之上时(甚至不花一点气力来分析其他的心理学),他们从一点上来指责它们都把心理和意识混淆。对于精神分析来说,意识只是心理体系中的一个部分⑤。

也许,精神分析和其他心理学的区别确实很大,以致他们之间已不可能有任何共同之处,甚至不可能有资料统计和界限划分所必需的、最低限度的共同语言。事实是如此吗?弗洛伊德及其追随者大概对这一点是确信无疑的。

---

① 应该说明,正宗的科学直到现在还不能完全允许弗洛伊德主义合法化。而在科学哲学界只要谈到它,就甚至被视为异端邪说。参见 Wittels. S. Freud, der Mann, die Aussehen, die Lehre(维特尔:《西·弗洛伊德,其人,其外表,其理论》,1924 年。有俄译本,赖斯纳教授序,国家出版社)。在 1923 年出版的维利·莫格尔的 20 世纪德国哲学述评中,弗洛伊德和精神分析根本未被提及。而在 Meyer-Frienfels' a(麦耶·佛里恩弗)的概评中也只是几笔带过。——作者
② 麦塞尔(1867—1937),"二重心理学"理论的主要代表人物之一。——译者
③ 这都是与弗洛伊德主义发展第一、第二阶段同时代的主观心理学流派。——作者
④ 弗洛伊德本人赞同心身因果论,但同时在每一步上又都表现出平行主义者的特点。除此之外,他的整个方法以隐蔽的、模糊的出发点为基础。这种方法以为,一切肉体都可以找到相应的心理等价物(在无意识心理中)。因此,可以直接抛弃肉体,只研究其心理的替代物。——作者
⑤ 参见弗洛伊德的《梦的解析》,第 440—448 页;《自我和本我》,第 7—12 页。——作者

然而,果真是如此吗?

其实,弗洛伊德主义把同时代的主观心理学的一切新弊病都搬进了自己的体系。这一点是容易说明的。只是不要被其宗派的、但一般说来还很明确的术语所蒙骗。

二、首先,弗洛伊德主义教条地照搬了渊源于提顿斯并经过康德所确定的心理现象的旧分法,即把它们划分为意志(欲望、冲动)、感情(情绪、激情)和认识(触觉、表象、思想)。

同时,正如我们所看到的那样,弗洛伊德主义维护这些现象的本来定义和它们的本来区别。确实,如果我们来考察一下弗洛伊德主义者所认为的心理组成部分,我们就能看到,它是由触觉、表象、欲望和感情所构成,即正是由结构旧心理学的"心理生活"的那些因素所构成。其次,弗洛伊德不加任何批判地把所有这些心理因素搬进了无意识领域,并保留了它们的本意。在无意识中,我们看到欲望、感情、表象。

然而,必须知道,这些心理生活的因素只是为了意识而存在着的。因为把心理分为各种成分的做法来自旧心理学,借助于自我观察的一般方法。而自我观察(正如弗洛伊德本人主张的那样)就其一般形式来说,完全不能够使我们超出"正式意识"的界限。

无疑,自我观察完全是有意识的。即使作为主要代表人物的某些主观主义心理学家本身早在弗洛伊德以前就曾认为,自我观察一方面具有偏见(不能摆脱主观评价),而另一方面又太使心理生活合理化了。所以,自我观察法需要进行根本的改造。但是,无论如何,自我观察只能够属于意识的领域。旧心理学还不清楚其他的领域,因此,它把心理和意识相混淆。

不言而喻,不是其他别的,正是意识迫使旧心理学把心理分成感情、意志和认识因素。意识方面是奠定主观心理学这些基础的主导方面。

然而,我们有权用和意识的类比法来建造无意识体系吗?我们有权假定在无意识之中存在着我们在意识里所发现的那些因素吗?我们无论如何都没有这种权利。只要排除了意识,保留感情、表象和欲望就变得毫无意义。

当人用主观意识来说明自己本身的行为时，显然，他不可能说不出自己的欲望、情感和表象的原因。可是，在我们客观地分析这些行为时，在我们努力彻底说明外在经验方面时，我们无论在哪里也找不到行为的这些因素。因为，外在客观经验应该完全依赖于另一种东西，即行为的物质成分。它和欲望、感情及表象并无任何共同之处。

所以，只从主观主义的自我意识出发，我们的心理生活图画就仅仅表现为欲望、情感和表象的冲突。究竟哪些真正的客观力量是这一冲突的基础呢？至于这一点，自我意识没有告诉我们任何东西。如果我们把一些欲望和情感贴上"无意识"的标签，而另一些则贴上"前意识"和"意识"，我们就只能陷于自我的内在矛盾之中，却不能够走出主观主义的自我意识范围及其所展示的心理生活图画的范围。要否认自我意识方面，就必须否认整个这一图画及其构成因素，必须重新探索认识心理的另一基本方法。客观心理学正是这样去做的。弗洛伊德就用旧的主观主义的砖瓦，企图盖起似乎全新的客观主义的人类心理学大厦。"无意识欲望"难道不是这种旧砖瓦吗？只是变换了另一种模样！

三、可是，弗洛伊德主义的做法还要笨拙些：他不仅把意识元素搬到了无意识中，而且在无意识中也还为意识元素全盘保留它们的实物差异性和逻辑清晰性。

按照弗洛伊德的看法，无意识原来是一个非常清晰和五光十色的世界，在那里所有的观念和形象完全准确地和一定的实物相对应，所有的愿望有着一定的指向，而感情则保持自己的细微差异和最微妙的转变的全部丰富性。

我们现在来看看检查是如何进行的。弗洛伊德认为，检查是一种完全无意识地（读者记得，意识不仅不控制检查的工作，甚至也没有想过有没有检查这回事）工作着的"机制"。但是，这个"无意识的机制"是多么灵敏地猜测思想在逻辑上的所有细小差异和感情在道德上的所有细微差别！检查员表现出他在思想观念上见多识广，明察秋毫。

他在各种感受之间进行纯粹逻辑的、伦理的和审美的选择。这是否能同他的无意识的、机械性的结构相容呢?

弗洛伊德所有其他的"心理机制"(例如,读者知道的转移机制)也全都表现出这样一种高度"意识的"和思想观念的特性;它们的机械性确实最少。它们完全不是自然的,不是自然主义的,而是思想观念性质的。

四、这样,无意识丝毫也没有使心理接近物质的自然;引进无意识丝毫也没有帮助我们把心理规律同整个自然的客观规律联系起来。在精神分析里,主观——内在和物质之间的脱离依然和意识心理学里的那种脱离一模一样。

当然,与这种脱离一致的和不间断的外部客观经验不可避免地联系在一起的,是方法论上出现的矛盾。对弗洛伊德来说,所有这些困难也出现了。站在主观的立场上,精神分析便失去了直接对待物质的方法。他对物质毫无办法;只得要么完全不理它,要么把它溶解在心理中。

事实上,弗洛伊德及其弟子们从来没有直接地同肉体机体的物质成分和物质过程打过交道,他们只是寻求身体在心理中的反应,就是说,归根到底他们使一切机体都听命于自我观察的方法,把它心理化。

弗洛伊德关于性感区(即人体在性欲上易受刺激的部分)的著名学说正是身体心理化的典型。弗洛伊德在这个问题上不依据任何生理学理论,对这些性感区的化学反应过程、它们与身体其他部分在生理学上的联系他完全不感兴趣。弗洛伊德所分析和全面研究的仅仅是它们的心理对应,即从人的内部的自我观察的观点来看,与这些性感区相关联的主观观念和愿望在人的心理活动中的作用。

这一或那一性感区(例如,生殖器)在机体全身中的地位和作用——性腺内分泌,它对其他器官的工作和形式的影响,它与身体结构的联系等等——所有这些在外在物质世界里展开的过程,弗洛伊德完全不加以确定,并且根本不加以考虑。

性感区在机体的物质结构中的作用同它在孤立起来看的主观心理中的作用是如何相关联的——对这个问题,弗洛伊德没有给我们作任何回答。结果,出现了性感区的某种重复(加倍);它们在心理中的命运成为完全自主的、不取决于它们在物质机体中的物理、化学和生物学的命运。

弗洛伊德在他的性感区学说基础上开始建立人格理论时,精神分析的这些特点表现得尤其突出。关于这个理论我们只提一下最明显表现出它的主观主义的一个方面。

弗洛伊德断言,哪种肛门区幼稚型性欲(即大便时通道特殊的性感刺激)占上风,就会导致哪一种性格特点的形成,这些特点人将保持一生。这样,肛门性欲通过以下途径形成俭省和吝啬的特点:幼年时为在排便时得到最大的满足而阻留粪便和延长排便过程的激情,到成年时(成年人的肛门性欲被排出到无意识中)转变为阻留和积聚与粪便相像的黄金(钱)的激情。

在这一理论中,既没有谈到人身体结构中性格的任何物质基础,也没有谈到周围环境的物理的和客观社会的影响———一句话也没有谈到。性格形成的整个过程是在孤立起来看的主观心理范围内进行的。在阻留粪便和阻留金钱之间,在粪便与黄金之间只有十分牵强的客观上的相似,可以说是印象相似——而没有任何能在机体本身的物质结构及其周围环境中,即在客观经验中把它们联结起来的物质的、现实的线索。这样,照弗洛伊德的看法,性感区决定性格和人的行为(要知道,性格完全不能脱离它在人的行为中的物质表现),但完全不涉及身体和身体结构,也根本没有涉及任何物质环境。

弗洛伊德这样对待机体的物质构成是完全可以理解的。通过自我观察而得到的内在体验也不可能和客观外在经验的条件直接相关联。可以完全一贯到底地运用的只有一个观点,要不就是另一个观点。最终弗洛伊德也就倾向于始终一贯地运用主观主义的观点:整个外在现实对他来说归根到底只是现实的心理"原则",而他又是把这个原则和"唯乐原则"一起放到同一个范围里去的。

某些弗洛伊德主义者(奥托·朗克、普菲斯特、格罗德克)断言,精神分析已经能摸索到一个完全独特的存在领域——不是物理的,也不是心理的,而是似乎是中立的,通过分化,从这个中立的存在中,既可能产生物理的,也可能产生心理的存在。

无意识深层也属于这种中立存在,只有在它的最上几层(离前意识较近)才开始心身分化。

诸如此类的论断,从哲学上来说当然是极其幼稚的,它完全避开方法问题,而这个问题在这一场合却是一个决定性的问题。

我们可以问:这一"中立的存在"及其分化过程是处在和发生在哪个经验中——在内在的还是外在的经验中?

上面提到的那几个弗洛伊德主义者极力回避这个问题。但是,我们知道,在外在经验中诸如此类的存在我们是找不到的。在客观的经验中我们发现物质组织极其复杂化的过程,而物质组织在一定的阶段上导致心理(作为物的新质)的出现;当然,在这个经验里,我们在任何时候、任何地方也不会发现物体和心理是从某个第三者那里分离出来的。这是一个幼稚的形而上学的论断,它从内在的主观的经验中吸取材料,但又给它包上虚假的中立形式。

五、弗洛伊德的某些支持者们主要在谈该主义的"本能理论"时指出,精神分析的客观基础是生物学。

这一论断是毫无根据的。可以十分肯定地说,弗洛伊德已把生物学加以心理学化和主观主义化。弗洛伊德主义把机体的所有客观生物的形式和活动过程全都溶解到主观心理之中。精神分析著作中五花八门的生物学术语在这里全都失去了客观稳定性,完全溶解在主观心理的范围之中。

为证实这一点,只要指出弗洛伊德是如何对本能进行分类的就足够了。

除了性欲之外,他把所有的本能都集拢成一组——"自我本能"(Ich-triebe)。这一分类的赤裸裸的主观主义原则是一清二楚的。自不待言,从旧生物学的观点来说,诸如此类的分类是不允许的。即便是活力论者,他们也从未公开承认生物学在什么地方会与"自我"有关系。

至于欲望的第二种分类(后期),那么它已经具有明显的形而上学性质。"爱本能",既然失去任何特定的身体本源,并无一例外地包罗着机体生命的全部现象,它也就比柏格森的"生命冲动"(elan vital)或叔本华的"意志"好不了多少,而对死亡的本能一点也不比对涅槃的向往好。

这样,精神分析在一切方面都忠于内部主观经验的观点。从方法论原则来说,他和意识心理学没有任何本质区别。这是另外一种主观心理学,仅此而已。归根到底,精神分析也是依据自我观察的材料。确实,他对此另作解释,力图用它们来拼凑另一幅人的生理图画;但是,只要还站在内在经验的基地上,对主观材料不论怎么解释,也是解释不清的,从中不可能得到任何客观的东西。要想得到客观的东西,就必须变换观点本身,而这一点恰恰是弗洛伊德没有做的。

第二章 心理动力是思想观念动机的斗争,不是自然力量的斗争

一 弗洛伊德主义的标新立异
二 "心理动力"即各种动机的斗争
三 社会动力向个体心灵的投射
四 意识的现在向无意识的过去的投射
五 事实与结构
六 "心理动力"的客观因素

一、这样,我们确信,弗洛伊德主义只是诸种主观心理学中的一种。我们也同样看到,他和所有主观论者的共同立足点是什么。然而,事情不仅限于此:我们还应当清楚地划分和正确地评价它和其他主观主义流派的区别究竟在哪里。

要知道，凡是初次接触弗洛伊德主义的人，无不为其中有着某种近乎离奇的新颖的和独特的东西感到惊讶。当我们的读者读着有关精神分析的东西时，或许也产生过这种新鲜感。这是需要认识清楚的。

在接触到弗洛伊德学说时使人注目并保持下来的第一印象，同从其整个结构中所得到的最后的和最强烈的印象一样，当然是我们心理生活的斗争、混乱和不安，它们以一条红线贯穿于弗洛伊德的整个理论，而他本人则称之为"心理动力"。

这确实是弗洛伊德同其他所有的心理学派的本质区别之所在。旧心理学的心灵生活——"既非常安宁，又极其美满"。一切都井然有序、各得其所，没有任何灾祸，没有任何危机。由生至死都是一条平坦的道路，心灵平静而合理地演进，逐渐地成长。童年的天真纯朴为成人的自觉理智所替代。这种幼稚的心理学的乐观主义是弗洛伊德之前的所有心理学的特点。只不过在一些人那里它表现得突出些，而在另一些人那里以比较隐蔽的形式渗透在人的心灵生活的整幅图景里。

这种心理学乐观主义是达尔文以前在科学界占统治地位的生物学乐观主义的遗物。这是一种幼稚的观念，以为生命机体具有绝顶聪明的合目的性，然而这一观念终于被达尔文的生存竞争、弱肉强食的学说所取代。自然的必然性这一严格概念弥漫在达尔文之后的生物学的所有领域里，其他所有领域里被逐出的合目的性、和谐等概念却栖息在心理避难所中。心理，作为和谐与有序的王国，与天然和自发相对峙着。

在如何看待心理的这些观点中，弗洛伊德主义好像进行了一场最激进的变革。

"心灵的天然性"，"心灵生活的自发性"——这是广大读者从弗洛伊德整个学说中最先了解和牢记的东西。然而，那些倾向于尼采学说的人（在弗洛伊德崇拜者中间这样的人很多），却宁可说"心理生活的悲剧性"。

关于"心理生活的悲剧性"一说，现在必须要指出，尽管自然必然性确实是同合目的性与和谐格格不入的，但它离悲剧也同样遥远。其实，这一说法也并没有表明整个弗洛伊德主义的特点。

弗洛伊德果真已经能摸索到我们心灵的本质吗？"自我""本我"和"自我理想""死本能"和"爱本能"果真是自发力量的斗争吗？也许，所有这一切只是人的个体意识中各种动机的斗争？在这种情况下，与其说是自发力量的斗争，倒不如说是"杯水风波"。

为了回答这个问题，我们在这里需要从稍许不同的方面来重复一下我们在上一章已经展开的一系列想法。

二、弗洛伊德的整个心理学结构，其基础是建立在人的语言话语之上的，只是对它们作了独特的解释。所有这些话语当然是在心理的意识领域里构成的。

的确，弗洛伊德不相信意识的表面动机，他力图深入到心理的更深层次中去。然而，他不是从其客观方面把握话语的，他不去寻找它们的物理学和社会学的根源，而是力图在话语本身中发现行为的真正动机：病人本身应该把深层"无意识"告诉他。

这样，弗洛伊德主义的结构也就处在这个范围里：根据自己的内在经验，人本身关于自己和自己的行为所能说的东西。诚然，弗洛伊德把自我观察引到新的道路上，使之深入到心理的其他层次中，但是对于自我观察，作为证明心理现象现实性的唯一方法，他是不加拒绝的。连"无意识"也能够和应该进入自我观察的范围里。病人本应自己承认"无意识"的内容（例如，某种被排出的情结），回想起它，借助自我观察来证明它的存在。唯有如此，某种被排出到"无意识"中的感受才获得心理学事实的价值。

正是为了自我观察，无意识的所有产物获得愿望或意念的形式，找到言语的表现，并已经是以这种形式，即以动机的形式，而为人所意识。

很清楚，按照弗洛伊德的学说，在意识和无意识之间占支配地位的，是一种屈从于准确的客观考虑的、两种物质力量的关系完全不相似的相互关系。事实上,在意识和无意识之间争论不休,占支配地位的是相互不承认和不理解,想方设法互相欺骗。要知道,诸如此类的相互关系可能存在于两种思想、两种思潮、两个敌人之间,而绝不可能存在于两种自然的物质力量之间!比如,难道在两种物理现象之间可能有相互欺骗或不承认吗?

当然,只有已经进入到意识中,具有了意识的形式(具有了特定内容的愿望、思想等等的形式),无意识的产物才能和伦理要求发生矛盾,或者才能被理解为欺骗"检查员"。

这样,弗洛伊德的整个心理动力是由意识从思想观念上加以说明的。可见,这不是心理力量的动力,而只是意识的各种不同动机的动力。

在心理斗争,连同实行这一斗争的全部机制,这一弗洛伊德的整个结构中,我们只听到对人的行为作解释的主观意识的一面之词。无意识,这仅仅是这一意识的诸多动机中的一个动机,是从思想观念对人的行为作解释的诸多方式中的一种方式。

个别人的意识不是他行为的思想观念又是什么?在这方面我们完全可以把它同本义上的(是阶级意识的表现)思想观念作一番比较。但是,对任何思想观念,不论是个人的,还是阶级的,都不能信以为真,都不能信其所言。谁不善于识破隐藏在思想观念之下的客观物质力量的游戏,那么思想观念就要对他说谎。

例如某种宗教学说,只有相信它、天真地信以为真的人才被它引入迷途。然而,对于马克思主义的历史学家来说,即便是这个学说也能成为极其重要和珍贵的文献,因为它忠实地反映了特定集团的某些社会矛盾和利益,它揭示了不可避免地产生出这一学说的现实的经济和社会条件。

客观主义心理学家也是这样做的:他不相信任何语言话语,任何理由和解释,因为人本身总是要根据自己的内在经验为他自己的行为寻找理由的。客观主义心理学家力图揭示人的一言一行的客观根源。这些语言话语已经不能对他说谎,对于他来说,这些语言话语将是行为的客观的——生理学的和社会经济的条件的忠实反映。在"心理动力"后面,在动机斗争后面,客观主义心理学家揭示出自然和历史的物质辩证。

弗洛伊德并不是这样做的,他让自己卷入意识的主观动机的斗争。事情却完全不因他而改变,尽管他比较喜欢特殊的一组动机——无意识的动机,并通过特殊的途径获取它们。动机毕竟是动机:物质现象的实体性他是得不到的。弗洛伊德的结构不能把我们引到客观经验的沃土上。

三、可是,弗洛伊德使之落户在人的心理中的"自我""本我""自我理想"和其他"力量"究竟是从哪里来的呢?

动机斗争并没有为承认这些力量提供任何根据。动机斗争,这是客观经验中发生的现实现象——动机斗争本来就表现在语言中。而心理力量却是一种任意的结构,弗洛伊德就是力图用它来解释这一斗争。同大多数主观心理学结构一样,弗洛伊德理论是外部世界的某些客观关系向心理的投射。病人和医生的非常复杂的社会关系首先就表现在外在世界中。

这些相互关系是什么呢?

病人想对医生隐瞒自己在生活中的某些体验和事情,想把自己对病因以及体验的特点的看法强加于医生。而医生本人则力图维护自己作为医生的权威,力图要让病人承认,极力让病人对病情和病症有个正确的看法。与这些相交叉的是其他一些因素:在医生和病人之间可能有性别、年龄、社会地位的区别,最后是职业的区别——所有这些都使他们的相互关系和斗争变得复杂起来。

就这样,在这一复杂和特殊的社会气氛中进行着弗洛伊德将其作为自己理论的基础的话语——病人的叙说和在同医生谈话时他的对答。我们能否承认这种话语是病人的个人心理的表现呢?

任何一种话语,根本不能把它只归在话语者一人的份上:它是说话的人们相互作用的产物,广而言之,是发生话语的整个复杂的社会环境的产物。(在另一处地方)我们已经尽力指出,人的言语活动的任何产物,从最简单的生活上的话语到复杂的文学作品,在其全部重要因素上,完全不由说话人的主观感受所决定,而是由发生这一话语的那个社会环境所决定。语言及其形式乃是一定语言集团长期社会交往的产物。话语基本上是现成地利用它。它是话语所需的材料,话语的可能性受这材料的限制。而一定的话语有它自己的特点:选择一定的词语,有一定的语句结构,有一定的话语语调——所有这一切都是说话人和进行谈话的整个复杂的社会环境之间相互关系的表现。而说话人的"心灵感受"——我们往往认为它们在这种话语中有所表现——事实上只是一种对更为复杂的社会现象所作的片面的、简单化的和在科学上不正确的解释。这是我们用它来把社会关系的复杂总和放置(投射)到"个人心灵"中去的一种特殊的"投射"。在与己关系最密切的交往过程中产生出言语,言语又似乎是这一交往所用的"剧本",而这一交往本身又是说话者所属的那个社会集团的、更为广泛的交往的一个因素。由于一定的话语只是复杂的社会关系在思想观念上的折射,所以,为了理解这个剧本,就必须把这些复杂的社会关系全部恢复起来。

如果说的不是外在言语,而是弗洛伊德心理学结构所依据的(内在语言),事情也仍旧不变。内在语言就是这样的剧本,首先是产生口头反应的那个与己关系最密切的小小的社会事件——一次精神分析的"剧本"。在词语反应中表现出我们上面说过的那种医生和病人的斗争。在这些语言表述中所反映的不是个人心灵的动力,而是医生和病人相互关系的社会动力,由此便产生说明弗洛伊德结构特点的那种戏剧性,由此也产生我们指出过的那种心理力量性格化:实际上在这里进行斗争的是人,而不是自然力量。

心理"机制"很容易向我们泄露自己的社会经历。"无意识"不是和病人的个人意识相对立,但首先是和医生、医生的要求和观点相对立的。"反抗",同样也是首先反抗医生、听者,一般说来是另一个人。

两人相互关系的这一动力,弗洛伊德心理学结构全都把它投射到一个人的个人心灵中去。诸如此类的投射不是什么出人意料的,正如我们已经说过的那样,这是主观心理中的普遍现象。心灵感受在大多数场合仅仅是重复外在事物和社会关系的世界,主观唯心主义只是在他断言整个世界仅仅是主体的体验时才是始终一贯的。当现代心理学力图在感受和对象之间划出一条准确的界线时,他最终不得不得出一个离奇的结论,认为这样的界线是没有的,认为一切取决于观点。同一对象,根据我们在什么样的关系中、在什么样的背景中去理解它,时而成为心灵体验(我的感觉、观念),时而成为物体或社会现象。在这方面,得出最激进的结论的是主观心理学最重要的代表人物之一威廉·詹姆士。在一篇著名的文章《意识是否存在》中,他得出结论说,事物和思想是用同一事物制成的,意识并不把任何新的现实性带进世界。意识仅仅是对同一事物和现象的另一个观点。

这样,弗洛伊德的心灵动力及其机制结果只是社会关系向个人心灵的投射。这是一个复杂的戏剧化了的形象,弗洛伊德力图用它来解释人类行为——人的言语反应的各个不同方面。

四、弗洛伊德结构还有一个方面是我们需要加以注意的。无意识的内容,即各种被排出的情结,首先是俄狄浦斯情结,被弗洛伊德归入到人的过去,归入到人的幼年。

但是,这一关于人的发展中最初的前意识时期的整个学说是建立在成人口述的基础上的。弗洛伊德主义者们所能引用的那些为数不多的直接分析儿童行为和言谈的经验①,对弗洛伊德结构的建立没有、也不可能有本质意义。弗洛伊德结构并没依赖这些经验,它在这些经验之前就已形成了,并且这些分析本身就已经要求以经验为前提,以经验为依据。这样,儿童情结的整个结构是通过回顾的方法而得到的;它是建立在解释成人的回忆和解释可以用来搞清这些回忆的那些折中构成物(可以回想一下我们引用过的梦的分析,这一分析深入到

---

① 弗洛伊德本人的一篇最重要的分析儿童神经病的著作是 *Geschichte der phobie eines 5-jährigen Knaben*。——作者

了俄狄浦斯情结的隐秘回忆)的基础上的。

是否可以承认这种回顾的、恢复幼年体验(其实,情结就是体验的总和)的方法在科学上是有根据的?

我们以为,用这种方法不可能搞清任何现实的、客观的东西。事实上,这里有一种非常普遍和典型的现象:从现在的观点去解释过去。根本谈不上什么客观地回忆我们过去的内心体验。我们在过去中看到的,只是对现在来说、对我们在回忆我们的过去的那个时刻来说是极其重要的东西。我们从现在转移到幼儿的前意识的过去的东西,首先是只有对现在来说具有代表性的、思想观念上有价值的色彩。所有的评价、观点、联想——在人生的意识时期它们同诸如"爱""性欲""母亲"这样的概念联结在一起——用它们自身来敷色渲染这些概念,为了我们而去领悟这些概念,然后我们利用它们转而去解释幼年生活事实,并通过这种途径用这些事实建造有条有理的和被领悟了的、同成年生活事件相似的事件。

"恋母性本能""父亲即情敌""憎恨父亲""盼望他死",这是一些"事件";而这些"事件"只有在我们"成年的"意识时期的现在这一背景下才获得有意味的内涵、有价值的色调、在思想观念上的整个分量;如果从所有事件中把后面所说的一切排除掉,那么它们还剩下什么呢?

不管怎么样——凡是能够使人郑重地去谈论俄狄浦斯情结,即重复幼年生活中的俄狄浦斯悲剧故事的东西——几乎一无所剩了。正是赋予这一悲剧以深刻而可怕的含义的东西,使目睹者心惊肉跳的东西——恰恰是这东西也不会有了。

究竟还剩下什么呢? 对幼儿行为可以作一系列零星分散的客观观察:早期易受刺激的性器官(幼年性器官勃起)和其他性感区,难以使幼儿不再经常亲近母体(首先是乳房)等等。对这一系列事实,当然无须争辩,而且它们是为人们所公认的。但是,从这一系列事实到庞大而又出乎意料的俄狄浦斯情结结构毕竟有着天壤之别。如果否定观点、评价和解释(它们是属于现在的)向过去投射,那么就永远谈不上什么俄狄浦斯情结,不管引以证实这一情结的客观事实怎么多。

五、弗洛伊德主义者们经常对批评他们的人声称说:要推翻精神分析理论,首先就得推翻这一理论所依据的事实。

诸如此类的说法是根本错误的。它歪曲了事情的真相。弗洛伊德主义绝不是一系列的事实,绝不是为事先收集这些事实并加以分类所必需的、起码的工作假设。弗洛伊德主义是一座建立在极其大胆而独特地解释事实这一基础之上的庞大建筑物,是一座不断以其意外性和离奇性(即便是承认所有这些为证实它而引用的外在事实的话)令人惊讶的建筑物。

事实本身是由反复观察或检查经验加以检验、证实或推翻的。但是,这不可能影响到对结构基础的批判。就拿奥托·朗克的《生之创伤》这个完全又大又怪的结构来说吧,难道为了断定它至少是难以置信的,就得推翻生孩子时身体在生理学上的震动(挤出、因气入肺而窒息、环境影响等)这一事实吗?这一事实是无疑的(尽管它尚未得到详尽的科学的生理学上的研究)和人所共知的。但在读奥托·朗克的书的时候毕竟还会不由自主地产生一个问题:这一切是"当真的"还是"开玩笑的"?!

幼儿性欲这些事实同俄狄浦斯情结这一结构的关系也同样如此。这些事实不可能证实这一结构,因为它们所处的范围和所衡量的尺度与它不同。这些事实处在外在的客观经验中,而这结构却处在幼儿心灵的内在体验范围里。况且,为了大体上有权谈论幼儿性欲,就应该把"性欲"这词的含义仅仅理解为严格限定的生理学现象的总和。如果我们说的是与这些现象相关联、饱含评价和观点、发生在内在经验中的体验,那么我们已经是在建立一种任意的结构了:我们不是取性欲的生理学事实,而是取这一事实在思想观念上的外形。这种纯粹是思想观念上的、被投射到幼儿心灵中去的外形也就是俄狄浦斯情结结构。这完全不是客观生理学事实的纯而又纯的表现。

无意识内容的其他因素也同样如此。所有这一切对现在来说都仅仅是具有代表性的、从思想观念上对行为作的解释向过去的投射。弗洛伊德一步也没有超出主观结构的范围。

六、除了这个我们不能接受的结构之外,"心理动力"究竟还剩下什么呢?

冲突存在于人的口语之中。这是各种动机的斗争,而不是物质力量的斗争。

在它后面,正如在任何思想观念的斗争(不论其规模有多大)后面一样,隐藏着某种客观的物质过程。但是,弗洛伊德主义没有去揭示它们。本来,要暴露它们,就得超出主观心理学的范围,超出人本身根据自己的内在经验(不论对这一经验作如何宽泛的理解)所能说的一切范围。

行为的这些客观因素中有一些因素具有生理学的(归根结底是物理、化学的)特性。对这些因素可以采用多种方法进行研究:或者是成为巴甫洛夫院士及其学派反射学说基础的方法,或者是由前不久去世的扎克·列布在其著名的向性理论中①卓越而有充分根据地制定出的方法,或者是其他各种在其基础上是统一的生理学方法。但是,要解释人的行为,所有这一切还是不够的。尤其是弗洛伊德使我们碰到的口头化了的行为的冲突,为了理解这些冲突,首先就需要严密地、全面地考虑社会经济因素。唯有用辩证唯物主义的灵活方法,我们才有可能阐明这些冲突。

我们称之为"人的心理"和"意识"的东西,较之自然的辩证在更深的程度上反映出历史的辩证。心理中的自然已经受到经济的和社会的折射。

人的心理的内容、思想、感情、愿望的内容产生在意识使之定型的过程中,因而也就产生在人的语言使之定型的过程中。语言(当然不是在其狭隘的语言学的,而是在广泛和具体的社会学的意义上)就是

---

① 参见扎克·列布的《被迫运动、向性和动物的行为》(莫斯科,国家出版社),《向性对于心理学的意义》,载文集《哲学新思想》,第8辑。——作者

反映我们获得心理内容的客观环境。行为、思考、目的和评价的动机在这里形成并得到外在表现。它们之间的冲突也在这里产生。

我们的概述，任务是批判，当然也就不能包括关于口头化了的行为的动机和冲突的正面理论。我们所能指出的，仅仅是一个流派，在这个流派中，人们有可能客观地理解和研究这些现象。

第三章 作为思想观念的意识内容

一　语言反应的社会学特征
二　意识内容的研究方法
三　"日常思想观念"的概念
四　"日常思想观念"的不同层面
五　性
六　结论

一、我们知道，弗洛伊德主义的出发点是不相信意识，是从根本上批判人往往完全真诚和善意地用来对自己行为作解释的动机（我们可以回想一下伯恩海姆的经验）。

意识是任何一个成年人对自己的每一行为所作的注解。依弗洛伊德之见，这一注解是不可信的，以它为基础的心理学也是不可信的。

只要弗洛伊德批判意识心理学，我们是能够完全同意他的；确实，无论如何也不能有意识地、科学地解释自己行为的理由。然而，我们再进一步看：无意识动机也丝毫不能解释行为，因为正如我们已经看到的那样，弗洛伊德的无意识同意识在原则上没有任何区别；这仅仅是意识的另一种形式，仅仅是意识在思想观念上的另一种表现。

在用"自由联想"方法进行精神分析时诱发出来的无意识动机，也只是病人的语言反应，如同所有的一般的其他动机一样，无意识动机和意识动机的区别,可以说不在于存在的种类,而只在于内容,即思想观念上的区别。在这一意义上,弗洛伊德的无意识可以称之为"非正式的"意识,以区别于一般"正式的"意识。

从客观上来看,动机,无论是正式的还是非正式的意识,在内部言语和外部言语中是完全一样的,也同样都不是行为的原因,而是行为的一个成分,一个组成部分,而完全不是它的原因。可以说,人的行为分解为运动反应(狭义的"行动")和伴随这反应的内在和外在言语(语言反应)。人的整体行为的这两个成分都是客观的和物质的,都要求用同样是客观物质的事实(不论是人的机体本身,还是周围的自然和社会环境的事实)来解释。

行为的语言成分在其内容的一切基本的、本质的方面都由客观社会的因素所决定。社会环境为人提供语言,并将语言同一定的评价和意义结合在一起;社会环境也继续不断地决定和控制人在一生中的语言反应。

因此,人的行为中的全部语言(外在言语和内在言语都一样)无论如何也不能归在孤立起来看的单一主体的份上,它不属于这单一主体,而属于这单一主体所属的社会集团(它的社会环境)。

在上一章里我们指出过,任何具体的话语总是反映出它直接从中产生的那个与己关系最密切的小小的社会事件——人们之间的交往、谈话。我们已经看到,弗洛伊德的"动力"反映出精神分析过程及其斗争和波折,反映出产生病人话语的社会事件,但是,在本章中,我们感兴趣的不是话语的这个与己关系最密切的背景,而是:(1)更广泛的长期和稳定的社会联系,我们的外在和内在言语的内容和形式的所有因素是在这种联系的动力中形成的;(2)评价、观点、态度等的全部蕴积,我们是凭借它们来向我们自己和向其他人说明我们的行为、愿望、感情、感觉的。

我们的意识和全部心理的这一内容以及它用来在外面表现自己的那些个别的话语,在各个方面都是由社会经济因素所决定的。

我们永远也不可能理解特定的单独的话语的真正的本质根源,如果我们只是在单独的个体范围里(甚至在话语涉及看来完全是人生中私人的、隐秘的方面时也是如此)去寻找这些根源的话。为自己的行为所提出的任何理由,对自己的任何意识(本来,自我意识始终是语言的,始终归结为寻找一定的语言的综合),就是使自己处在某种社会规范、社会评价之下,也可以说是使自己和自己的行为社会化。在意识自己的时候,我就极力要用我所属的那个社会集团、那个阶级中的另一个人、另一个代表的眼光来看我自己。这样,自我意识,归根结底,总是把我们引向阶级的意识,因为在其所有基本的、本质的方面,自我意识也就是阶级意识的反映和特殊化。甚至在个人方面最隐秘的语言反应,其客观根源也在这里。如何才能理解这些根源呢?

要借助于马克思主义为分析各种思想意识体系(法律、道德、科学、世界观、艺术、宗教)而制定的客观——社会学的方法。

二、在资产阶级哲学中过去长期占统治地位的,而且现在也还相当普遍的信念是,如果已经能够把文化创造的作品归结为创造该作品的人的一定的个人心情和心理体验,那么就可以认为该作品是完全解释清楚了的。

我们已经看到,弗洛伊德主义者们也持有这一信念。而事实上,在个人心理的内容之间,在定了型的思想观念之间没有原则上的区分。不论怎样,个人心理的内容丝毫也不比文化创造的内容更明白、更清楚,因此它不能解释文化创造的内容。被意识到了的个人体验已经具有了思想观念的性质,所以从科学的观点来看绝对不是什么第一性的,因而也不是什么不可分解的客观现实;不,这已经是从思想观念上对存在所作的一定的修改。野蛮人意识的最模糊的内容和最完善的文化作品只是思想观念创造这个统一链条的两个极端环节,在它们之间存在着一系列不间断的阶段和中间环节。

自我的想法越清楚,它就越接近科学创造的定了型的成果。况且,如果自我替这一想法找不到准确的语言表达方法,不使它和涉及同一事物的科学立论发生关系,换言之,只要自我不把本身的想法变成重要的科学作品,自我的想法就不可能达到完全清楚的程度。如果某种感情替自己找不到外在的表现,不用自己去使词语、节奏、色调获得活力,即不体现在艺术作品中,就不可能达到完全成熟和确定的程度。

这条由个人心理内容通向文化内容的道路是漫长的、艰难的,但这是唯一的一条道路,并且自始至终,在所有的阶段上它都由同一个社会经济规律所决定。

而且,在这条道路的所有阶段上,人的意识要运用语言——社会经济规律的最细致然而也是最复杂的折射来工作。研究最简单的日常形式的语言反应,应该运用像马克思主义为研究复杂的思想意识体系而制定的那些方法,因为客观必然性在语言中的折射规律在这两种场合都是一样的。

人的任何言语都是一个思想观念的小体系。说明自己行为的理由是法律和道德的小型创作;因欢乐或悲痛而发的感叹是简单的抒情作品;对现象因果的日常看法是科学和哲学认识等的萌芽。科学、艺术、法律等稳固和定型的思想观念体系是从一种模糊的自发思想观念中产生和结晶出来的,这种自发思想观念以内在和外在言语的泱泱波涛流经我们的每一行为和每一知觉。当然,定型了的思想观念本身又反过来对我们的全部语言反应产生影响。

三、我们把贯穿我们全部行为的内在和外在言语称作"日常思想观念"。这一日常思想观念在某些方面较之定型了的、正式的思想观念更敏感、更富情感、更神经质和更活跃。

在日常思想观念的深处也积聚着矛盾,它们达到一定程度最终会炸毁正式思想观念体系。但是我们可以一般地说,日常思想观念也和本义上的思想观念、上层建筑一样地与社会经济基础相关,一样地服从发展的规律。因此,日常思想观念的研究方法,如上所说,也应当基本上是与之一样的,只是根据材料特点的不同而稍有差别和变更而已。

现在我们回到精神分析所依据的以及它力图用意识和无意识的

斗争来解释的那个"心灵"冲突吧。从客观上来看,所有这些冲突都是在自发的内在和外在言语中(当然,不包括它们的纯生理学的方面),也即在自发的日常思想观念中激烈起来的。这不是"心灵的",而是思想观念的冲突,因此,在个人机体和个人心理的狭隘范围里它们是不可能理解的。它们不仅像弗洛伊德所认为的超出意识范围,而且也超出整个个体的范围。

梦、神话、俏皮话和挖苦话以及病态构成物的所有语言成分都反映出在日常思想观念内部形成的各种观念倾向和潮流的斗争。

四、与弗洛伊德的经过检查的、正式的意识相对应的那些日常思想观念领域,表现出阶级意识中最稳定的和占支配地位的成分。

这些领域和这一阶级的定型的思想观念,和这一阶级的法律、道德、世界观相距很近。在日常思想观念的这些层次上,内在言语很容易整理就绪,并自由地转入外在言语,不论怎么样,它不怕成为外在言语。

和弗洛伊德的无意识相对应的其他层次则与占支配地位的思想观念的稳定体系相距十分遥远。这些层次表明这个统一的和严整的体系在解体,表明一般的思想观念上的理由具有不稳定性。当然,使统一的日常思想观念消解的那些内在动机,它们的积聚情况,可能具有偶然性,并且只是证明个别人的社会性的阶级蜕变,但更经常的却是证明分化正在开始,如果不是整个阶级的分化,那么就是这一阶级的某些集团的分化。在健全的集体中和在社会性上是健全的个性中,建立在社会经济基础之上的日常思想观念是严整的和牢固的,因为在正式的和非正式的意识之间没有任何分歧。

日常思想观念的非正式层次的内容和成分(依弗洛伊德之见,即无意识的内容和成分)与日常思想观念的"经过检查"的层次以及定型的思想观念的体系(道德、法律、世界观)同等程度地受着时代和阶级的制约。例如,古希腊属于统治阶级的那些人,他们的同性恋性欲在日常思想观念里完全引不起任何冲突,这些性欲自由地转移到他们的外在言语中,甚至在定型的思想观念中得到表现(可以回想一下柏拉图的《会饮篇》)。

　　精神分析所涉及的全部冲突,对于欧洲现代小资产阶级具有更高程度的代表性。弗洛伊德的"检查"十分明显地表现出小资产阶级的日常思想观念性的观点,因而当弗洛伊德主义者们将其搬到古希腊人或中世纪农夫的心理中去时,就给人以一种有些可笑的印象。弗洛伊德主义出奇地过高估价性因素,这在现代的资产阶级家庭分化背景中也是极其明显的。

　　正式和非正式意识之间的分裂越是深广,内在言语的动机转移到外在言语中(口头的、书写的、印刷的;在狭小的、广大的社会范围里)——以便在那里成形、显得清晰、巩固——也就越困难。这些动机将会开始衰弱,失去自己的语言面目,并且确实是一点一点地转变成心理中的"异体"。各组有机表现都可能这样被最后逐出口头化了的行为范围,可能成为非社会化的。人身上的"动物",人身上的"非社会"的区域就是这样地在扩大着。

　　当然,并不是每一个人的行为领域都能这样完全地脱离语言在思想观念上的定型。其实,也并不是每一个和正式的思想观念发生矛盾的动机都会退化成模糊不清的内部言语并死亡——它可能和正式的思想观念发生斗争。这样的动机,如果它在整个集团的经济现实中是有充分根据的,如果这不是蜕变了的单个人的动机,那么在未来它将是社会的动机,这也许是胜利的未来。这样的动机没有任何根据成为非社会的、脱离社会交往的。只不过在开始时它将在小的社会范围里发展,走入地下,但不是走入心理的、被排出的情结的地下,而是走入在政治上健全的地下。一切文化领域中的革命的思想观念正是这样树立起来的。

　　五、人的行为中有一个极其重要的领域,在这个领域里要组织语言联系十分困难,因此这个领域非常容易脱离社会背景,失去自己的思想观念外形,退化到起初的动物状态。这一领域就是性。

　　正式思想观念的分化首先就反映在人的行为的这一领域里。它成为积聚非社会、反社会力量的中心。

这一私人生活领域最容易成为社会退却的基地。"一对"情人,作为某种社会单元,最容易孤立起来并成为一无所求的小宇宙。

社会处于衰落和瓦解之中的时代全都有一个特点:在生活上和思想观念上过高地估价性,同时又是极端片面地理解性,提到首位的是抽象地看待的性的非社会的方面。性极力要去代替社会。人首先分为男女,所有其他的区分好像都不是本质的。为人理解并为人珍视的是那些可以性化的社会关系,剩余的一切也就失去了自己的意义。

现在,弗洛伊德主义风行全欧,这表明正式的思想观念体系完全瓦解了。结果,"日常思想观念"自行其是,七零八落,没有定型。对于阶级的和社会的评价所依据的每一个具有说服力的背景来说,生活的每一个方面,每一种现象和事物也不再井然有序了。每一事物似乎翻转过来,不是它的社会的一面,而是它的性的一面朝着人。艺术或哲学作品的每一个字中都开始露出赤裸裸的性象征;所有其他的方面,首先是每一个字中所包含的社会历史评价,现代欧洲资产阶级已经听不出它们,它们只是成了性基调的泛音。

弗洛伊德主义有一个非常显眼的和极其有趣的特点——家庭和全部(无一例外)家庭关系(俄狄浦斯情结)的全盘性化。对于家庭——资本主义的基础和堡垒——在经济上和社会上人们显然变得一知半解,很少扪心自问。因此家庭就有可能全盘性化,似乎是(我们的"形式主义者们"也许会说)新的理解、"奇异化"①。俄狄浦斯情结确实是家庭单位的出奇的奇异化。父非一家之主,子非继承人;父即母之情夫,子即父之情敌!

生活的一切方面都变得无法理解,正是对家庭所作的新的和尖刻的"理解"才把广大读者招引到弗洛伊德主义上来。性欲是显然的和无可争辩的,其余所有的社会的意识形态的评价则是可疑的和可争辩的——它们在这里分庭抗礼。性被宣称为现实、本质之最高标准。而

---

① "奇异化"指一种语言手法,使一般的和熟悉的事物看起来好像是奇怪的和新鲜的。——作者

人的精神蜕变越发严重，他就越发敏锐地感到自己身上的"赤裸裸的天然性""自发性"。

六、弗洛伊德主义(蜕变者们的心理学)成为欧洲资产阶级最广泛阶层的一股为人们所公认的思潮。对于凡是希望了解现代欧洲精神的人来说，这就是一个具有深刻征兆性的、可据以判断的现象。

当前哲学的基本趋势是建立社会和历史的彼岸世界。人智说的"宇宙主义"(斯泰纳)，柏格森的"生物主义"，最后我们所分析的弗洛伊德的"精神生物主义"和"性欲主义"——这三大流派服务于整个资本主义世界，其中的每一个流派都按自己的方式效劳于最新哲学的这一趋势。他们以自身来确定现代"Kulturmensch'a"("文化人的")面目：斯泰纳主义者、柏格森主义者、弗洛伊德主义者——及其信仰和崇拜的三大祭坛：魔力、本能、性欲。凡是在创造性的历史之路被封锁的地方，那里就只剩下一条死胡同：用个人的力量去根除失去意义的生活。

第四章　评对弗洛伊德主义的马克思主义辩护

一　马克思主义和弗洛伊德主义
二　Б.贝霍夫斯基的观点
三　А.Г.卢里耶的观点
四　Б.Д.弗里德曼的观点
五　А.Б.扎尔金德的反射学化的弗洛伊德主义
六　小结

一、大概读者在认真地阅读了本书第二编《弗洛伊德主义阐释》以后，即使完全不读我们的批判分析，就已经感到这一学说在本质上是和马克思主义格格不入的。

不难感到,弗洛伊德主义的世界观迥然不同地散发出另一种气息,带有另一种色调。然而,在马克思主义者中间,竟然有一些人热心地为弗洛伊德主义强辩。在本书进行初步阐释的头几章里,我们就已经提起过。在此,在本书批判部分的结尾处,我们不能够回避这一费力不讨好的事——对这些马克思主义者为弗洛伊德主义所作的辩护进行批判分析。

我们当然不能讨论这些马克思主义者就弗洛伊德主义所发表的"可以接受的"和"善意的"全部言论和意见。这种言论常常带有偶然的性质,阐述不详尽,论证不充分。众所周知,托洛茨基同志在《文学与革命》一书中声称精神分析可以为马克思主义所接受,他的这一看法也属于上述这类言论。这些言论,我们就不去讨论了。我们的任务仅限于考察四位作者的文章。我们将考察:

(1) Б.贝霍夫斯基的文章:《论弗洛伊德精神分析学说的方法论基础》,载《在马克思主义的旗帜下》杂志,1923年。

(2) A.Г.卢里耶的文章:《精神分析,作为一元论心理学体系》,载文集《心理学和马克思主义》,莫斯科实验心理学研究所,1925年。

(3) Б.Д.弗里德曼的文章:《弗洛伊德心理学基本观点和历史唯物主义理论》,同上。

(4) A.Б.扎尔金德的文章:《弗洛伊德主义和马克思主义》,载《红色处女地》杂志,1924年,第4期,及其近著《机体生命和暗示》的相应章节,1927年。

上述文章企图用马克思主义的观点为弗洛伊德主义辩护,它们的观点发挥得最充分,是经过深思熟虑的,分析了这些作者的强辩性论据,我们大体上也就把某些马克思主义者替弗洛伊德主义辩护的所有论据考察得相当清楚了。

二、按照时间顺序,我们先分析 Б.贝霍夫斯基的文章。

精神分析学说被紧裹在主观主义的外壳里,而且在介绍精神分析时经常给人以一种印象,似乎把主观主义的内壳翻转了过来。可是我却极力要剥出精神分析的健全的内核,我想,它是非常珍贵和重要的。我极力表明,在其方法论前提下和在基本的原则性结论上,精神分析(无意识地)在他自己的研究领域里重现了辩证唯物主义所宣扬的原理。精神分析学家们意识到了这一点,这就使他们把自己的学说建立在广阔而又牢固的基础上。辩证唯物主义可以认为自己又取得了一个胜利。

这番话是Б.贝霍夫斯基在总结自己对弗洛伊德主义所作的分析时所说的。

他所认为的精神分析"无意识地重现了"历史唯物主义原理的"健全的内核"究竟是什么呢?

Б.贝霍夫斯基力图证明,精神分析方法有以下几个特点:客观主义、唯物主义一元论、唯能论及辩证法。

我们现在逐一分析Б.贝霍夫斯基所阐明的弗洛伊德方法论的这些特点。

对弗洛伊德的客观主义方法,Б.贝霍夫斯基提出的论据十分怪异。我们引用他自己的话:

> 当你对精神分析有了进一步的了解时,你不仅确信它是和反应学一致的,而且也开始怀疑它是否真是主观主义的。主观主义似乎是使本质变得模糊的外壳。事实上,精神分析乃是关于无意识,关于在主观的"自我"的范围之外所发生的某种东西的学说。无意识现实地作用于机体的反应,经常指导着它们。对无意识,不能通过意识主观地加以研究。弗洛伊德之所以研究无意识(症状、错误等)的客观表现,探寻意识(梦、童年)最低限度参与的条件,其原因也就在这里。这一切无疑是反应学所能接受的。

Б.贝霍夫斯基的这些论断是和弗洛伊德主义方法论基础本身相矛盾的。弗洛伊德说:"关于无意识,我们只有通过意识才能了解。""自由联想"的整个方法只有一个目的:将无意识引导到病人的意识。照弗洛伊德的看法,只有具备一个必要条件,精神分析才能在治疗上取得成功,这个条件就是:"病人在他自己的内在经验中看出并承认自己的被排出的情结。"[①]如果被排出的情结对病人来说仍然只是外在的客观事实,没有为他获得内在体验的主观真实性,那么它们就不会有任何治疗作用。比如,受伤的肺在 X 光片上的形象,或者咳嗽过程的生理机制,我们都把它们看作是客观事实(处在主观心理之外)。而无意识,我们只有在内在体验的主观道路上才能遇上它。人本身应该在内在经验中,在心灵底层里摸索它。于是,整个精神分析仅仅是对无意识的内在意识,如此而已。完全不可理解,Б.贝霍夫斯基竟然敢于断言说:"对无意识,不能通过意识主观地加以研究!"对于他来说,没有也不可能有其他的研究方法,连弗洛伊德自己也没有想到过还可能有其他的方法。

再说,Б.贝霍夫斯基断言弗洛伊德主义研究无意识在症状、错误等中的客观表现,这一说法是根本错误的。当然,弗洛伊德主义的分析是从外在的客观现实——错误、身体症状等出发的,但是他所研究的恰恰不是这一客观的物质事实,他对身体症状比如咳嗽的生理机制完全不感兴趣,使他感兴趣的只是它的里面——内在的主观心理。精神分析方法是从症状、错误、梦和所有其他事实出发的,这些事实对它来说似乎失去了客观的、物质的肉体:精神分析同它们的关系好像只是具有替代作用的构成物、意识与无意识之间的折中物——因此,好像只是同特定组合的心理力量的关系一样。进入精神分析症状公式的只是纯主观心理的因素。

---

① 这一点 Б.贝霍夫斯基本人也是很清楚的。在文章的另一个地方,他说:"意识到无意识——这是精神分析疗法的口号。"如何把这一点同本文所引用的他的论断调和起来呢?——作者

时时处处在寻找唯一的珍珠(被压抑的愿望)的精神分析方法,最后是怎样成为对于反应学来说是可以接受的客观方法的呢——仍然很不清楚。Б.贝霍夫斯基的"论据"最多只不过是毫无根据的论断。别的论据他也是提不出来的。

关于精神分析的第二个特点——唯物主义一元论的论证,情况也不见得好些。在这个问题上,Б.贝霍夫斯基的基本论据是,弗洛伊德主义方法造成了从心理经过无意识到身体的不断转移(可以这样排列:意识—前意识—无意识—身体)。他援引弗洛伊德的著名论断:"性功能不是什么纯心理的,正如它不是什么纯身体的一样。它影响着身体的和心灵的生活。"相似的引文可以从弗洛伊德那里摘出不少,但是也可以更多地在他那里找到相反的论点。Б.贝霍夫斯基自己没隔多少行就援引了其中的一个论点。这就是:

> 弄清这一点是很重要的:个别的心灵表现是否直接产生于物理的、机体的、物质的作用,如果是,那么研究它们就不是心理学的事情;或者,现象的发生是和其他心理过程相关联的,而在这些过程后面更远的什么地方却隐藏着一系列的机体的原因。我们始终只是把"第二类"的过程称为心理过程。

在这里,在弗洛伊德的这一论断中,一切机体的东西被排斥在心理学之外。精神分析学家只研究纯心理系列,他不涉及其余的东西。可是,因为毕竟允许"在更远的什么地方"有一系列使心理学家感兴趣的机体原因,所以我们就有了一个典型的心身平行论观点。一般说来,从理论上解决心身相互关系问题时,弗洛伊德本人的立场是模棱两可,而且是故意含糊的。他的与此相关的所有言论全都是矛盾的、不确定的。更经常的是他完全回避这个问题。但没有必要收集这些言论:方法本身就以它的实践、以它的工作说明了问题。精神分析从来没有在任何地方向我们表明过像Б.贝霍夫斯基所想的那样,身体对心理的作用。精神分析所知道的只是纯心理系列,而身体仅仅是这一心理系列的非独立因素。彻底的精神分析学家如奥托·朗克和格罗德克从理论上一清二楚、毫不含糊地表述了自己方法的这一特点:按照他们的主张,一切机体都是第二性的,而第一性的只是心理。这已经纯粹是一元论,但只不过是唯灵论的一元论。

实际上,精神分析在其基础上是一元论的。这是一种特殊的现代的唯灵论一元论。即便是谨慎的弗洛伊德也模棱两可地在心身因果论和心身平行论之间保持平衡,但方法本身却不是这样犹疑不决的:对它来说不存在任何不可克服和不可预知的物质因素,一切都溶解在无止境和摇摆不定的自发的主观心理中。

现在我来谈唯能论。让 Б.贝霍夫斯基自己说吧。

> 精神分析和反应学的一致性并不限于上述所说。这一致性要深刻得多,遍及到理论的基础的基础——心理过程的唯能论。心理过程的唯能论的认识自始至终贯穿于弗洛伊德的精神分析学说。在弗洛伊德那里,唯能论的别称是"经济观点"。可以深信不疑地加以肯定的只有一点,那就是,快乐以某种方法同心灵机构中刺激量的减少、降低或消退相关联,而不满则同它们的升高相关联。关于人所能享受的最本能的快乐,在现实性行为时的快乐的研究使人对于这一点深信不疑。因为在这样的快乐过程中,事情涉及注意心灵刺激量或能量,所以,这种论断我们称之为经济的……我们可以说,心灵机构的目的是要克服并从它的内外刺激中解放出来。

这样,在引证弗洛伊德的话的时候,Б.贝霍夫斯基力图证明精神分析是唯能论的。引文确有代表性,但它所证明的却不是 Б.贝霍夫斯基所想的。

弗洛伊德的这个"经济观点"是什么呢?只不过是把"能量最低

消耗"这个陈旧不堪的原则全盘搬到心理中罢了。然而,应用于主观心理原料,这一原则——它本身就是空洞的,言之无物的——只是成了比喻、辞藻,如此而已。这一原则只有用在能够加以精确和客观计量的材料上才能够成为有成效的工作假设。主观心理,脱离了一切物质,当然不能作任何计量,在这里可能作的只是任意的、思想观念的评价。弗洛伊德的说法正是这种至少是令人怀疑的评价,他厚颜无耻地声称说人所能享受的最本能的快乐是实现性行为时的快乐。

没有一个为精确计量所需要的支点,就根本谈不上什么唯能论。弗洛伊德理论的特点在于,它不知道客观的物质刺激,它只知道内在的心理刺激(诚然,弗洛伊德谈到欲望的身体本源,但他没有对它们进行研究)。弗洛伊德主义的整个力比多(libido)理论所利用的仅仅是这种内在刺激。说实在的,只是从刺激开始出现在内在心理舞台上并在这里同已经在场的心理力量相遇之后,弗洛伊德主义才对它感兴趣;至于这刺激是怎么跑到那里的——这已经不使他感兴趣了。欲望(die Triebe),整个精神分析的基本概念,弗洛伊德将之确定为身体刺激的心理代表。于是弗洛伊德始终一贯地只同这些代表,只同他们之间的斗争打交道:恋母本能遇上畏怯和羞愧并被压抑为无意识,"自我"欲望遇上性欲,对死的欲望遇上"爱本能",等等。这样,精神分析就一直处在内在心理的刺激和反应的圈子里——体验对体验起反应,感情对愿望,愿望对感情起反应,心灵畏怯对乱伦起反应,迫害狂对同性恋性欲起反应,等等。位于外在世界的物质刺激和在机体身上物质地表现出的刺激始终处在精神分析理论之外。然而,恰恰是这些可计量的因素才是心理学客观方法的支点。

心理能量的转变也同样如此:爱变为恨,对一个对象的欲望变为对另一个对象的欲望,等等。怎样在数量上测定这个不断转换形式的能量呢?要知道,只有测定能量,我们才可能不靠比喻地去谈论唯能论。但是,为此,就必须超出描绘这些转换的主观心理图画,走进物质刺激和反应的客观世界。然而,弗洛伊德并没有这样做,他只是断言说,如果这样做,那么也许就是勉强敷衍,而唯能论和经济原则最后证明是正确的。

最后应该指出,经济观点是在外表上添加到弗洛伊德学说上的。弗洛伊德只是顺便地把这个观点引来,它并不触及他的学说的本质。Б.贝霍夫斯基所说的唯能论是精神分析的基础的基础这一断言是错误的。看来,Б.贝霍夫斯基把整个心理动力学归到了唯能论上,这当然是完全荒谬的。至于心理动力学,我们在一个地方已经指出过,这完全不是力量的斗争(或许,可以唯能论地进行这种斗争),而是日常思想观念动机的斗争。

最后,谈谈辩证法。

这个问题我们不打算多说。人的一切思维是辩证的,人在内在和外在言语里客观化了的主观心理是辩证的,神话和疯子的谵语是辩证的。不仅如此,蠢话蠢事是辩证的,谎言是辩证的,不由自主地落到辩证法轨道上的,有空话废话和谣言谤语(可以回想一下果戈理的谣言辩证法,它基本上决定着他的极度夸张的怪诞风格的结构)。辩证是一切运动,甚至是人的无聊脑袋里的虚构运动的灵魂。有什么可大惊小怪的呢,既然弗洛伊德展开的那幅日常思想观念动力图画结果也是内在地辩证的。然而,这个辩证是否就是马克思主义辩证方法所探求的那个自然和历史的物质辩证本身呢?

当然不是!这是反映在头脑里,在思想观念上折射和扭曲了的,某些现实物质力量的辩证。可是,弗洛伊德恰恰没有去揭示这些物质力量:他不考虑他自己的"心理动力"——动机的动力,而不是力量的动力——是思想观念性的,因此就不考虑它是第二性的,特殊地折射和扭曲了的。根本谈不上弗洛伊德学说里有什么唯物主义辩证法,因为这一学说根本没有超出主观心理的范围。

Б.贝霍夫斯基文章的总的缺点(此文和有关弗洛伊德主义的其他的——需要加以分析的——类似东西都有这个缺点)是:没有把精神分析方法本身当作客观事实来看待。在研究的时候应该抓住方法本身并且搞清楚,它在做什么,它往哪里去,而不要引用弗洛伊德本人和弗洛伊德主义者们在方法问题上偶尔说的和自相矛盾的言论。应该抓住自由联想法并直接提出问题:在这一方法中自我观察起什么作用,客观观察又起什么作用?这种直接地和有针对性地提出的问题恐怕不是难以回答的。然而,无论是 Б.贝霍夫斯基,还是其他一些替弗洛伊德主义作强辩的人,都没有对方法本身这样直接地提出问题,他们宁可去搜罗宣言式的引文和摘录。

我们对 Б.贝霍夫斯基文章的分析就到此为止。他那关于弗洛伊德主义无意识地重现历史唯物主义的论题还是没有得到论证。这种无意识看来不会导致意识。

三、现在来看看 A.Г.卢里耶的文章《精神分析,作为一元论心理学体系》。

这就是 A.Г.卢里耶对弗洛伊德主义的看法:

他说:"精神分析在把关于心理现象的学说搬到完全是另一个范围里,即关于整个人体中的有机过程的学说里时,它就同旧心理学的形而上学和唯心主义彻底决裂,(和关于人的反应和反射学说一起)奠定了对整体个性的心理持肯定态度的唯物主义一元论心理学的牢固基础。

"精神分析正是以此回答了摆在现代心理学和时代的最伟大哲学——辩证唯物主义面前的第一个课题:唯物主义地对待整体个性及其心理动力的课题。

"精神分析对解决这一问题作出了巨大的贡献,依次迈出了两大步:确立诸种个别心理功能的复合性和把整个心理引进到器官及其受生理制约的活动的一般系统中。"

弗洛伊德主义是整体个性心理学,A.Г.卢里耶通篇文章之令人感奋,就在于这一论断。

这位作者认为经验论心理学的主要缺点正是在于心理原子论,在于不善于对待整体个性。他说:"由于不可能沿着'科学地解释'心理现象这条道路走，实验心理学便把自己的材料分解成细小的、孤立的单位——'原子'，并对这些假定的心理'元素'单独地进行研究。实验心理学走的就是这条路。"

精神分析，依 А.Г.卢里耶之见，也就是对此所作的反应。

> 与正宗的"原子化"心理学相反，精神分析从第一步起，就从个性问题开始；他为自己提出的任务是研究整体个性和形成个性行为的那些机制。

接着，А.Г.卢里耶指出，研究整体个性也是马克思主义方法论的基本要求，因为马克思主义方法论把个性看作"是不可分割的和积极的历史因素"。

这就是 А.Г.卢里耶的观点。

不能不同意他的看法，历史唯物主义确实要求研究整体个性并为这一研究提供方法论基础（也只有它一个提供这些基础）。

然而，我们知道，"整体个性"的思想完全不只是马克思主义一个主义的财产；特别强调"整体个性"并把它提到首位也未必是马克思主义的特征。我们知道，"整体个性"的思想是浪漫主义唯心主义（谢林的同一哲学、费希特的学说）的顶点，最后也是浪漫派的纲领性口号。可是在哲学史上整体个性的思想在莱布尼茨的单子论中表现得最彻底。单子是封闭的，独立自在的，同时又反映整个世界，使它归于自己的内在统一。能否找到整体个性思想的更彻底的体现呢？何况，可以说，没有也不曾有过一种不把这个整体个性思想提到首位的反历史的和反社会的世界观。

这样，这个思想就是把双刃刀：对它要格外谨慎小心。马克思主义从未讲过整体个性。从未只是一般地谈个性而不加上特别的和十分重要的附带条件：它高度辩证地运用这些概念。

在这里，基本的危险是，整体个性通常是以把它孤立起来和简单化这个代价换来的。把个性从周围环境中孤立出来并封闭起来，个性就是这样被确定的。个性最后就不是客观的历史因素，而是主观的统一体、独立自在的感受世界的一个中心。这样的"整体个性"当然比实验心理学的心理原子论离马克思主义更远。

马克思主义对整体个性研究的要求绝不是要求特殊地、独立地研究，像个人主义、浪漫主义或者比如现代差异（结构）心理学（威廉·斯泰纳及其学派）所提出的那样；不，对于马克思主义来说，这仅仅是它的基本要求的一个部分，它要求在个性研究中坚持辩证一元论。这一基本的方法要求，我们可以这样发挥：在个性中没有绝对孤立的因素——一切都是相互联系，一切都只是整体的一部分；个性本身也不是孤立的，它本身也只是整体的一部分。就像没有孤立的心理元素一样，也没有孤立的个性。这两个论断同样都是正确的：个性是整体的（对于孤立的因素而言），个性不是整体的（对于周围的存在而言，个性就是这一存在所不可分离的一个因素）。

但是，这一辩证一元论只有在一个条件下才能得以贯彻，这个条件就是在个性问题上纯粹地、不带杂质地坚持客观主义。理解和确定个性的方法应该同理解和确定它周围物质世界的方法一样。进入马克思主义关于个性及其行为的公式中的因素，应该和进入关于它周围的社会历史和自然现实的公式中的因素一样。

弗洛伊德主义的整体个性心理学是否满足这个条件呢？

一点也没有！

无意识比唯心主义心理学的意识更多更好地促进这一倾向：把个性孤立和封闭起来，把个性生活驱赶到主观心理自我消退的狭小和没有出路的圈子里。个性有它自己的小历史、小自然，分解成若干内部人物（"自我""自我理想""本我"），并成为独立自在的小宇宙。

А.Г.卢里耶的论据，说得确切些是从弗洛伊德和弗洛伊德主义者们那里引来塞满他整篇文章的引文，不能改变这里的任何一点东西。可以同意他对经验心理学的指责，即指责心理原子论。但是，弗洛伊德是用哪些因素来建立他的整体个性的呢？同样是用经验心理学的那些"原子"：观念、感情、愿望。引进无意识丝毫也没有使事情发生变化。其实，一般说来，"无意识"概念比经验心理学的"意识"概念更主观主义。

弗洛伊德主义是否像 А.Г.卢里耶说的那样果真是把心理引进到机体系统中去了呢？他是否相反地把物质机体引进到了心理系统中去了呢？

正确的当然是后者。对于精神分析来说，机体是第二性的现象。把性感区学说描绘成客观生理学理论是根本错误的。按照这一理论，恰恰是身体被引进到个性的心理系统中，而不是相反；当然，不是作为客观的外在身体，而是作为身体的体验，作为内在的本能、愿望和观念的总和，可以说是作为内在的身体。

企图把客观的性质强加到精神分析的"本能"概念上去是完全错误的。

А.Г.卢里耶说："本能，对于精神分析来说，不是纯粹心理学方面的概念，而是更宽泛些——是心身之间的边界概念，是生理学概念。"

当然，没有一个生理学家会同意像身心边界这样的古怪的生理定义；甚至活力论者杜里舒也不会同意的。当然，根本谈不上什么主观心理和客观物质之间的边界概念。因为在经验里没有一种观点能够向我们揭示这样的独特的混合物。这纯粹是形而上学的概念，是唯灵论形而上学的基本概念之一。

这样，没有一个客观的因素(它能把整体个性归附于周围的物质自然现实中)会进入到精神分析的整体个性公式中去。把它归附于客观的社会经济历史过程中，情况也不会更好些；其实，我们已经知道，所有的客观的、历史的构成物(家庭、部族、国家、教会等)都被弗洛伊德从同样那些主观的心理根源里抽了出去，它们的存在还是限于那种内在主观力量游戏(权力是自我理想，社会团结是在共同的自我理想之下的互相认同，资本主义是肛门性欲的升华，等等)。

在作小结的时候,我们可以说,作为整体个性心理学,弗洛伊德主义提供给我们的是这一个性的孤立和封闭公式,是个性主观体验世界,而不是在世界中的客观行为的公式。

四、我们现在简单地考察一下 Б.Д.弗里德曼的文章。在他的文章里重心转到了弗洛伊德主义的另外几个方面:对于他来说,首要的问题是思想观念形成的问题。

马克思主义对思想观念形成的观点,作者是这样表述的:

> 人类活动动机或根源的不正确的反映的体系就是思想观念。

稍后,在援引恩格斯的话来加以证实之后,作者接着说:

> 因为任何活动都是借助于思维来进行的,由于推动人从事活动的一切都是通过他的头脑,所以思维被看作是动机的根源。"思想观念"的错误是它容许思维("意识")独立于其他现象,因此它也就不探究这些现象。这里的全部问题在于,真正的动力、动机对"思想观念"来说依然是隐蔽的。

作者断言,马克思主义对思想观念形成的这个观点和弗洛伊德对同一问题的观点是一致的。

他说:"从弗洛伊德学说的观点看,'思想观念'的起源方式要用理性化机制来解释,因为任何理性体系的形成过程都是由这一机制所决定的。在论述这一现象时,我们已经指出,其目的是用更崇高的、'理想的'、出自于最初似乎是'意识'的动机去掩盖意图的真正动机。意图的真实根源对个性来说依然是没有觉察到的,这种情形要用这一过程和无意识体系的联系来解释。形成'体系'或理性化的条件就是必须逃避指责,逃避出自于'意识'方面的一定倾向:为什么必定要替它们辩护。"

按照 Б.Д.弗里德曼的意见,对于思想观念形成过程的理解,马克思主义和弗洛伊德主义是相同的,但他们研究这一过程的不同方面,因此而相得益彰:马克思主义研究思想观念现象的根源,而弗洛伊德则是研究方式本身、它们形成的心理机制。

历史唯物主义把社会"意识"看作是历史进程,即社会中各种"愿望"(利益)的斗争的产物和反映。弗洛伊德学说解释了下面的问题:在外在环境的影响下,人们"头脑"中愿望的形成和愿望斗争的过程是怎样进行的。

确实,在思想观念形成机制的理解上,马克思主义和弗洛伊德主义之间在外表上有着大致相似的地方。但这是一种特殊的相似:讽刺性模拟作品同原作总是如此相似。

事实上,对弗洛伊德主义来说,思想观念也是上层建筑,可是这一上层建筑的基础究竟是什么呢?是无意识,即被压抑的主观本能,主要是性欲。这就是精神分析中符合马克思主义的基础的那个东西!在弗洛伊德看来,整座文化大厦就耸立在被压抑本能这个特别的基础上。不仅如此,对于弗洛伊德主义者们来说,马克思主义的基础本身——经济——也只是矗立在那个主观基础之上的上层建筑(比如,我们所举的弗洛伊德主义的资本主义定义)。在弗洛伊德主义那里,与使思想观念扭曲的阶级斗争相符的,是意识同无意识的斗争。难道所有这一切不像讽刺性模拟作品吗?

思想观念形成机制本身被精神分析塞进个体主观心理的狭隘范围里,然而对于马克思主义来说,这一机制是社会性的和客观性的:它必须以个体在经济上组织起来的集体内的相互作用为前提。因此,无论是生理学还是心理学都不能揭示思想观念形成这个复杂的客观过程;在这方面,主观心理学是最无能为力的。我们已经谈到,甚至关于人最简单的言语(它的口头反应)也不能放到个体的框架里。

再者,对于马克思主义来讲,使思想观念扭曲的因素绝不是主观心理:从正确的马克思主义观点来看,不仅最高表现形式的意识,而且一切主观心理,一切以人自己的内在经验形式为着人而出现的东西都是思想观念性的;这一内在经验的语言本身是思想观念性的。使思想观念扭曲的因素具有社会的、阶级的性质,而完全不是个体心理的性质,思想观念的隐秘动机——客观的社会经济力量,当然不在思想家的意识之外,但是完全不在他的无意识里。

弗洛伊德主义的思想观念学说其精神本身与马克思主义是水火不相容的。弗洛伊德通体有股典型小资产阶级市井之徒的味道,那就是:揭露"崇高"和"理想"的办法,就是把它们贬为卑鄙的"动物本能"。弗洛伊德主义中的特殊之处就是,这一卑鄙的动物因素被说成是全能的、超时空的无意识世界,即纯粹是从唯灵论方面被理解的。不过,在这里弗洛伊德主义并非是孤家寡人:还有唯灵论虚无主义(或者称唯灵论犬儒主义)——现代资产阶级的特有现象。敌视理性和文化形态的柏格森唯灵论的"生命冲动"学说,以及它对本能的赞美在本质上都有好多虚无主义的东西。正是这种实质上是唯灵论的虚无主义揭露精神才使得弗洛伊德主义在小资产阶级圈子里获得成功。

马克思主义对"存在决定意识"这个公式的理解与这种唯灵论虚无主义犹如天壤之别。

弗洛伊德主义的思想观念形成机制(我们知道,照弗洛伊德的看法,这一机制也形成梦和神经机能病症)是主观主义的、个人主义的和唯灵论的。这是孤立地、独立自在地、主观地根除生活的机制。它完全不是一种客观的、社会经济的阶级斗争机制,根据马克思主义学说,这一机制决定意识在思想观念上是如何折射存在的。

文章作者认为,为了决定意识,存在就需要有弗洛伊德主义的机制,这一论题是经不起批判的。

五、现在只剩下考察 А.Б.扎尔金德的立场了。А.Б.扎尔金德企图

用反射学来解释弗洛伊德主义,他的这个观点是相当典型的。

反射学的科学价值在马克思主义看来是无可怀疑的。可以看到,许多人认为,反射学应当成为考验马克思主义是否适用于一切心理学理论的试金石。

关于反射学,在这里必须说几句。反射学方法的巨大科学价值,当然是无须争辩的。但是,这一方法的应用范围远非像某些反射学家所想的那么广:这是诸种生理学方法中的一个方法,是统一的生理学方法诸多分支中的一个分支,如此而已。反射学方法的基本概念决定着具体的实验方法,这些基本概念的意义和价值就在于此;没有这种细心和耐心,没有极其缓慢然而又是正确的具体实验方法,反射学方法就成为空洞的反射学的辞藻。运用反射学方法,这意味着提出一个新的实验课题,为此就要求做大量工作,花大量时间。运用这种方法,如蜗牛爬行,然而这一步一步是对头的。但是当反射学的基本概念(条件反射、抑制等)不再用于实验,而开始用于世界观之类什么的,当它们纯粹是投机取巧地转到不能进行实验加工的领域里时,这些概念就失去任何科学价值,这样的反射学也就和马克思主义毫无共同之处。

脱离具体实验方法,反射学的一套概念就变成言之无物、任人随心使用的东西。例如,为什么不可以从反射学角度阐释康德学说:康德的 a priori——这是无条件反射,a posteriori——这是条件反射,等等。这样一来,从反射学方面也可以证明康德是正确的了。诸如此类的主意之荒谬,任何人都是清楚的。然而,我们却并不以为,译成反射学或任何纯心理学理论的语言就是件比较有成效的工作。

还是来谈谈 А.Б.扎尔金德吧。他是怎么把弗洛伊德主义加以"反射学化"的?在现有一些理论的相反两极上把弗洛伊德主义和反射学联结在一起,结果弗洛伊德主义还剩下什么,反射学还剩下什么呢?

А.Б.扎尔金德首先就放弃弗洛伊德的性理论。

"大多数人(指广大读者)",А.Б.扎尔金德写道,"深信,弗洛伊德主义的'灵魂'、精髓是他的性理论,对它进行批判就从根本上置整个弗洛伊德主义于死地……而事实上，现在猛烈席卷整个心理—生理学的弗洛伊德主义，它的真正核心完全不在性理论。"(《弗洛伊德主义和马克思主义》，第165页)

我们应当首先指出，这大多数人中也有弗洛伊德和所有正统的和彻底的弗洛伊德主义者。没有性"灵魂"的弗洛伊德主义就已经完全不是弗洛伊德主义了。

接着 А.Б.扎尔金德又用反射学方法(不是在它的实验应用上，而是在它的辞藻应用上)把弗洛伊德主义中的主观主义和形而上学清除出去。

反射学方法拯救了我们。它的纯客观主义和生物学一元论砍倒弗洛伊德学说大厦周围的形而上学树林，把真正的，而不是被歪曲的弗洛伊德主义的经久不变的唯物主义本质显露了出来。

А.Б.扎尔金德是这样把弗洛伊德的满足原则译成反射学语言的：

应该把满足原则理解为生理学基础的一部分，这个部分既是和机体能量的最低消耗相联系的，又是沿着内部反抗最少的方向积聚和显露出来的。换言之，这是机体的先天的、遗传的定势(无条件反射)，也是获得的、它个人的经验的变体，这些变体直接地和最早地在无条件反射的基础上生成，为了生成就要求最低限度地消耗能量。这种早期的和最易形成的东西，当然就是幼儿的(照弗洛伊德的说法是"幼稚型的")动作反应，这些动作反应一般是在成人(父母、兄弟等)想方设法协助，不使机体能量多余地消耗在集中注意(专注反射)、确定方向(定向反射)等条件下发展起来的。

压抑机制也被用类似的方法反射学化了。当然，压抑原来不过就是抑制。

精神分析学家有一个基本概念,他们的后来的结构全都建立在这个基本概念之上,这就是"压抑",它是一个反射学的概念。反射学家称之为抑制。机体的反射活动就是显现或形成一些反射,抑制(压抑、压倒)或消退其他一些反射。各种反射,如果可以这么说的话,互相竞争着,它们中的一个(或一批)靠压抑(抑制)其他反射而取胜,而胜利是由其他反射周围高度生理学紧张的积聚(照巴甫洛夫的说法,最宜刺激源)所决定的,当然,取胜的完全不是最合目的的反射。狗对怪诞的声音信号的食物反射有什么合目的性?但是,无论如何,一个反射取胜了,成了现实的、突出在前,其他的被抑制、被压倒了。对精神分析学家也可以这么说。当把反射排挤掉的那些刺激的抑制作用减弱时,被压倒的、被压抑的反射可以在某种新的刺激作用下重新显现,"突破"出来。而在此之前它就处于潜在的、被抑制的状态,处在现实的、反射的区域阴处,或者,用旧主观主义的话来说,处在意识的阴处,处在下意识中。于是,我们一看,就在精神分析学家那里发现了完全是条件反射学说里的概念。(А.Б.扎尔金德:《机体生命和暗示》,国家出版社,1927年,第58页)

弗洛伊德那里的复杂的做梦和暗示机制(弗洛伊德用好几页的篇幅来分析这机制),在反射学化时成了十分简单的机制,А.Б.扎尔金德叙述它,确实只用了三言两语:

> 做梦、暗示因素机制的分析同样得到了反射学的解释。
> 在梦中,外在刺激——我们已经看到,它们常常具有抑制作用——活动中止,而这一外在的平静本身又是抑制解除方面的刺激。(《红色处女地》,1924年,第4期,第175页)

在把弗洛伊德主义的基本机制反射学化以后,精神分析的中心概念——无意识概念——当然成了完全多余的。

> 这样,下意识地独立存在,下意识地脱离其他反射而孤立,下意识地服从特殊规律,弗洛伊德的这些断言也就是没有根据的了。我们所了解的精神分析学家的"下意识",是整个反射的一个暂时被抑制的部分,如此而已。丝毫也没有偏离反射学说。(《机体生命和暗示》,第59页)

在把弗洛伊德主义反射学化以后,А.Б.扎尔金德采用算术的反验方法——把反射学弗洛伊德主义化(应用在狗的身上,弗洛伊德主义的机制显得十分特别)。

> 在这一意义上,巴甫洛夫用狗做的实验十分有趣(当然,弗洛伊德完全没有打算从实验者这方面来解释这些经验);由于一系列长期的强性组织的(光的、声的或痛的)刺激,狗失去了反应能力,它虽然已经饿了好长时间,但在端给它香喷喷的肉末时,如果这时没有相应的条件"信号"(声、光等),它就不会有像平时那样起、抓、捕、流涎和其他的反射。当然,在起初对这一新的刺激产生强性抑制("满足原则的抗议"):狗扑向肉末、流出口涎等——但在送食时必定事先相应地发信号("现实原则")。没有得到"许可",没有条件信号,在生物化学上它就"无力"吃(无唾液和其他液),没有"胃口","不想"吃。(《红色处女地》,第173页)

现在要问,在А.Б.扎尔金德动了这些手术以后,弗洛伊德主义还剩下什么?

是没有无意识范畴,没有性学,没有本能说,从而也没有无意识的内容；没有俄狄浦斯情结，没有阉割情结，等等；没有梦的解析，没有自我和本我的弗洛伊德主义。一言以蔽之，没有弗洛伊德主义的弗洛伊德主义？这就是反射学化的结果。

反射学方法剩下了什么呢？

三个言之无物的概念：无条件反射—条件反射—抑制，即剩下了反射学的 façon de parler，但完全不是反射学了。

就这样，既无弗洛伊德主义，又无反射学！

А.Б.扎尔金德立场的基本错误是，他把另一种理论反射学化了（一般说来，不能把一种理论译成其他一种理论的语言）。反射学方法不可以应用另一种理论，但可以应用于事实，应用于物质现象；而应用于事实，这就意味着使这一事实的研究服从于一定的实验方法。

但是，一般说来，对弗洛伊德加以理论化的人类行为事实，是否能运用反射学方法呢？

不，不能运用。反射学方法，作为纯生物学的方法，只能把握抽象出来的人类行为成分（组成部分），但是这个行为整体，反射学方法是不能加以说明的：因为它不只是生理学上的事实。这一点我们已经在别的地方讲过了（参见本编第二、三章）。弗洛伊德所说的那些人类行为冲突不是生理学上的，而是社会学上的事实，在思想观念上经过折射了的。因此，在我们看来，А.Б.扎尔金德的基本理论信念是完全错误的，他相信，"人的心理是他的社会存在的生理学反映"（《红色处女地》，第163页）。心理的所有主观方面，也就是弗洛伊德所研究的那个方面，是社会存在在思想观念上的反映。"生理学反映"这一词组本身，我们觉得在哲学上是荒谬绝伦的。А.Б.扎尔金德的近著的基本思想是，企图把机体生命中的心理学上的因素解释为条件反射的总和——这在我们看来是根本错误的[1]。意识和任何心理因素，应该从

---

[1] 参见А.Б.扎尔金德的《机体生命和暗示》一书第9章：《从反射学说看心理学上的因素》，第48—72页。——作者

其质的特点上来认识，而不应该归之于条件反射。条件反射机制可以在从纯生物学上理解的单个机体和纯物理环境的范围中展开。在应用于人时，这一机制就是空洞无物的东西。心理的基础是复杂的社会经济构成物，而心理本身则需要特殊的思想观念的材料，语言、示意姿势等材料。

只有在这种材料中，主观心理才作为客观事实。所有这一切，А.Б.扎尔金德根本没有考虑过。

囿于本书篇幅，我们当然不可能更详细地批判分析 А.Б.扎尔金德的"心理因素"理论，同样也不可能更详细地论证我们对心理所持的观点。我们打算在别处去完成这一工作。但 А.Б.扎尔金德为弗洛伊德主义作的强辩，正如我们所期望的那样，已经向我们充分显示出它是毫无根据的。

六、现在做一下小结。精神分析是内容广泛、别出心裁、深思熟虑、有机统一的学说，它同现代资产阶级阶级意识的基本前提不可分割地联系在一起。精神分析与瓦解着的资产阶级思想观念血肉相关；我们看到了，它进入现代欧洲基本思潮的轨道上。

有些马克思主义者为弗洛伊德主义作强辩，他们在毫无指望地联结不可联结的东西时不得不把这有机统一体（即便是病体）搞得七零八落，从中抽出一些个别的因素和动机，尽管它们脱离了整体就变形或失去自己的意义。他们之中的一些人，正如我们看到的，回避对方法本身的客观分析，而去搜罗弗洛伊德主义者们一些个别的宣言式言论；其他一些人则抓住弗洛伊德主义理论的一些个别因素和马克思主义之间外表上的大体相同之处不放；最后，像 А.Б.扎尔金德那样的第三种人用残缺不全的反射学偷换弗洛伊德主义。

对弗洛伊德主义的所有方面平心静气地进行客观分析，未必能使人对我们关于这一学说所作的马克思主义评价的正确性有任何怀疑。

张 杰　樊锦鑫　译

在社会性的彼岸
——关于弗洛伊德主义

"至于说我,我只相信一点……"医生说。

"那么你相信的是什么呢?"我想知道一个一直保持沉默的人的意见,于是问道。

"这就是,或早或晚,在一个美妙的早晨,我将死去。"他回答。

"那我可比您富有!"我说,"除此之外,我还坚信,正是在一个可恶的夜晚,我不幸降生。"

莱蒙托夫:《当代英雄》

一

当然,毫无疑问,如果我不是在一个美妙或可恶的夜晚来到人世,那么对于我来说,根本不存在什么内部世界、外部世界,不存在我生命的内容及其结果,也不存在任何问题、疑惑和难题。我出生这个事实是我全部生活和活动的必要条件,死亡的意义也同样不容置疑。但是对我来说,如果世界小到只有生和死这两极,如果生和死成为世界观和生命全过程的决定性因素,如果它们成为妄图同历史争夺地盘的事件,那么就可以说,生命是多余而空洞无物的。只有当盘子没装东西的时候,我们才能看到盘底。

当一个社会阶级处于腐朽阶段被迫退出历史舞台时,其思想意识开始喋喋不休地变换和重复同一个思想:人首先是动物,并企图用这一观点重新评价世界的所有价值,特别是历史上的种种价值。亚里士多德公式的第二部分("人是社会的动物"),在这里被完全遗忘了;思想意识将重心转移到抽象理解的生物机体上,这样一来,一切动物的三个基本生命事件——出生、性行为、死亡——就应该取历史而代之。

人身上非社会、非历史的东西,于是被抽象出来,并且被宣布为整个社会、历史因素的最高衡量尺度和标准。似乎可以从变得很不舒适的、冷漠的历史氛围中,躲进动物之人的温暖机体中去!

抽象的生物之人的出生和生命,对人生活动的内容及结果有什么意义呢?

一个孤立的个体以自己的身份,出于自己的恐惧和凭自己的冒险,根本不可能同历史发生关系。只有作为整个社会的一部分,在阶级中并通过阶级,他才能在历史上成为现实的和有所作为的。要参与历史,仅有肉体的出生是不够的(动物即是如此,但它无法参与历史),还必须有一次自觉的再生。然而不是再生为抽象的生物机体,主要的是应该再生为农民或地主,无产阶级或资产阶级,俄罗斯人或法国人,等等;最后是生于19或20世纪。也只有在这个时候,历史才算开始,思想意识也才开始。所有避开社会再生的企图、用生物诞生的事实和孤立机体的生命来解释一切的企图,都是徒劳无益的,并且一开始就注定要失败。因为完整的人的任何一个行为、任何一种思想观点,用这种方法都是解释不通、也无法理解的。如果对所研究的单个人的机体的社会地位缺乏准确的把握,即使是纯粹专门的生物学问题,也得不到彻底地解决。生物学也不能像迄今所做的那样仅仅研究人的年龄问题。

然而正是这一抽象的生物机体,成为19世纪末20世纪初资产阶级哲学的主角。"纯粹理性""创造性的我""思想"和"纯粹精神"的哲学,相当有力而且尚且清醒的资产阶级英雄时代的哲学,还充满着历史热情和资产阶级组织者热情的哲学,竟被消极颓废的"生命哲学"所代替;这种哲学带有生物学的色彩,花样翻新地玩弄着переживать(经受)、изживать(摆脱)、вживаться(体验)之类的字眼。

有机过程的各种生物学术语,充斥了世界观。因为人们千方百计地寻找生物学的隐喻,来生动地表现在康德纯粹理性的冷漠中被冻僵的事物。于是叔本华和尼采成为思想大师,在生物主义的感情领域中分别代表两极,即悲观和乐观。柏格森、齐美尔、杜里舒、詹姆士以及实用主义者,甚至还有舍勒尔和现象学派,最后是斯宾格勒,俄罗斯则有斯捷普恩、弗兰克、洛斯基(部分地)等,所有这些千差万别的思想家,在主要的一点上是一致的,即他们理论的中心是有生物学意义的生命。这是一切的基础,是最现实的东西。此外,同康德主义和理性哲学的斗争,也把他们联合到了一起。对于这种最新的资产阶级哲学来说,只有能被感受和作为有机体把握的东西才有意义和价值,因为只有有机生命的流程才是现实的。

历史的问题也提了出来,但受到特殊的改造。在这一方面人们同样尽力保持生物因素的首要地位。所有无法塞进令人窒息的生理经验领域之内的东西,所有无法用生命的主观自足来说明的东西,都被称为虚无主义、可憎的抽象、机械主义等等。只要指出斯宾格勒一贯的历史生物主义,便可明白了。

这一整套生物哲学的方法当然是非常主观的。生理现象的体验和理解,都是从内部进行的;认识和理性的(先验的)分析方法被直觉、被内在地等同于认识对象、被移情所代替,古典唯心主义的逻辑主观主义变为模糊生理体验的更为糟糕的主观主义。

弗洛伊德主义也是现代生物哲学的一个特殊变种。这可以说是摆脱历史的和社会的世界,获得生理自足和生命体验的诱人温暖的一种最强烈、最彻底的表现。

本文就是针对弗洛伊德主义而写的。

但在本文中我们只能涉及弗洛伊德理论的基础,即他的方法和

"无意识"论。我们力图在此基础上揭示我们感兴趣的资本主义现代生活的普遍思想趋向。在评论之前，我们认为应该先阐述清楚使欧洲资产阶级广泛着迷的这一理论的基本线索。

二

也许很多读者要提出反对意见:难道弗洛伊德主义是哲学吗？这是经验性的局部的科学理论,与任何的世界观无涉。弗洛伊德是一个自然论者,甚至是一个唯物论者。他运用的是客观主义方法和其他一些方法。作为弗洛伊德主义的基础,确实存在某些科学上无可挑剔的事实和一些经验性的观察。但这一经验性的、并在一定程度上中立的核心(我们将看到,这核心并不像我们想象的那样大),在弗洛伊德自己那里已经从各方面与并不中立的世界观紧密联系到一起。而在整个的弗洛伊德主义中,这一核心干脆就溶解于主观主义哲学议论的汪洋大海之中了。现在弗洛伊德主义几乎在全世界都极其流行,这一广为传播的成绩当然不是靠学说中科学的中立的因素取得的。

弗洛伊德主义的激情是在社会性和历史性彼岸,我们甚至可以说是在整个物质性彼岸发现新的世界、新大陆的激情。这块新大陆是超越时空、不合逻辑(它不存在矛盾和否定)和永恒不变的。这一点本来一开始就是可以预见的,但弗洛伊德并没有一下子认识到。这个世界就是:无意识。无意识并不是什么新的东西。我们在哈尔特曼的主观哲学和沙可及其学派(让内等)的枯燥科学中就已见到。弗洛伊德的无意识在早期与沙可有着渊源关系,而在后期精神上与哈尔特曼相近。但基本上它是极为特别的,对我们现代来说是极其典型的。

早在1889年,在南锡市,弗洛伊德当时还是一个留法求学的普通维也纳医生,伯恩海姆的试验使他大为震惊。一位被施行催眠术的女病人,被授意在醒来一段时间后打开放在房间角落的一把伞。那位太太醒来后在指定的时间内完成了授意,她走到角落并打开了那把伞。这位病人在回答有关其行为动机的问题时说,她只是想证实一下,这是不是她的伞。其动机当然完全不符合行为的实际原因,这只是事后才想出来的,但它使病人的意识得到了满足。接着,伯恩海姆通过紧追不舍的提问和理念引导迫使病人记起其行为的真正原因。催眠时所给予的授意虽然需要很大的努力,但最终到达了意识,解除了催眠健忘症(恍惚)。

这一试验能使我们很好地了解弗洛伊德早期观点中最基础的东西。

以下三个论点确定了他早期的观点:

(1)意识的动机,无论其主观上如何真诚,并非总是和行为的动因一致。

(2)行为常常是由活动在心理之中、但却由意识不到的力量决定的。

(3)这些力量借助一定的方法可能成为意识。

在这三个论点的基础上,形成了弗洛伊德早期的方法,即净化法。这是他和年长的同事、朋友布洛伊尔医生共同提出的。

这一方法的实质在于:由于精神原因(由精神而不是器官创伤)引起的神经病,其中包括歇斯底里,其基本病因是未能进入到患者意识中的精神因素;这种因素未被患者记住,被遗忘,所以不能被正常地摆脱和反应。正是它们构成歇斯底里的病症。这就需要找回记忆缺失,引导它们进入意识,进入到意识统一的组织中,这样就可以使它们自由宣泄和自我解脱。于是病症就消失了。这就是卡塔西斯(亚里士多德术语:心灵由于恐惧和怜悯的感情冲动而得到净化。这是悲剧的审美结果)。

为达到解除精神恍惚并能作出反应的目的,弗洛伊德和布洛伊尔使用了催眠术(完全催眠和不完全催眠)。在这一发展阶段,无意识接近于沙可学派(特别是让内)的催眠现象(近似于催眠状态)和精神异体。这一精神异体没有坚实的联想之线同意识的其他因素相联系,因而破坏了意识的统一。在正常的精神状态下幻想(不眠状态下的梦)近似于此。幻想的结构距离渗透到意识中的密切联想关系比较远。而性因素的意义,在布洛伊尔时期还完全没有提出来。

这就是弗洛伊德的无意识理论在萌芽时期的面貌。在此,我们应指出这一新生概念纯粹是一个精神性的概念。布洛伊尔还试图从生理学上论证自己的方法,而弗洛伊德从一开始就拒绝了生理学。还需指出一点:只有在译成意识语言时才可能得到无意识的产物,也就是说通向无意识之路出自意识并通过意识。

弗洛伊德主义下一时期最重要的方面,是心理器官的动力化,而这首先是著名的压抑学说。什么是压抑?

在个体发展的最初阶段,我们的心理不能分辨什么是可以的,什么是不可以的,什么是有益的,什么是有害的,什么是准许的,什么是禁止的。它只遵循一个原则,即"唯乐原则"(Lustprinzip)。在这一发展阶段,想象、情感和欲望等自由随意地在心中滋生。而有些感情和欲望在其后的发展阶段,可能因自己的罪过和不道德而使意识感到恐惧。

在儿童心理中一切都是允许的。而这一心理也许出乎我们意料,竟广泛利用了这一特权,积累了大量罪孽的想象、情感和欲望。称它们为罪孽的,当然是从其后的发展阶段而言。弗洛伊德所假设的在这一时期通过幻想达到满足欲望的能力,也属于唯乐原则的绝对统治之中。幼儿不知道现实和非现实的区别,只有想象对他来说是现实的。这种通过幻想达到满足,会在梦境里伴随人的一生。

在以后的发展阶段中,另一心理实现原则——现实原则,开始与唯乐原则争夺统治地位。于是整个心理活动就需要同时经受这两个原则的考验。所向往并会给人快乐的事,可能是无法满足的,所以带来痛苦,或如果得到满足会招致不良后果。这种欲望应当受到压制。这就出现了心理选择,只有经受住两个原则双重检验的精神活动才是合法的并进入到最高心理系统——意识，或者才具有进入意识的可能性，也就是说成为前意识。没有经受住考验因而在这一意义上是不合法的，就受到压抑而排除到无意识系统。这种排除活动在人的一生中不断进行，它是没有意识的参与而自动地完成的。意识是以完全现成的经过净化的形式出现的。意识不记录被压抑的东西，而且可能毫不察觉它的存在和内容。掌握压抑的是一个特殊的心理机制，弗洛伊德形象地称之为"检查员"。检查员站在无意识和前意识系统之间的边界上。意识的一切内容都受到检查。

因此从心理活动角度来讲，无意识就可以称作压抑现象。

那么无意识的组成及内容是什么呢？心理活动通过器官的内部和外部刺激变为动作。内部刺激有其躯体本源，也就是说它产生于我们的身体中。这些内部的躯体刺激的心理表现，被弗洛伊德称为本能（Triebe）。弗洛伊德将所有的本能按目的和躯体来源（弗洛伊德几乎对这一来源没有进行研究）分为两组：一是性本能，其目的是延续繁衍，为此甚至愿意付出个人生命为代价；二是"自我本能"（Ich-triebe），目的是保存自我个体。这两组本能互不相容并可能发生各种冲突。

首先我们研究一下性本能。正是性本能将主要活动输入无意识体系。弗洛伊德对性本能的研究最为突出，也许其主要的科学贡献正是在于性学领域（当然，从意识形态上对性因素在文化中所起作用作出的荒谬的重新评价需要排除）。

上面我们讲过，在心理发展的早期阶段，幼儿积累了大量从意识上看不道德的情感和欲望。类似说法可能引起了完全不了解弗洛伊德主义的读者的惊诧和反对。幼儿怎么会有不道德的欲望呢？

性本能，或者说 libido（性欲），是与生俱来的，它随幼儿的出生而产生，而且在其身体和心理中进行着不间断的活动，只是这种活动有时有所减弱，但永远不会停息。性成熟，这只是 libido 发展的一个阶段，但绝对不是它的开始。

在初期的发展阶段,也就是在现实原则尚不强大而允许一切的唯乐原则统治心理的阶段,性本能具有以下基本特点:

(1)生殖器(性器官)还没有成为性欲源泉的躯体组织中心,它们只是性欲区(躯体的性敏感部分)之一,还有其他区域同它们进行竞争,像口腔(在吸吮时)、anus(来自英文,意为肛门)或肛门区域在排泄粪便时、皮肤、手脚的大拇指在吸吮时等等。可以说 libido 遍布幼儿整个机体,其身体的任何一个部分都可能成为 libido 的躯体来源。在性成熟时期能约束和控制一切的性器官此刻还没有起到主要作用,因此我们可以将这一阶段称为 libido 发展前生殖期。

(2)幼儿的性欲达不到完全的独立性,不能区分对待,它紧密地依附在其他需求及满足过程之上。它同饮食过程(吸奶)、小便、大便等等都有联系,并赋予这些过程以性色彩。

(3)性欲可以通过自身得到满足而不需要客体(另一个人),从以上几点可以看出:幼儿是自恋的。

(4)libido 的性分化还不稳固(性器官的首要作用还不存在),所以在第一阶段性本能是两性同体(雌雄同体)。

(5)幼儿可以称为是多方面反常的,这是由以上几个方面的原因引起的,因为他倾向于同性恋、两性同体和自恋,倾向于施虐淫、受虐淫及其他反常现象,因为其 libido 分布全身,可以和任何一个过程和器官感觉联系在一起。

幼儿最不能理解的正是正常的性行为。

这就是幼稚型(儿童)性欲的基本特征。

通过上述我们可以看得清楚,在幼儿 libido 的土壤中产生出多么大量的欲望及相关的想象、情感,然后它们毫不留情地受到压抑,成为无意识。幼儿性生活中受压抑历史的最重要的事件,是对母亲的性欲,以及与此相关而产生的对父亲的恨,即所谓的俄狄浦斯情结。这一情结是整个弗洛伊德学说的中心环节,其实质在于:人的性欲的第一个对象是他的母亲,当然这里所说的性欲是超出我们所表述的幼稚意义上的性欲了。幼儿与母亲的关系从一开始就带有性欲色彩。奥托·朗克认为，甚至胎儿位于母腹之中时，就具有了性欲特性，其实从分娩活动，即第一次也是最痛苦的性欲分离，以及母亲完整机体的破坏开始，就出现了俄狄浦斯悲剧。但幼儿的性欲仍然要倾注于母亲，母亲对幼儿的照料和关心的每一举动都被性欲化了，如喂奶、洗澡、帮助排便等等。而在进行这些活动时，不可避免地会触碰到幼儿的性器官，这就会引起幼儿的快感，有时甚至会出现第一次勃起。幼儿常常跑到母亲床边，依偎她的身体。对肌体的模糊记忆把他吸引向母亲的uterus（子宫），吸引他回到原来的子宫里去，也就是说，幼儿本能地渴求乱伦（近亲之间的性关系）。在这种情况下不可避免会产生乱伦的欲望、感情和想象。而在这些欲望中，作为母亲守护者的父亲，就成了小俄狄浦斯的情敌。幼儿能够通过自己的身体模糊地猜到父亲对母亲的占有。最后，父亲还会加以干涉，成为幼儿和母亲关系的障碍，不让把幼儿放到床上去，让他独立，要他适应没有母亲帮助的环境，等等。由此产生了对父亲的仇恨，幼稚地希望父亲死去，以便独自占有母亲。在这一发展时期，唯乐原则占据着独裁的统治地位，它给乱伦和仇视欲望以广阔的空间，使它们不受束缚，并由此产生与此相关的各种情感、形象和欲望。

现实原则，以及逐渐成为自己良知之声的父亲（及其禁令）之声，开始同乱伦欲望做斗争，并把这种欲望压抑到无意识之中，使其遗忘并忘却俄狄浦斯情结。所以，我们通常记不起四岁以前发生的事。代替被压抑的欲望而产生的是恐惧，在强烈的俄狄浦斯情结之中这种恐惧会导致幼儿的恐惧症（精神恐惧症）。

弗洛伊德主义认为，俄狄浦斯情结这一人的生活的第一个史前事件，对其以后的生活具有巨大的、直接的、决定性的意义。人的这一初恋和初恨将永远成为他一生中最完整而不可割舍的感情。在这一性质上，它不会被以后的任何关系所超过。同这一被忘却的初恋（在初恋之前，他与自己的客体即母亲是一个完整的机体）相比，在自己的意识世界里出现的新关系,都是表面的、肤浅的,没有侵入到机体的最深处。奥托·朗克直接认为,后来的一切关系仅仅是初恋关系的类似物,而未来的 coitus(性行为)只是对他所失去的腹内状态的部分补偿。成年人生活中的所有事件,无不是从这一被压抑到无意识中去的最初的俄狄浦斯情结获得精神力量,并且只是依靠借来的光在燃烧。在更以后的生活中,人一再地(当然,自己意识不到这一点)同新的参与者表演着这第一次的俄狄浦斯情结,把被压抑的因而是永恒的对父母的强烈情感(无意识中的任何东西都不会消失)转移到他们身上。而一向非常谨慎的弗洛伊德则认为,人的爱情生活的命运取决于他能在多大程度上使自己的性欲摆脱对母亲的依恋。青年时期的初恋对象往往很像自己的母亲。母亲的形象可能在性欲发展中起到反面作用。因为对乱伦的恐惧,会在意识中将对母亲的爱视为特别的精神之爱,视为一种敬爱,从而完全不容有肉欲的念头。这样一来,恐惧就同敬重和精神纯洁紧密联系到一起,致使不能同自己尊敬的和精神上钟爱的女人进行性交(母亲形象成为精神萎靡的诱因)。所有这些导致了统一的性欲不幸地分为两股,即肉欲冲动和精神依恋,它们不可能统一在同一对象身上。

俄狄浦斯情结是位于无意识体系中心的太阳,它吸引着一些小股的被压抑的心理活动,这些被压抑的心理活动在人的整个生命中源源不断。文化和个人文化素养的提高,不断要求新的压抑。一般来说,这里的绝大部分,即无意识的基本部分,是以性为特征的幼稚型本能。

弗洛伊德基本上没有研究自我本能。自我本能对无意识的贡献是微不足道的,能够提到的仅仅是侵略性(敌意)本能。这种本能在儿童心理中因为"一切皆允许"而具有极凶狠的特性。幼儿常常强烈地希望自己的敌人死去。幼儿常常出于自私和很小的事由,对所有亲近的人,特别是妹妹和弟弟们,即自己爱恋父母的情敌,"判处死刑"。因为争夺玩具而在臆想中发生的杀人事例还少吗?当然,"死"这一概念在幼稚想象中同我们理解的死不同。在幼儿看来,这仅仅是妨碍他的人离家出走和消失(奥托·朗克认为,死对于幼儿和野蛮人来说,也有正面的感情色彩,即回到母腹里去)。

这就是无意识体系的内容。

我们可以将无意识概括如下:只要机体完全听命于唯乐原则,只要机体同现实原则和文化原则不相联系,它所能做的一切都属于无意识范围。在生命早期的幼稚时期,当来自现实和文化方面的压力还很微弱时,当人能较自由地表现自己机体固有的自我满足时,机体所希望的并且在极小程度上已完成的一切,同样属于无意识范围。

三

但我们是如何知道无意识并能如此详细谈及它的内容呢?换言之,我们所阐述的无意识学说靠什么支撑?它是用什么方法得出的,并且其科学性靠什么来保证呢?

谈及弗洛伊德早期的无意识概念时,我们指出过,他的方法是经过意识达到无意识。他成熟时期的方法也是如此。其实质在于,对某些特殊的意识构成物进行解析(解释),而这些特殊构成物是能溯源于无意识的。我们有必要详细谈一下这些特殊的意识构成物。

对无意识来说,我们已经知道,进入意识和前意识的直接通道是关闭的,因为在它们之间有一个检查员。但被压抑的本能不会死亡,压抑不会使其丧失积极性和能量,它们会力图重新挤进意识。但被压抑的本能只有通过妥协和变形才能达到此目的,而且妥协和变形要达到足够的程度才能欺骗警惕的检查员。这些变形的心理活动在无意识中形成,并由此毫无阻挡地经过检查(通过变形来欺骗检查员)而渗透到意识中去。研究者正是从这里,从意识中发现它们并加以解析的。

所有这些妥协的结构,是弗洛伊德方法的支柱,它们可以分为两组：一是病态结构，即各种病症、呓语思绪、日常生活中的病态现象，如遗忘名字、失言、笔误等等；二是正常结构，即梦境、神话、艺术创作形象、哲学、社会以及政治思想等，也就是说思想意识的整个领域。这两种结构之间的界线是不稳固的。

弗洛伊德最出色的研究是在梦境方面。弗洛伊德对梦的形象的解析方法，成为研究妥协结构的一切其他领域的经典和范例。

弗洛伊德把梦区分为两个方面：梦的显意（manifester Inhalt），这种梦中的形象通常来自近日的模糊印象，我们很容易回忆起这些形象；梦的隐意（latente Traumgedanken），即那些害怕意识世界因而巧妙地用显意形象来加以伪装的梦的形象。如何揭示这一隐意，即怎样释梦呢？为此提出了针对所解之梦进行自由联想（freie Einfälle）的方法。给自己的心理以充分的自由，使阻挡、批评、控制的诸环节都能放松，让大脑自由想象，可以有即便是最荒谬的和乍看上去跟所解之梦毫无关系或关系甚远的思想和形象。应当向意识敞开一切，完全采取消极态度，只捕捉那些心理上自由产生的东西。

开始进行这项工作时我们就发现，它受到我们意识的强烈抵抗，产生出某种内在的反抗，反对对梦进行解析。这种内在的反抗有各种形式：有时我们觉得梦的显意不用特别解释已非常清楚；而有时则相反，觉得梦是那么荒唐和荒谬，它根本没有也不可能有任何意义。最后，我们还往往会谴责我们的想法和想象，并把它们当作同梦无关的偶然现象压制在萌芽状态。换言之，我们总是力图维护和坚持合法意识的观点，而不想违背心理中这一最高法规。为了揭示梦的隐意就必须克服这一抗阻，因为我们现在所经受的这种抗阻，恰恰是那种无意识的监督力量，是它导致了对梦的真实内容的歪曲，将其变为梦的显意。这种力量阻碍着我们目前的工作，这种力量也正是梦容易很快被遗忘以及在回忆时不自主地被歪曲的原因。然而这一抗阻的存在是一个重要标志：即哪里有抗阻，哪里就无疑存在被压迫到无意识中去的本能，这种本能竭力想冲进意识，所以就动员起这种抗阻力量加以阻止。正是妥协结构，也就是梦的显意，通过唯一允许的监督方式，取代着这被压抑的本能。

当各种表现形式的抗阻最终被克服的时候，那些看来偶然而且毫无联系的自由思想和形象，就通过意识而成为到达被压抑的本能、即梦的显意这个链条中的环节。这种隐意就是欲望的隐蔽实现。这种欲望在大多数情况下是指性欲，并且经常是幼稚型性欲。梦的显像，是欲望对象的替代物，即其象征，或至少与被压抑的本能有着某种关系。这些替代被压抑本能的对象的象征，其构成法则非常复杂。决定这些法则的目标，基本上可以归纳为以下几点：一方面维持同被压抑的想象之间的某种哪怕是模糊的联系，而另一方面要采用一种完全合法、得体和意识所能接受的形式。这一目的实现须通过以下方式：把几种形象融合成一个混合的形象；采用一系列中介形象，即既同被压抑的想象又同现存的梦的显像有联系的环节；采用含义完全相反的形象；把情感和激情从它们的实际客体转移到梦中其他模糊的细节上；将激情变为它本身的对立面等。我们不可能更详细地叙说梦的这些内容，在此我们仅想指出，根据弗洛伊德学说，梦的形成法则同神话和艺术形象的构成法则是一样的（神话可以认为是集体梦境展现在白昼）。

以大量解析梦境的材料为基础，引用民间创作的形象，就可以创立梦中象征的详尽类型学。施捷克勒部分地完成了这一工作。

然而这些替换形象，即梦幻、神话和艺术作品的象征，这种意识与无意识之间、允许与不允许之间的（而不允许的总是所希望的）妥协，究竟有什么意义呢？

它们为被压抑的本能开辟道路。它们允许部分地摆脱无意识，并以此来清除蕴积在心理深处的被压制的能量。象征的创造是对在现实原则压力下被拒绝满足的所有本能和机体欲望的部分补偿，这是通过妥协从现实中部分地解脱，是向"一切皆允许"、以幻觉满足欲望的幼儿天堂的一种回归。梦境中机体本身的生物状态，是胎儿在腹内状态的部分再现。我们一次又一次地再现这种状态(当然是无意识地),重复表演这种向母腹的回归。我们脱掉衣服,盖上被子,蜷起双腿,歪着脖子,也就是说我们在重造胎儿的状态,机体隔绝了外界的一切刺激和影响;最终,梦境在部分地恢复着唯乐原则的权力。

弗洛伊德利用同样的方法,对其他类型的妥协构成物进行了分析,也得出了同样的结果。当然,对弗洛伊德来说,主要的还是精神上的病态现象,甚至可以预言,正是应当到这一领域中寻找精神分析方法最有价值的实际成就。难怪许多人反对将其学说推广到精神病学领域以外,他们认为,这首先是(或许仅仅是)富有成效的精神疗法,是在神经病治疗中获得了实际成绩的一种工作假说。但精神分析法的这个方面,却是我们这篇文章最不感兴趣的。当然不是精神病学方面的成绩引起了对精神分析的极大兴趣,赢得了对医学完全外行的、分不清精神病与神经病的广大公众的关注。对我们来说,重要的是精神分析走出了精神病学而进入了思想意识领域。

是弗洛伊德自己首先将对梦境和精神病症的解析方法用来研究笑话和俏皮话这两种美学现象。构成梦境形式结构的规则,同样也决定着俏皮话的形式,这就是构成替换表象的规则,即通过表象和词汇的结合、形象的替换、语言的歧义、意义的转移和情感的移易等绕过正常的途径。笑话和俏皮话的倾向,是回避现实、从生活的严肃性中得到解放,并使被压抑的幼稚本能、性欲或侵犯本能得到宣泄。性方面的俏皮话产生于猥亵,是猥亵的一种美学替代物。什么是猥亵呢?猥亵就是性行为和性满足的替代物。猥亵指向女人,并以其存在(哪怕是想象中的存在)为条件。猥亵试图让女人加入性刺激。这是一种诱惑方法。说出猥亵物,正是代替对其观赏、暴露和触摸。猥亵披上俏皮话的外衣,更加掩饰了自己的意向,使自己变得易为文明意识所接受。好的笑话需要听众,其目的不仅在于绕过禁忌,而且还在于用笑来赢得这位第三者,在笑中造就同盟者,仿佛以此使罪过获得社会意义。

在侵犯性俏皮话中,靠了艺术形式的掩盖,对所有法律、规定、国家和婚姻的幼稚敌意(即对之采取无意识的态度)、对父亲和父权的敌意(俄狄浦斯情结),以及对所有其他人的敌意(幼稚型独立),这些都获得了解放。因此,俏皮话仅仅是被压抑的无意识能量的出气孔,也就是说,它最终是为这个无意识服务并为无意识所控制。无意识的需求创造出俏皮话的形式和内容,而这当然对整个机体有益。

在思想方面的一切创作领域中,情况都是如此!

思想方面的一切产物,其构成、形式和内容,无一不是植根于心理器官。思想意识的每一因素,都受生物心理的严格制约。它是机体内部各种力量斗争妥协的产物,是在这一斗争中所达到的平衡,或一方战胜另一方的标志。弗洛伊德认为,神经机能症或呓语思绪同思想意识活动类似,标志着无意识的胜利或意识同无意识之间的斗争有更加激化的危险。

弗洛伊德本人还将自己的这一方法,运用于宗教和社会学现象的研究。关于这一方面,我们不拟论述。我们只是在下文中简单提一下他在这一研究领域所得出的结论。而现在我们应转入正题,即根据上面的叙述对弗洛伊德主义方法及基本原理作一评价。

四

第一个,也是基本的问题:能否认为弗洛伊德的方法是客观的。

弗洛伊德及弗洛伊德主义者认为,他们完成了对旧心理学的根本改造,并为全新的心理科学奠定了基础。

遗憾的是,无论是弗洛伊德还是弗洛伊德主义者,从未尝试对现代心理学及其所用方法准确而详尽地表明自己的态度。这是弗洛伊德主义的一大缺陷。一开始就遭到整个学术界合力中伤的这一精神分析学派,自我封闭起来,在工作和思想上染上了不利于科学研究的宗派习气。弗洛伊德及其弟子们只引用自己的东西或相互援引。到了后期也开始引用叔本华和尼采的东西。而其余的整个世界对他们来说几乎不存在。

所以，弗洛伊德从来没有认真地努力把自己的学说同其他心理学派和方法加以区别。他对内省法（自我观察）、实验法、客观主义方法的新尝试，即所谓美国的 behaviorism（行为心理学）、符茨堡学派（麦塞尔等）、功能心理学（施图姆夫）以及其他方法和学派抱什么态度，人们不得而知。弗洛伊德对同时代心理学家和哲学家关于心理平行论和心理因果论的著名论战持什么立场，同样也不明确。

弗洛伊德及其弟子们把自己的心理学观点与其他一切心理学对立起来（甚至没有去区分一下其他的心理学），他们对其他的心理学的指责集中在一点上，即它们混淆了心理和意识。对精神分析来说，意识只是心理体系中的一部分。

或许精神分析同其他心理学的区别的确巨大，甚至隔着一道深深的鸿沟，致使它们之间已不可能再有什么共同点，就连用来清算和划界所必需的最低限度的共同语言都没有。看来，弗洛伊德及其弟子们对这一点是确信无疑的。

然而果真如此吗？

事实上，弗洛伊德主义把同时代的主观心理学的所有弊病，都搬进了自己的体系，而且在某些方面甚至还没有达到同时代"心理科学"的高度。这一点很容易证实，只是不要被其宗派的、但总的说来鲜明而准确的术语所蒙骗。

首先，弗洛伊德教条地照搬了源于提顿斯并由于康德的努力而为人普遍接受的旧的精神现象划分法，即将精神现象划分为意志（欲望、冲动）、情感（感情、激情）和认识（感觉、想象、思想）。而且他还维持着他那一时代心理学所流行的对这些现象作出的定义及其区分。实际上精神分析到处都在利用欲望，我们只需回想一下弗洛伊德的说法，即梦是欲望的实现，实际上这是梦的解析基础，也是整个弗洛伊德主义的基础。除此以外,精神分析还将想象、感觉、情感和情绪用作固定的、互不相容的心理因素。再者,这也是主要的,就是所有这些心理因素,连同它们的通用意义,都被弗洛伊德不可思议地照搬进无意识领域。在他看来,无意识是由想象(回忆是感觉的再现)、情绪、激情和欲望构成的!无意识是弗洛伊德按照意识类推出来的,而且这一类推贯彻到每一微小细节中。

当然,两个体系之间存在有地域的区别,就是它们在心理器官中形象展现的位置不同,意识处于感觉的中心,而无意识在器官的另一端。另外,两个体系之间还有动态的相互关系,即无意识是被意识所压抑、忘却和抛弃的。但尽管如此,我们仍然可以说,这两种处在不同位置而且相互仇视斗争的心理构成物,就其科学的心理构成来说是完全类似的,这仅仅是由同一类因素构成的两种力量之间的碰撞。而这同沙可的 double conscience(双重意识)有什么区别呢?区别仅仅在力度上。

所以,从基本构成因素看来(也就是说,我们避开思想、感情、想象等所含的内容),无意识可以称为是同样成分复杂的另一种意识。

那么,精神分析无论是与现代的还是与旧的主观心理学比较,其间的鸿沟何在呢?如果我们从引号里将"无意识"和"意识"移出,引号中就会出现我们所熟悉的旧词"精神生活",连同其感情、欲望、想象及相互联系(联想),亦即主观心理学过去和现在所利用的所有内容。弗洛伊德正是从这里舶来这一切,并且只是用自己的动力说加以翻新。但当主观心理学创造所有这些概念时,它是以心理与意识的等同为基础的!或许也只有在两者等同的情况下,这些概念才能有某种意义,即才能适用于意识?

的确,我们是否真有根据来推断,性质和具体内容极为确定的想象、欲望和情感等,在无意识中是独立存在的?是否最好这样认为,即"某种无意识",比如说某种能量,只有在进入意识之后,并且仅仅为了意识,即为内部观察(内省),才可获得这些被区分开来的形式,这样它才首次成为确定的欲望、具体的想象和情感？我们认为，事实正是如此。对无意识这一概念，我们有权只理解为某种发生效用的东西，即某种能量、某种力量(也许这是一种心理能量、心理力量，也许是躯体能量和力量)。这种东西渗透到意识以后，在意识之中并且仅仅为了意识才获得那些形式和那一内容(即使对于自我观察的主体是模糊的，而对于解析医生则是清楚的)。弗洛伊德后来不加批判地将这些形式和内容投射进自己的所谓"无意识"之中。在这一投射过程中，就形成了极其复杂的、多样化的被具体划分开来的物体表象、鲜明的形象及其复杂的相互关系、明确的欲望(无意识的欲望是知道自己需要什么的，只是有意识的欲望才会在这方面发生失误)等等。

我们认为，只有上述的假设才是最低限度的、绝不可少的假设，用以解释弗洛伊德及其弟子们所指的人类行为中一切实际经验的事实。要知道科学只允许作出最低限度的假设。

而"相当于弗洛伊德无意识的某种发生效用的东西"是什么呢？

最好不要重蹈覆辙，不要把弗洛伊德所指的"无意识"理解为更可怕的一种空洞的实体。

读者可以完全放心，我们对此甚至不会理解为笼统的心理能量。我们认为，这里是这样一些机制在发生作用，它们类同于我们所熟悉的反射(巴甫洛夫院士及其学派)、部分地类同于向性(列布)以及其他化学机理。总而言之，这些过程是纯机体性的和物质性的。不管怎样，对弗洛伊德所指的无意识现象，只能从这一方面加以界定。当然，我们暂时还不能完全将其翻译成这一科学的唯物主义语言，但我们现在至少已经知道这一翻译的方向。

当然，从我们的讲述中不应得出根本不存在精神现象(埃普奇梅尼阿达)的结论，或者说它不是一种科学，或者最后像旧的心理学那样把它与意识相等同。精神现象当然是存在的，任何不可知论对马克思主义来说都是不可接受的。没有任何理由把精神现象同意识等同起来。但同样也没有任何理由像弗洛伊德主义那样将精神按意识性划分为两个范畴,即意识和无意识。当然,我们能够随意自由地将精神区分为意识和非意识,就完全如同区分感情和非感情、欲望和非欲望(对分原则)一样。然而非感情并不是没有感情,非欲望也并不是没有欲望(不想做某事)。我们可以说,科学心理学(即行为心理学,其唯一的科学见解暂时只有反射学)的非意识,无论如何与弗洛伊德的无意识不相同;也恰巧不会有那种有价值的感情色彩,以便促成下列的对比关系,如"我和世界""我和它""享乐与现实""意识和无意识"等等;科学中是没有这种感情色彩的立足之地的。

无意识按其本来定义,不可避免地要同意识相敌对;而非意识则完全不会预先决定自己对待心理意识的态度。至少谈不上有两个世界和两种体系。类似的假说,根本就没有任何根据。

再回到弗洛伊德的无意识上来。我们来着重研究一下这一假说中几个最有趣的方面。这几个方面证实了我们的推断,即我们所见到的是有意识的心理连同其诠释(分析者和被分析者的诠释)所作出的广泛的投射,不过这投射似乎是投向无意识,实际上却是投向躯体。

现在我们将注意力转向检查员的工作。弗洛伊德认为检查员的工作完全是无意识的(我们已经知道,它处在无意识和前意识之间)。弗洛伊德经常谈到检查员的机制。但这一无意识机制怎么能如此细微地猜测出思想、想象的所有细小差异和形象的微小细节呢?(还有什么比人的意识所制造的机器更加呆板的呢!)果真如此,那么,同它相比,尼古拉耶夫时代的任何一位检查员都不能算作一种机制,而仅仅是一块木头。

当然,弗洛伊德主义的"检查员"比病人的意识更加有意识得多,因为它被精神分析者的意识所加强。不仅"检查员"这一术语,而且连弗洛伊德为其注入的整个含义,原来全是一种隐喻。这是一种半艺术性质的形象,仅此而已(实际上也许在某些条件下这种形象是非常有用的)。这是投射到心理深处的意识(而且是被第二个分析者意识所加强的意识)。

而在弗洛伊德提出的其他机制中,有什么机械性的因素呢?

压抑机制不仅在生物学上是合理的,而且在文化上也是极具权威性和广泛性的。当然,它多少有点狭隘的资产阶级道德的味道,甚至当它被投射到野人或神话中类似俄狄浦斯的古希腊人的心理中时也是如此,但总的说来它仍然处在现代文化及其要求的高度上。我们随处可以见到意识在解释非意识,而且常常是解释非心理的过程,可以看到意识在研究现象时能够感受到自己的活动,就像我们感觉到笔同纸的接触一样。实际上我们只能感觉到木质笔对手指的压迫感,但是我们将这一感觉投射给笔端。应该指出,如果我们没有这种领悟(即没有感觉到笔端),我们就会写得非常糟糕。这种领悟实际上可能是非常有益的。

转移机制(libertagung)是非常典型的。转移是精神分析理论及实践中非常重要的一个方面。弗洛伊德将其理解为将被压抑的本能(主要是性本能)无意识地从自己的直接客体转移到另一客体(即替代物)上。这样,对父母的性本能或对父母的敌意(俄狄浦斯情结),在精神分析过程中转移到医生身上,并通过这种方法得以解除(这就是"转移"对精神分析疗法的意义所在)。在生活中我们常常就是将自己被压抑的性本能转移到其他人身上,无意识地迫使他们扮演自己父亲、母亲、姐妹、兄弟的角色。这是某种循环,一种状态的回归,这种回归很像尼采的学说,或者是叔本华的不可满足的"意志"。

但如果这样说,会不会更正确一些呢?即医生和病人只不过通过共同努力,把他们之间真实的治疗关系(确切地说是某些方面或普遍的状况,因为这种关系非常复杂),投射到无意识情结(母亲情结或父亲情结)中去。在这种情况下,情结中的某些东西被正确地把握到,某些东西确实被病人回忆起来,某些东西可用相似情况解释(也就是说,不是转移造成相似,相反是情况相似才引出转移之说),而最后还有些东西,也许这是最重要的,须用病人的机体组织来解释。这个机体组织在一定范围内是稳固的,它赋予病人一生所处的状况以相似的色彩。这样，弗洛伊德的转移机制便成为一种隐喻，它得以在一个动态的形象中集中起决定病人整个行为的所有种因素。看来，这一隐喻对精神疗法的实践是有益的。

再重说一遍，弗洛伊德主义在多数情况下利用了大量的人的现实的行为，并且实际上善于在其中找出头绪，但暂时还没有找到真正科学的方法来从理论上认识这些现象。

这样，他的方法还是主观心理学的老方法，即自我观察法（包括它的所有偏好。神经过敏者多数是偏好悔过）和对它的阐释。新东西只是精神分析中的广泛隐喻。在这种隐喻的阐释中，大多数情况下隐藏着科学暂时尚未研究的躯体过程的物质动力。弗洛伊德用主观意识的旧语言将这一动力（"机制"）呈现给我们。

五

弗洛伊德是如何解释决定主观心理的客观物质因素，如躯体因素、生物因素和社会生物学因素的呢？

有的人认为，弗洛伊德是唯物主义者。这种说法完全出于误会。的确，弗洛伊德一直在讲躯体因素，例如讲本能的躯体来源、讲我们身体的性欲区，等等。看来，泛性主义本身使心理和身体紧密联系。弗洛伊德主义的另一些方面，如性格学说，即肛门和排便说，也可能被说成是唯物主义的。性格在旧唯心主义心理学看来是某种精神的伦理的东西。弗洛伊德认为它是由这一或另一性感区（肛门或排尿区）占据优势决定的，是由性欲化的粪或尿的阻留决定的，是由与此相关的总的精神习惯与态度决定的。

但是细看一下精神分析者对这些躯体因素的态度，我们必然会得出结论：他们的唯物主义完全是虚假的。弗洛伊德及弗洛伊德主义者完全没有同机体因素和物质因素本身打交道，没有同生理学和其他自然科学所研究的决定心理的外部现实打交道。

弗洛伊德对躯体纯客观的、物质的组成和物质过程完全不感兴趣，但却对其心理的主观意义极其感兴趣，并努力从心理本身内部确定这一意义。对他来说，重要的仅仅是躯体在心灵内部的反映，而不论这躯体在心灵之外实际上是什么，亦即对自然科学的(真正唯物主义的)客观方法来说是什么。弗洛伊德关于性感带的著名学说也是如此，他不给我们这些性感带的生理学解释，在操作上也不依据某种生理学理论，他对这些区域的化学机理等不感兴趣。他所感兴趣的仅仅是这些性感带的心理(因此不可避免地是主观心理的)当量和它们在精神分析意义上的性本能中的地位。

弗洛伊德闭口不提的还有在客观生理学和生物学(当然也考虑到社会学方面)意义上性器官在人的物质机体中的作用。他只解释了其心理当量在主观心理本身内部的作用，即主观心理学意义上的作用。

因此，我们可以大胆地说，对弗洛伊德来说，物质只有转换成心理现象才存在，甚至，物质仅仅是作为心理现象的一个方面而存在。而这就类似于唯灵化。实际上弗洛伊德主义离唯灵论不过一步之遥。现实对他来说仅仅是心理的"现实原则"，即对他来说，只存在现实的心理侧面。

弗洛伊德主义者自己对此作了稍有不同的文字表述，他们(奥托·朗克、普菲斯特，特别是格罗德克)认为，弗洛伊德的世界既不是心理的，也不是物质的，而是某一第三种东西的世界。他们认为弗洛伊德探索出了这样一个领域，那是物理的因素和心理的因素尚未分离开来、还没有各自成为独立的和独特的东西。弗洛伊德所说的"本能"，似乎就具有这种边缘性质和中立性质。

我们觉得，这种边缘性和中立性的构成物非常危险，因为其中立性是虚假的。实际上就连弗洛伊德本人机体所向往的真实方向，也是无可怀疑的，他在其生物学发展的新阶段是向往唯灵主义的(这一领域的另一个现代的代表是德里什)。

这样，我们就讲到了弗洛伊德的生物主义。

许多人断言，精神分析实质上就是心理现象的生物学，即心灵的生物学。

的确，生物学概念和术语充斥了精神分析的论著。但是在弗洛伊德的语境中，这些术语丧失了自己本来的生物学意义，就如同失去了自己的基调而只保留了自己的泛音。这里生物学的状况同物理学一样，也被主观心理所冲淡，被主观心理浸透而失去了自己物质的、客观的坚固性。

客观生物学机制在心理分析中，仅仅是心灵主观本能手中的一个玩物。

看来弗洛伊德开始时是完全按照客观生物学分解出自己那著名的"本能"，视其为物质现实的一个方面，并与周围环境紧密相连。但后来一步一步地，整个现实变为仅仅是本能的一个方面，即"自我"本能，仅仅成为同"唯乐原则"平起平坐的心理"现实原则"。

弗洛伊德将机体和所有有机过程都精神分析化了。弗洛伊德的社会生物学也是如此，它完全是由个体心理因素决定的，客观社会经济的必然性已毫无踪影。不仅政治形式，而且经济形式（基础）都是从那些我们所熟知的"心理机制"中推定出来的，即将性欲转移到部落领袖身上，疏远"理想的我"而使其与统治者划一（等同起来），将自己等同于集体其他成员，并以此不依靠任何物质基础而创造社会的团结和统一，将资本主义归结为肛门型性欲（粪便的积聚升华为黄金的积聚），这些例子足以说明弗洛伊德主义的社会学。

因此，到处都是同一个思想倾向，即外部物质的必然性融于心理之中，心理化了的生物机体作为独立存在的社会微观世界而凌驾于社会历史之上。

一切决定意识的存在都是内心的存在，而最终又只能是被颠倒的意识。的确，同哲学唯心主义相比，这种内心存在比较有自发性，比较有悲剧性，因为这和时代精神是完全合拍的，这个时代精神不太青睐逻辑和理念，然而它又同样地缺少物质性和客观性。

现在我们可以最终给弗洛伊德的无意识下一个定义。这是物质的（物理的、生理的和社会经济的）必然性向内部、向心灵（心理）深处形象化的投射。为此，这一物质的必然性被独特地翻译成主观意识的语言，它被戏剧化了，充满了感情色彩。

弗洛伊德的方法就是这种独特的翻译方式，而他所用的字典基本上是从旧的主观心理学那里借来的。

这样，人为地、几乎毫无察觉地将物质过程（大多数情况下是未经研究过的）移置进心灵，并且用崇尚"机器"的现代精神（"机制""动力"）将其翻新，弗洛伊德想通过这种途径来维持心灵这一衰老的设施。

而现在人们竟然认为这是唯物辩证法！

六

弗洛伊德是如何得出这一投射理论的呢？我们在坚持上述论断的同时，又如何解释他的方法所取得的治疗成果呢？这种成果当然是不能否认的。

我们认为，导致这一广泛投射的根源，是这样一个具体的事实，它每天都在弗洛伊德的生活中复现，并最终决定了其思想的所有惯势，甚至决定了其世界感受。

我们指的是精神病医生和神经病患者之间复杂的关系。这是一个社会性的小世界，有它自己的特殊斗争，病人倾向对医生隐瞒自己生活的某些方面，欺骗医生，症状顽强不退等等。这一小小社会现象非常复杂。经济基础、物理因素和资产阶级思想意识（道德和美学）因素，所有这些决定着这一社会现象中的具体的相互关系。医生在这里能实际地清理头绪，探索到决定这一现象的现实力量，学会掌握它们，但理论上科学地(唯物主义地)界定这个复杂现象,当然是不可能的(神经机能病的生理方面几乎没有研究出来,更谈不上有关它们的社会学了)。于是,以不追求理论为代价,产生了戏剧化的隐喻形象,作为实际工作的方针;这一形象如同一切形象那么主观、相对,一切形象都可作比,尽管在这里是有益的。

弗洛伊德的疗法在其第一发展阶段,只是医生同歇斯底里患者之间交往的隐喻性、戏剧化的表现,但加进了科学的术语,不过这种交往常常以医生的实际成功而告终。

这一点也不奇怪,戏剧性地使对象物活起来,并将对象物吸引到自己的方面来,这是常见的。炮兵想象他的炮对自己来说是一个活的东西。工人有时比有学问的工程师更知道自己机器的"毛病",他不善于从理论上决定它的"命运",但他却能生动形象地向您讲述它。我们经常遇到许多种力量,在能够科学地确定这些力量之前,我们就开始了解它们,通过做事、用手或脚(或者用话语和语言规劝,如果这些力量赋予了人,且没有其他办法)来控制它们。所以,如果我们想要描绘这些力量,实际上我们所界定的完全不是这些力量,而是我们对它们的态度,我们的习惯、目的和行为。

不过要避免心理学领域内不恰当的形象思维,是异常困难的。语言本身只提供给我们隐喻以表达内部感受。说两句讲心理现象的话,就不能不使用两种隐喻。客观认识的方法在这里取得胜利要等到最后才行。可以说,主观心理学至今仍然处在隐喻的控制之下,在这一基础上,即在主观方法范围内,它未必能摆脱隐喻的控制。因此我们也不应该对精神分析的隐喻实质感到惊奇。

当然,在弗洛伊德那里,其学说具有的专业性隐喻的核心,极巧妙地穿上了科学术语的外衣,变得隐蔽而不可见。这种形象的方法,在自己专业范围内暂时还是可行的。

然而诞生于维也纳一个资产阶级医生办公室的这一隐喻,却出现在腐朽的资产阶级主要思潮的大道上,它是生逢其时其地。于是开始成长，并且我们眼看着它成为一种包罗万象的世界观。

在昏暗房间中充满斗争和各种生动的精神分析疗法，成为一种象征，成为认识世界进程和人类世界悲剧的钥匙。上演俄瑞斯忒斯和俄狄浦斯悲剧的舞台缩小成为现代化的医生办公室，在此上演着人人皆知的"俄狄浦斯情结"。对于精神分析来说，把枯燥科学与审美激情（俄狄浦斯以及由尼采"悲剧诞生"引起的审美联想）结合起来这种提法，就是极其典型的，就如同安装在俄狄浦斯盲眼上的单透镜。

两者（医生与病人）之间的私人关系，成为弗洛伊德主义所有观点的示意图：如机体分裂成两极（"自我"本能和性本能），两者基本上相互仇视；如心理的分裂（意识和无意识，"我"和"它"）等等。而且，这些对举的力量会实体化，成为相互进行思想斗争的人。两者相对也成为所有社会关系的雏形。弗洛伊德泛性主义的根源之一，正应该从这里寻找。原因在于，"一对"作为某种社会性最小值，很容易孤立起来并且变成一个任何东西都不需要的微型世界，只要两个人进入性关系，因为"同情人一起，窝棚也是天堂"，对恋人来说，在他们之外的整个世界都不存在。

所有社会衰落和解体的时期，在生活中和思想上都会对性进行重新评价，并且对性的理解总是片面的：看重的是其抽象的反社会方面。性极力要取代社会性因素。所有的人首先或仅仅被划分为男人和女人。所有其他的区分似乎都不是本质的。只有可以同性联系起来的那部分社会关系，才是可以理解的和有价值的。性之外一切其他的东西都失去了存在的意义。这种情况在1789年前发生过，在罗马衰落时期也发生过，现在我们在资本主义的欧洲又见到它。弗洛伊德主义极其典型并最有意思的特征，就是把家庭和所有家庭关系全部性欲化（俄狄浦斯情结）。家庭这个资本主义的柱石和堡垒，从经济和社会的观点多半变得难以理解和虚伪不真，所以才有可能将它完全性欲化，仿佛是一种重新认识，类似于我们的"形式主义者"所说的"奇异化"手法。的确，俄狄浦斯情结确是家庭关系的了不起的奇异化。父亲不是一个企业的主人,儿子也不是他的继承者;父亲只是母亲的丈夫,而儿子是他的情敌!但是,我们知道,就连俄狄浦斯的神话也不是在性的土壤上(性,同以往一样,只是一个泛音),而是在经济的土壤上产生的:母亲是主人(母系残余),只有母亲一方才有权继承(由母系亲族继承);儿子不得不退让一边,或除掉父亲。只有在这样的土壤上,才能诞生俄狄浦斯的主题(古代日耳曼史诗中的基里德勃朗特和加都勃朗特,伊朗史诗中的鲁斯杰姆和佐拉伯,俄罗斯史诗中的伊里因·穆拉梅茨和他的儿子之间的争斗等等)。弗洛伊德将这个主题性欲化了,并借助它使家庭奇异化。

弗洛伊德通过将所有物质及其关系性欲化的方式,对世界和社会所做的思考正中要害。这就是他成功的原因。两人之间性化的关系遮蔽了一切,并且成为所有其他关系的样板和尺度。当代资产阶级哲学所建立的社会性彼岸的狭小世界,不可避免地要在性(抽象意义上的)中寻找自己的、可能是最重要的基础。

现在,据上述对弗洛伊德主义基础的实际评价,可以就我们所阐释过的那些方面,即对于梦的解析和俏皮话,提出几条结论。我们对这种方法的评价和对无意识所下的定义,可使我们只作概括的说明。

的确,妥协或替代的构成物,即梦、神话和文学创作的形象,通过意识的表面阐释是不能理解的。意识的动机无论主观上多么真诚,也不能客观地解释任何一种思想观念(我们承认梦是这种思想观念的一种萌芽形式)。思想观念的一切方面,都被纯粹物质的力量所严格决定。思想观念是否全都能够归结到社会经济基础上,并且作为必要的东西用基础来解释呢?

当然不能。马克思主义也从未这么说。在思想观念中还有某种无法归结到基础的剩余物(在梦境中则非常多)。这应由生物学、生理学和客观的心理学作出解释。但是,首先,这种剩余物在任何情况下都不应该被孤立地抽出:生物因素或者心理因素只是一个抽象的因素。在具体的思想观念中,这种剩余物总要获得历史的以及社会经济的血肉,而且这不只涉及艺术形象、神话和哲学,甚至还有梦境。其次,作为最为固定的(经常的)因素,这种剩余物是思想观念中最少创造性的部分;思想观念中现实的、生动的内容不是由它来决定的,因为一般极少谈及最普遍的东西(普遍人性,甚至普遍动物性)和极个别的东西(唯一的东西)。前者是不言而喻,后者不引起兴趣。思想观念的结构首先是社会性的。

而弗洛伊德是怎么做的呢?他不承认意识的动机可以全面地解释形象的"显意",(这一点当然应该同意),就到无意识中去寻找决定形象的纯心理因素(幼稚型性本能),认为这一因素能完全地在所有方面决定思想观念的形象。

最终,他得出了一个令人吃惊的结论:整个文化(而不仅仅是梦)几乎完全依靠幼儿本能而得以生存!这是某种"幼稚型基础",根据弗洛伊德的观点,它可以完全替代社会经济基础!

但是我们已经知道弗洛伊德所谓的无意识究竟是什么东西,所以我们可以说:弗洛伊德的"隐意"(得以实现的梦中幼稚愿望、神话和文学创作的幼稚本能等等),只是某种 X 的隐喻形象,它是照意识的样子构建的(这种构成我们已经研究过)。这未知的 X 是一种物质的必然性,是社会经济的、生理的、生物的和客观心理的必然性。这种物质的必然性是未被意识到的,但绝不是弗洛伊德意义上的无意识。

自由联想的方法,是构筑隐喻(无意识)和向未知的 X 中投射隐喻的方法。这种联想当然不是偶然性的,但它本身尚需客观的解释。当然,在解释梦的形象时,生物的和心理的因素非常重要。但在神话、艺术的形象中,其中也包括在俏皮话和哲学中,一切本质的和现实的(创造性的)东西,都需要从社会和经济方面加以解释。

从我们发挥的观点出发,可以对弗洛伊德的无意识所包含的一切隐喻(整体及其各个部分),作出有趣的分析。

但这已超出我们这篇文章的范围了。

七

奥托·朗克最近的一本书《生之创伤》(1924)，能最好地证明我们对精神分析、对其基本的隐喻内核和广泛的思想倾向所发表的观点是正确的。这是对弗洛伊德主义的精彩的归谬。

需要指出的是，奥托·朗克是弗洛伊德的得意门生并被认为是最正统的弗洛伊德主义者；这本书就是献给老师并庆贺他的生日的。无论如何也无法认为这本书是一个偶然现象。这是精神分析的最新成就，恐怕弗洛伊德本人也会签名认可的。

根据奥托·朗克的观点，人的整个生活和全部文化创作不是别的，正在于通过各种途径，采取各种办法，逐步消除和克服出生的创伤。

人的出生是具有伤害性的：从母腹中挣扎出来的机体经历着极其可怕的震荡，堪与之相提并论的只有死亡给机体带来的震荡。这种创伤的恐怖和疼痛正是人的心理的开端。出生的可怕，成为第一个被压抑的方面，它引发了所有其他后来的压抑。这是无意识和所有心理现象的根源。人在自己整个的一生中都无法摆脱出生的恐怖。但与恐怖同时诞生的，还有对从前在母腹内经历过的天堂般环境的向往。对于母腹的双重态度正是由此而来，因为它既吸引又排斥。这种回归的渴望和这种恐惧，作为人全部生活精力的源泉，会永远留存在人的心灵中。

母腹内环境的特点是，在愿望、需求以及它们的满足之间，即在机体和外部现实之间没有脱节现象；对于胎儿来说，外部世界就是母亲的机体，仿佛是他自己的机体的直接延续。

在神话和传说中对天堂和黄金时代的描述，在哲学中对理想的一统世界和未来和谐的描述，以及社会乌托邦的特点，都很明显地表现出，其来源正是这种对一度经历过的母腹内生活的追求，也就是说，其基础是对确实曾经存在过的天堂的模糊而无意识的记忆。从这个意义上说，它们不是凭空臆想出来的。

但通往天堂之门却由一个残酷的守门人把守，这就是出生的恐惧。每当心理中出现了对回归的渴求时，这种恐惧感就会出现，把这种愿望抛入无意识。

出生的创伤在一些病态的症状中再现：在儿童的恐惧中，在神经和精神病中。此处它依附于病人的躯体反复出现，但病体自身又无法克服。克服这种创伤的办法只能是通过文化创造的途径（包括经济和技术）。奥托·朗克将这种创造活动定义为把外部世界转化为一种母腹替代物（Ersatz bildung）的全部努力。

从这个意义上说，整个文化和技术都是象征物。我们生活在一个象征的世界里，而这些象征最终都表明一个东西，这就是母亲的子宫及进入子宫的通道。原始人藏身的洞穴是什么？房间、大厦、国家等等，不都是保护性母腹的象征和替代物么？

奥托·朗克试图从这一来源中引出艺术的形式：比如，表现弯曲、蜷坐体态的古代雕像明确地呈现出胎儿的状态。只有希腊人的塑像，在外部世界中自由玩耍的大力士，才标志着对创伤的克服。希腊人解开了斯芬克斯之谜，那正是人的出生之谜。

这样一来，一切创作从形式和内容两方面，都为出生人世的行为所制约。但据奥托·朗克的观点，天堂最好的替代用物，出生创伤最完全的补偿，就是性生活。它导致性交，导致部分地回归子宫——对人来说唯一可能的途径。死亡对我们的无意识来说就是回归子宫；与死亡相连的恐惧，是出生恐惧的再现。安葬的最古老形式——埋入大地（"大地母亲"），亡者采取坐姿（暗示胚胎），葬于船中（子宫，羊水），棺材的形状以及与安葬有关的仪式——所有这一切都表现出将死亡作为一种回归的无意识的理解。古希腊焚烧尸体的方法，也标志着一种最成功的克服创伤的办法。据奥托·朗克的观点，濒死的痉挛正是机体诞生时最初痉挛的准确再现。

不用说，奥托·朗克这本著作中的方法完全是主观的。他甚至根本没有想对出生的创伤以及这创伤对机体日后的生活可能产生的影响作出客观的生理学角度的分析。他只是在寻找人在无意识中对创伤的回忆，寻找深层的主观经验，认为在主观经验的底层也能够找到一切生理现象之根源。

奥托·朗克对精神分析治疗过程的理解极具典型性。他认为，精神分析过程正是复现出生的行为（精神分析治疗本身在正常情况下持续大约九个月）。首先，病人的 libido 寄于医生之身；昏暗的诊室（只是病人处于灯光下，医生则在半暗之中）为病人呈现出（当然是对他的无意识）母亲的子宫。治疗的终结是出生创伤的再现：病人必须摆脱开医生，并且在此时体验自己与母体痛苦的分离。如果他成功了，他就能够克服所有神经性疾病最终的根源，即回归子宫的诱惑。

精神分析治疗对于整个弗洛伊德主义所具有的隐喻意义，在此已经显露无遗；与此同时，这种理论的思想倾向也达到了逻辑的极限。所有这一切已无须进行评述了。

于是我们回到了本文的开头，我们诞生的那个极端可憎的夜晚。根据奥托·朗克的观点，我们不得不用我们的整个一生在这一时刻原地踏步，直到死亡这个美好的早晨来临。但不幸得很，就连死亡也没有把我们向前推进一步：濒死状态只是出生创伤的重复。我们返回到使人腻烦的毕巧林式的聪明上（我们的开篇语），但是我们应当承认，这比奥托·朗克的聪明，还是有某种优势的：它至少含有讽刺性。奥托·朗克的书却是先知的调子（很像是施宾格勒，只是少了点才气）。但这预言的内容简单之极：人的机体的诞生只是为了用整个一生来反复咀嚼同一块口香糖——自己出生的创伤。

资产阶级哲学的主要目的是建立一个在社会性彼岸的世界，在其中集聚一切可以从完整的人身上抽象出来的东西，使这些抽象的东西成为独立的存在（拟人化），并以形形色色的功能对其加以充实。人智学的宇宙主义(斯泰纳),柏格森的生物主义和其他生命哲学的次要人物,最后还有我们分析过的弗洛伊德的心理生物主义,这三种流派分享着整个资本主义世界,而其中的每一种都以自己的方式为资产阶级哲学的这个目的服务。将极端抽象化与明显的半文艺性或者直接的艺术形象性混杂一起,是这三种流派共同的特点。他们决定了当代资产阶级"文化人"的面貌——斯泰纳主义者,柏格森主义者,弗洛伊德主义者,及其笃信和朝拜的三个神坛:幻术,本能和性欲。其中弗洛伊德主义最乏激情,所以他瓦解的趋向更赤裸、更明确、更无耻(难道正是这一点使它像唯物主义吗?)。

我们在这篇文章中正是力图揭示这样的基本趋向:借助于形象的投射把整个外部物质的必然性拉进心理机体的狭小天堂,并将这种必然性仅仅视为内在心理力量——性欲和"自我"本能——的表演。

结果就是:先是整个文化和历史成了性交的替代品,然后性交成了只是胎儿于母亲腹内状态的替代品。只剩下迈出最后的一步,即承认胎儿是纯粹虚无的替代品。

这样至少是一贯始终的!

王东政　译

生活话语与艺术话语
——论社会学诗学问题

一

文学科学中的社会学方法几乎仅仅运用在历史问题的分析中，而所谓理论诗学问题，涉及艺术形式、它的各种因素、风格等全部问题，这个方法几乎没触动过。

存在着一个错误的见解，而且连某些马克思主义者也持这个见解：社会学方法只能出现在为意识形态因素——内容的因素——所复杂化了的艺术诗学形式的领域，在社会外部的现实条件下开始历史的发展。而形式本身具有自己独特的、非社会学的，而是艺术特有的本质和规律性。

这种观点在根本上与马克思主义的方法论基础本身相矛盾，即与它的一元论和它的历史性相矛盾。形式与内容的脱离，种种历史理论之间的脱离，这就是类似观念的结果。

但是，我们还将较为详细地分析一下这些错误的观点：它们对于整个现代艺术学太重要了。

不久前，鲍·尼·萨库林教授对这种观点做了最明显的和系统的阐发。① 他在文学和文学史中区分了内在的（内部的）和因果性的

---

① 参见鲍·尼·萨库林的《文艺学中的社会学方法》，1925年。——作者

(有原因的)两个系列。文学内在的"艺术内核"具有只属于它的特殊的结构和规律性,在这方面它促进"本质上的"自我进化发展。但是,在这个发展过程中文学遭受非艺术的社会环境的"因果"作用。社会学家对文学的"内在内核"、它的结构和自动进化是无所作为的,在这里只有理论的和历史的诗学及其特殊方法是在行的①。社会学方法也能够有成效地研究文学与环绕它的非艺术的社会环境的因果作用。在这方面内在的(非社会学的)分析文学及其内部自我规律性的做法应先于社会学方法②。

当然,马克思主义的社会学家是不能同意这样的定论的。但是,又不能不承认,直到现在社会学所研究的,几乎仅仅是文学史具体的问题,并且没有进行任何严肃的尝试,借助自己的方法研究所谓艺术作品的内在结构。这后者实际上在整体上被纳入了美学、心理学和其他方法的研究,而这些方法与社会学没有丝毫共同之处。

为了确认这一点,只要翻阅任何现代诗学论著或一般的艺术理论论著就足够了。在这些论著中我们连运用社会学范畴的一些痕迹也找不到。艺术被看成在"本质上"就是非社会学的,正像身体的物理和化学结构也是非社会学的一样。西欧和俄罗斯的艺术学家正是这样确认文学和整个艺术的,并在这个基础上,固执地将作为专门学科的艺术学和任何社会学方法隔离开来。

他们大概是以下列方式说明了自己确认的理由,每个东西成为需

---

① "诗歌形式的因素(声音、词汇、形象、韵律、结构、体裁、诗歌主题、整体上的艺术风格)——所有这一切都预先内在地被研究,借助了理论诗学创立的那些方法,依据心理学、美学和语言学。这些方法现在部分地由所谓形式方法所采用。"(鲍·尼·萨库林:《文艺学中的社会学方法》,第27页)——作者
② "由于在文学中看到社会现象,我们不可避免地要接近它的因果条件问题。对于我们而言,这是社会学的因果关系。只有现在文学史家获得社会学家的权力并提出了自己的'为什么',以便将文学事实纳入该时期社会生活的一般进程,以便在此之后确定它们在整个历史运动中的地位。社会学方法也就在这里发生效力,它变成了文学史研究中的历史——社会学方法。在初始的内在的阶段,作品被理解为是社会的和历史意义上的艺术价值。"(鲍·尼·萨库林:《文艺学中的社会学方法》,第27—28页)——作者

求和报价的对象,也就是商品时,它都在自己的价值上和在人类社会内部的运动中从属于社会—经济的规律性。假定我们清楚地知道这个规律性,但我们还仍然丝毫没有把握成为商品的这个东西的物理和化学的结构。相反,商品经营本身也需要预先对其进行物理—化学分析。而这种分析只有物理—化学家借助自己专门的方法才能内行地提供。根据这些艺术学家的意见,与艺术的交往也是这样。因此,艺术在成为社会因素并受到其他社会因素影响时,当然要从属社会学的一般规律性。但是,我们永远不可能从这个规律性中引出它的审美本质,正像不能从商品流通的经济规律中引出任何商品的化学公式一样。艺术学和理论诗学应该寻找的正是这种独立于社会学的"专门的"艺术作品的公式。

对艺术本质的这种理解,正如上述,在根本上是与马克思主义的基础相矛盾的。的确,用社会学的方法找不出化学公式。但是,对于意识形态任何领域,只有用社会学方法才能找到科学的"公式"。所有其他"内在的"方法都陷入了主观主义,至今没走出意见和观点的无效纷争,并且什么结论也不能提供,即使是远不像化学公式那样严格的精确的结论。当然,连马克思主义的方法也不能指望后者:在意识形态学科领域,就研究对象的本质而言,追求自然科学的严格性和精确性是不可能的。但是,多亏马克思主义阐释的社会学方法,在意识形态创作研究中才首次有可能在最大限度上接近现实的科学性。物理和化学的物体存在于人类社会之外,意识形态的一切创作只在人类社会之中和为它而成长。社会学的定义不是从外部接近它,正像接近自然体一样,意识形态的形成,内部地、内在地是社会学的。几乎无人从政治和法律上否认这一点:可以在它们内部找到怎样内在的非社会学的本质呢?法律和政治制度最精确的形式之细微差别,只有社会学方法才能理解。这样说,对于其他意识形态形式也同样公正。它们全部完全是社会学的,尽管它们的结构灵活而复杂,很难精确分析。

艺术同样也是内在地具有社会性:艺术之外的社会环境在从外部

作用艺术的同时，在艺术内部也找到了间接的内在回声。这里不是异物作用于异物，而是一种社会构成作用于另一种构成。"审美的"领域，如同法律的和认识的领域，只是社会的一个变体。艺术理论，很自然，只能是艺术社会学。在艺术社会学中，没有任何"内在的"任务。

二

为了在艺术理论、特别在诗学中正确地和有效地运用社会学的分析，必须摒弃两个错误的观点，这两个观点极端地缩小了艺术的范围，而仅仅把艺术的个别因素孤立起来观察。

第一个观点可以确定为"盲目崇拜艺术本体"①，这种盲目崇拜当今在艺术学中占有优势。研究者的视野只在作品上，艺术作品被这样分析：仿佛艺术中的一切都局限于作品本身。创作者和观赏者位于研究视野之外。

第二个观点正好相反，局限在研究创作者或观赏者心理（常常是直接在他们之间画上等号）。对这种观点而言，观赏者或创作者的感受决定着艺术。

因此，对于前一种观点来说，艺术研究的对象就只是作品本体的结构，而对于后一种观点而言，就只是创作者或观赏者的心理。

第一种观点把材料提到了审美研究的前台。狭义理解的形式，作为材料的形式，成为主要的几乎是唯一的研究客体。形式将材料组成一个统一的完成的东西。

第一种观点的变种是所谓"形式方法"。诗歌作品对它而言是由一定形式组成的语言材料。在这里，作品对词的摄取不是作为社会学

---

① 原文是 фетишизация художественного произведение-вещи。其中 вещи 的首要含义本指事物，也可指陈科学、文艺作品，作者在这里用它主要是指作品作为物（材料、结构本身方面）的特征。因为该词的前面已有"作品"（произведение）一词，所以 вещи 此处译为"本体"，是符合作者原意的。——译者

的对象,而是从抽象的语言学观点出发。这完全可以理解。而广泛摄取的话语作为文化交往的现象,不再成为自足的东西,也不能独立于产生它的社会情境而得到理解。

第一种观点不可能始终如一地坚持到底。原因在于局限在艺术的材料方面,甚至不可能指出材料的边界和它具有艺术意义的那些方面。材料本身直接与它周围的非艺术环境融合,具有无限多的方面和特征:数学的、物理的、化学的,最后是语言学的。无论我们怎样分析材料的全部本质和这些本质组合的所有可能性,我们都永远不能找到它们的美学意义,不能顺带分析材料之外的其他观点。与此相类似,无论我们怎样分析某个身体的化学结构,我们既不能把经济学观点赋予其上,也永远把握不了它的商品意义和价值。

在创作者和欣赏者的个性心理中寻找审美的第二个观点,作为尝试也同样不可靠。在继续我们经济学类比的同时,可以说,这与通过分析无产阶级个性心理的办法来揭示决定它在社会中地位的那些客观关系的做法相类似。

归根到底,这两种观点都具有同样的一个缺点:它们都是在部分之中寻找全部整体,它们将其抽象地从整体割裂出来的部分结构充作全部整体的结构。然而,"艺术"自身的完整性却处于作品本体之外,也在被孤立提取的创作者和观赏者的心理之外。"艺术"包容了所有这三种成分。艺术是创作者和观赏者相互关系固定在作品中的一种特殊形式。

这种"艺术交往"在与其他社会形式相关的共同的经济基础上生长,但是,像其他形式一样同时保持着自己的独特性:这是一种独特的交往类型。它具有自己的为其专属的形式。理解实施和固定在艺术作品材料中的社会交往的这个特殊形式正是社会学诗学的任务。

取自社会交往之外的和独立于这种交往的艺术作品,不过是物理的本体或语言学的练习。艺术作品只有在创作者和观赏者相互作用的过程中,作为这个相互作用事件的本质因素才具有艺术性。在艺作品材料中，所有不能被引入创作者和观赏者的交往，不能成为"媒介"和这种交往的介质的，都不可能获得艺术意义。

那些忽视艺术社会本质的方法，试图只在艺术本体的组织中寻找艺术本质，事实上被迫将创作者和观赏者的相互关系投射到作品形成的材料和手法的各个方面。审美心理也同样准确地将相同的关系投射到接受者的个性心理中。这种投射歪曲了这些相互关系的纯洁性并提供了关于材料和心理的错误概念。

正如我们所说，固定于艺术作品的审美交往完全是独特的，并且不可归结于意识形态交往的其他类型，如政治的、法律的、道德的等等。如果说政治交往创造相应的机构和法律形式，那么审美交往建构的只是艺术作品。如果它拒绝这个任务，如果它开始追求创造哪怕是转瞬即逝的政治组织或任何另外的意识形态形式，那么它因此就不再成为审美交往并丧失了自己的独特性。审美交往的特点就在于：它完全凭艺术品的创造，凭观赏中的再创造而得以完成，而不要求其他的客体化。但是，当然，这种独特的交往形式也不是孤立的：它参与统一的社会生活流，自身反映着共同的经济基础并与其他交往形式发生有力的相互作用和交换。

我们的任务是尝试理解作为以话语为材料的特殊审美交往的形式的那种艺术表述形式。但是为此我们必须更详尽地研究艺术之外的语言表述的几个方面，即深入平常的生活言语中，因为在那里已奠定了未来艺术形式的基本潜能（可能性）。话语的社会本质在这里表现得更清楚、清晰，而且，话语与周围社会环境的联系也更容易分析。

三

生活话语显然不是自给自足的。它产生于非语言的生活情景中并与它保持着最紧密的联系。而且，话语直接地由生活本身补充并且不失去其自身含义,不可能脱离生活。

这就是我们常常给予某些生活表述的描述和评价:"这是谎言""这是真理""这是大胆的言论""这在当时不能说"等。

所有这些类似的评价无论其遵循什么范畴,如伦理的、认识的、政治的或其他的,它们所囊括的内涵比包含在表述的言语本身的、语言学成分中的内涵要深广得多:在囊括话语的意义的同时,它们还囊括了话语的非语言情景。这些论断和评价都涉及某个整体,在这个整体中话语直接与生活事件关联并与之融为一个不可分割的统一体。当然,孤立提取的话语本身,有如纯语言学的现象,既不可能是真的也不可能是假的,既不可能是大胆的也不可能是胆怯的。

生活话语与产生它的周围的非语言的情景究竟是怎样的关系呢?我们将用一个有意简化的例子来分析。

两个人坐在房间里,沉默不语。一个人说:"是这样!"另一个人什么也没说。

对于谈话时不在房间的我们而言,整个这段"谈话"是完全令人费解的。断章取义地摄取的表述"是这样",是空洞的和完全无意义的。但是这个特殊的两人对话只是由一个人有表情的发声词组成的,确实充满着含义、意义,并完全是结束了的。

为了揭示这个谈话的含义和意义,必须分析这个谈话。但是,我们在此可以用什么来分析呢?我们不论怎样分析表述的纯语言部分,无论怎样精确地确定"是这样"这句话语音的形态学的、语义学的因素,我们一点也不能朝接近理解对话的完整含义迈出任何一步。

假定我们知道说话的那个语调是愤怒的责备的,但又有轻微的幽默的成分,对我们而言,这多少充实了副词"这样"的语言真空,但是,仍然没有揭示完整的意义。

我们究竟还缺什么呢?这就是那个"非语言的语境",其中,为听者有意讲出的"是这样"这个表述,其非语言语境由下列三个因素组成:(1)说话人共同的空间视野(可见的统一体——房间、窗户等等);

(2)两者对情景的共同的知识和理解;(3)他们对这个情景共同的评价。

对话的时候,两个对话者看了一眼窗户,看见下雪了。两人都知道,已经是五月了,早就应该是春天了。最后,两者对拖长的冬天厌倦了。两个人都在等待春天,两个人对晚来的下雪天感到不快,所有这一切,即"一起看到的"(窗外的大雪)"一起知道的"(日期是五月)和"一致的评价"(讨厌的冬天、渴望的春天)都是表述所直接依靠的。所有这一切都由它的生动含义所把握、由它吸纳进自身。但是,在这里还残留有语言上未指明、未言说的部分。窗外的雪花,日历上的日期,说话人内心的评价,所有这一切都由"是这样"这句话来暗示。

现在,当我们接近这个"暗示",即接近这个说话者共同的空间和意义的视野时,我们完全明白了表述"是这样"的完整含义,它的音调也就一听就懂了。

这个非语言的视野与话语究竟是怎样的关系?未言说与待言说又是怎样的关系呢?

首先,十分清楚的是,话语在这里绝不像镜子反映物体那样反映非语言的情景。在这种情况下,话语与其说在破解情景,不如说在给情景做概评。生活表述更经常地和积极地延续和发展着情景,指明未来的情景的景象并构成这幅蓝图。对我们来说,生活话语的另一个方面也很重要:生活表述无论怎样,它总是联系着作为共同参与者的情景的参与者。后者同样知道、理解和评价这个情景。因此,表述依靠共同参与者同属的一个存在的生活片段所固有的真实的物质属性,并使这个物质的共同性获得意识形态的表现和意识形态的进一步的发展。

因此,非语言的情景绝不只是表述的外部因素。它不是作为机械的力量从外部作用话语,不是的,情景是作为表述意义必要的组成部分而进入话语。因此,生活表述作为思维整体是由两部分组成的:(1)语言实现的(进行的)部分;(2)暗示的部分。因此,可以把生活表述与"省略推理"相比较①。

但是,这个"省略推理"是特殊的。"省略推理"这个词本身(省略推理译自希腊语,它的意思是"位于心灵上的""暗示的")正像"暗示的"这个词一样,表达着更多的心理的内涵。可以认为,情景是作为说话人心中的主观心理行动(概念、思想、情感)而言的。但是,这不是这样:个人主观的东西在这里面对社会,客观退到了次要方面。我所知道的、看见的、思考的和爱慕的都不可能暗示。只有我们所有说话的人所知、所见、所爱和所认可的,我们所一致认同的,才能够成为表述暗示的部分。而且,这个社会性在自己的基础上完全是客观的:要知道,这首先是纳入说话人视界的世界物质的统一(在我们的例子中是房间、窗外的雪),是产生共同评价的现实生活条件的统一:说话人属于同一家庭、职业、阶级、某个社会集团,最后,属于同一时代,因为,说话者是同时代人。因此,暗示的评价不是个人的表情,而是社会规范的、必然的行动。而个人的表情只是作为泛音能够伴随社会评价的基调:"我"只有依靠"我们"才能够在话语中实现自我。

因此,每一句生活表述都是客观的社会的省略推理。这仿佛是只从属于同一社会视野的人所共知的"口令"。生活表述的特点还在于它们与非语言的生活语境有着千丝万缕的联系,一旦从生活语境脱离开来,它们完全会丧失了自己的含义:谁不知道它们最近的生活语境,谁就不能理解它们。

但是,这个最近的语境可能是或多或少地宽泛。在我们的例子中语境是狭窄的:它决定于房间和时刻的视野,而表述发出的意义也只针对两个人。但是,表述所依靠的那个统一的视野可以在空间和时间中扩展:存在着家庭的、家族的、民族的、阶级的、日期的、年代的和整个时代的"暗示"。随着这个共同视野和它相应的社会集团的扩展,表

---

① "省略推理"在逻辑上被称为这样一种推理,即它的一个前提不说出来,而暗示出来。例如:"苏格拉底是人,因此,他会死的。"所暗示的即是,"所有的人都会死"。——作者

述暗示的成分变得越来越固定。

当表述的暗示的现实视野狭窄时，正如在我们的例子中，当这个视野与坐在同一房间里看见同一景象的两个人的现实视野相一致时，在这个视野内的转瞬即逝的变化才能够被暗示。但是，在更广泛的视野中，表述只能依靠生活确认的、固定的成分和重要的基本的社会评价。

在这里暗示评价具有特别重要的意义。原因在于直接产生于该集团经济存在特点的所有的基本的社会评价，通常并不言说出来；它们组成行动和行为，它们仿佛与相应的事物和现象一起成长，因而不需特别的语言表述。我们感觉，我们将对象的评价与它的存在一起理解，作为它的一个本质，例如，我们把太阳的热与光与它对我们的价值一起感受。于是，我们周围的所有现象连同评价一起生长。如果评价的确取决于该集体存在的本身，那么它就作为一目了然的不用讨论的东西而被教条地认同。相反，基本评价在哪里被说出和证明，它就在哪里被怀疑，远离对象，不再构成生活，自然，失去了自己与该集体存在条件的联系。

健康的社会评价留在生活中，并由此组成了表述形式本身及它的音调，但是，它绝不追求寻找话语内容方面相同的表达。只要来自形式成分的评价转向内容，那么就可以有信心地说再评价已经准备就绪。因此，本质的评价完全不包含在话语的内容中，也不从内容中引出，但是，它决定话语整体的形式和话语选择本身；它在音调里表达自己最纯洁的东西。音调确定着话语与非语言语境的紧密联系：生动的语调仿佛把话语引出了其语言界限之外。

我们将详细地谈谈在我们所举表述的情形中语调与生活语境的联系，这可以使我们对语调的社会本质作一系列重要的观察。

四

　　首先,需要强调,"是这样"这句话在语义上几乎是空洞的,它在任何程度上都不是以自己的内容来决定语调:任何语调都能很好地和自如地掌握这个词语,如欢呼的、悲哀的、鄙视的等,所有这一切取决于给定词语的那个语境。在我们的例子中,决定愤怒、责备的但又略带幽默的语调的这个语境,正是我们上面所说的非语言情景,因为没有最近的话语语境。现在就可以说,在有这种最近的话语语境的时候,而且从所有其他观点来看这个语境已经完全足够时,语调定会将我们引到语境之外:只有熟悉该社会集团的暗示评价(无论这个集团怎样广宽),才能彻底了解这个语调。语调总是处于语言和非语言、言说和非言说的边界上。在语调中说话直接与生活相关。首先正是在语调中说话人与听众关联:语调就其本质来说是社会性的。它对于说话者周围一切变化的社会氛围特别敏感。

　　在我们的例子中,语调产生于对话者对春天的共同渴望和对冗长冬季共同的不满。语调依据的是这个暗示评价的共同性,这一语调的基调的明确性和信心也依赖于这一共同性。在同感的氛围中,语调能够自由地展开并在这个基调的范围内具体化。但是,如果没有这种坚定的"和声支持",语调就会沿另一个方向发展,就会因夹杂其他一些音调变得复杂起来:如挑战的音调、对读者不满的音调,或者直接弱化到最低程度。当一个人预料他人不同意,或起码怀疑他人是否同意,他就用另外的语调说出自己的话,而且一般用另一种方式构建自己的话语。接下来,我们将看到,不仅是语调,而且整个言语的形式结构,在相当的程度上,取决于话语以什么态度对待言语所指望的那个社会环境评价的暗示共同性。只有在预期的"和声支持"的基础上,能产的、自信的和丰富的创造性语调才是可能的。在没有"和声支持"的地方,声音滑落,其语调的丰富性会弱化,正如常常发生在笑者身上,当他突然发现,他独自在笑,于是笑声沉寂下来或蜕变,变成歇斯底里,失去自己的自信和明确性并已经不能产生幽默的和愉快的话语。基本的暗示评价的共同性,就是人类生动言语将语调花纹绣于其上的那张底布。

但是,语调指望他人可能同感,可能有和声支持,但这些还不能穷尽它的社会本质。这只是语调的一个方面,指向听众的一面,语调还有一个对于语言社会学来说特别重要的成分。

如果用我们的例子来看表述的语调,那么我们会发现其中有需要专门阐释的一个"隐秘莫测"的特征。

的确,在"是这样"那句话的语调中吐露的,不只是对发生的现象(下雪)的消极的不满,而且有积极的愤怒和责备。这个指责是对谁的呢?很显然,不是对听者的,而是对另外一个人的:因为语调运动的方向,明显的淡忘情景,并向第三个参与者提供一席之地。那么这个第三者究竟是谁呢?谁该面对责备呢?雪?大自然?还可能是命运?

当然,在我们简化了的生活表述里,这个第三参与者尚未完全确定;语调已经明确地标明了它的位置,但是它还未获得语义的等价物并且未被指出。语调在这里确立了对表述对象客体生动的态度,这态度面对它几乎就像面对一个生动的活现的有过的人,而且听者,第二个参与者,仿佛承认是一个见证人和同盟者。

被唤起的生活言语的任何生动的语调,几乎都是这样流动的,它仿佛在对象和事物之外;面对生动的参与者和生活的推动者,它在最高的程度上倾向个性化。如果语调没有抑制某些讽刺的分量,正像在我们的例子中那样,如果它是纯朴的和直率的,那么,从它那里就会产生神话形象、咒语和祈祷,在早期的文化阶段就是这样。在我们所举的例子中我们碰到的是语言创作特别重要的现象,即语调借喻:语调使那句话像在责备迟到降雪的活生生的过错者——冬天。在我们的例子中,我们所面临的纯语调借喻,丝毫也未超出语调的范围,但是,在这个语调里就像在摇篮里一样,平常语义的借喻的可能性还未显露出来。如果这个可能性已经实现,那么,"是这样"这句话大概就会扩展为下一个借喻表达:"瞧,这固执的冬天还不愿结束,该结束了!"但是,语调的这个可能性却未能实现:表述几乎是满足于使用空洞的语义副词"这样"。

应该指出:一般说来,在生活言语中语调远比语词更具有借喻性,在语调中仿佛还活跃着古老神话创造的灵魂。语调这样发出,仿佛世界在说话人的周围充溢着被鼓舞的力量:它在威胁、愤怒,或爱和抚慰着未被激活的客体和现象,同时,口语的日常借喻在大部分情况下走味,语词在语义上是不充分的和透明的。

紧密的种属关系把语调借喻与手势借喻联系在一起(要知道,话语本身在最初就是手势语言,是复杂的普遍形体动作的部分),而且我们在这里是广义地理解手势,这里也包括面部的表情。手势就像语调一样,需要周围人的共同支持:只有在社会同感的氛围内,自如和自信的手势才是可能的。从另一方面说,手势也像语调一样,淡忘情景,引入第三个参与者主人公。在手势中进攻或防御的、威胁或抚爱的萌芽还未显露出来。而且,同盟者或见证人的位置让给了观察者或听者。这个手势的"主人公"常常只是未被激活的事物、现象或某种生活的环境。常常在突然的恼怒下,我们用拳头威吓某人或直接愤恨地瞪着四周,我们也会认真地对一切事物微笑:对太阳、村庄、思想。

必须始终记住这样一点(心理学美学常常忘记这一点):语调和手势就自身倾向而言是积极的和客观的。它们不只是表达说话人消极的精神状态,而且其中经常奠定对外部世界和社会环境生动的能动的态度,即对敌人、友人和同盟者的态度。人在发音和做手势时,就表明他对一定的价值持有积极的社会立场,而后者为他的社会存在的基础本身所决定的。正是语调和手势客观的社会学的、而非主观的心理学的这个方面,应该引起相关艺术的理论家的注意,因为其中也包容了创造和组织这些现象的艺术形式的审美创造力量。

于是，一切语调都面向两个方向：针对作为同盟者或见证人的听者和针对作为第三个生动的参与者的表述客体，语调骂它、抚爱、轻视或推崇它。这个双重的社会指向，确定和领会语调的一切方面。但是，这对于话语表述的其他成分而言也是公正的：在说话人双重指向的同一过程中，所有这些成分组织起来和全面形成起来，只有在作为最敏感的灵活的和自由的话语成分的语调之上，这个社会的根源才最容易被发现。

因此，（我们现在已经有权谈这个）任何现实的已说出的话语（或者有意写就的词语）而不是在辞典中沉睡的词汇，都是说者（作者）、听众（读者）和被议论者或事件（主角）这三者社会的相互作用的表现和产物。话语是一种社会事件，它不满足于充当某个抽象的语言学的因素，也不可能是孤立地从说话者的主观意识中引出的心理因素。因此，形式语言学的角度和心理学的角度同样偏离靶心：话语具体的、社会学的本质，使话语变为真理或谎言，低下的或高尚的、需要的或不需要的那个本质，从这两个角度来说，都是不可理解或不易理解的。当然，话语的这个"社会灵魂"也让它具有了艺术的意义，美的或丑的。的确，在从属基本的和更具体的社会学观点的同时，这两种抽象的观点，即语言学的和心理学的观点，仍然保持着自己的意义。它们的合作甚至完全是必需的，而它们本身若孤立起来就是僵死的。

具体的表述（而非语言学的抽象）是在话语参与者的社会相互作用过程中产生、存活和消亡的。它的意义及其形式基本上决定于这个相互作用的形式和性质。若把表述与滋养它的现实土壤割裂开来，我们就失去了理解其形式和含义的钥匙，在我们手中剩下的或是抽象的语言学的外壳，或是同样抽象的含义图解（即旧文学理论家和文学史家的有名的"作品的思想"）。两种抽象相互之间并不联结在一起，因为对它们而言没有生动综合的具体土壤。

现在，只剩下我们对生活表述的简要分析和对我们在其中发现的那些艺术潜能、未来形式和内容的萌芽做个总结。

　　表述的生活含义和意义(无论它们怎样)都与表述的纯词汇构成不相符合。说出的话语都蕴含着言外之意。对话语(同意或反对)的那些被称为"理解"和"评价"的东西,总是在词语之外还包含着生活的情景。因此,生活不是从外部对表述发生作用:生活渗透在表述内部,代表着说话者周围的统一存在和生长于这个存在中的共同的社会评价,离开这些评价,对表述的任何理解都是不可能的。语调存在于生活和表述言词部分的边界上,它好像使话语的生活氛围的热情发生倾斜,它赋予一切语言学的固定范式以生动的历史运动和一次性。最后,表述语自身反映着说话者、听众和主人公的社会的相互作用,正是在他们生动交往的词语材料上形成了产品并使之固定化。

　　话语仿佛是某个事件的"剧本"。话语完整含义的生动理解应该是"复现"说话者相互关系的这个事件,仿佛重新"表演"这个事件,而且理解者在此扮演听众的角色。但是为了扮演这个角色,应该清楚地理解其他参与者的立场。

　　当然,就语言学的观点而言,既不存在这个事件也不存在这个事件的参与者。语言学只与抽象的、纯净的词语及抽象的成分(语音的、词法的等等)打交道;因此,话语的完整含义及其意识形态价值,认识的、政治的、美学的价值,对于这个观点而言都行不通。正如不可能有语言学的逻辑或语言学的政治一样,也不可能有语言学的诗学。

五

　　艺术的语言表述即业已完成的诗歌作品,与生活话语究竟有何不同呢?

　　初始观之,十分清楚,话语在此不像也不可能像在生活中那样直接取决于非语言语境的所有成分、所有可见的可知的东西。艺术作品不可能依靠事物和身边的事件，就像依靠某种不言而喻的东西，甚至不将其中的任何暗示引入表述的词语部分。当然，从这方面对文学中的言语提出了更多的要求：生活中许多东西留在话语之外，现在它们应该寻找词语的代表。从指物的语用学观点来说，在艺术作品中不应该有未尽之意。

由此能否得出这样的结论：在文学中说话者、听众和主人公首次聚合，相互一无所知，缺乏共同视野，因此也就无所依托和无所暗示？某些人的确倾向于这样认为。

实际上艺术作品与未表述的生活语境紧密交织。如果作者、听众和主人公确实是作为抽象的人们第一次相聚，不具有任何统一的视野，并且只是从辞典中选用词语，那么未必就能产生散文式的作品，更遑论诗歌作品了。科学以众所周知的程度正在接近这个界限，科学的定义具有所指的最大值；十分清楚，没有所指，科学就无法进行下去。

在文学中所指评价的作用特别重要。可以说，艺术作品是未表述的社会评价的强大的电容器：艺术作品的每种话语都充满着这些评价。就是这些社会评价构成了有如其自身直接表现的艺术形式。

评价首先决定于作者对词语的选择和听众对这个选择的感觉（共同选择）。须知，诗人并非从辞典中选择词汇，而是从生活语境中选择，这些词汇在生活语境中形成和充溢评价。因此，诗人选择与这些词汇相关的评价，同时也从这些评价体现者的观点出发进行选择。可以说，诗人始终在与听众的同情和反感、赞同和反对打交道。同时由于对表述的客体——主人公的态度，所以评价又是积极的。形容词和隐喻的一般选择已经是积极的评价行为，它指向这两个方向：听众和主人公。听众和主人公是创作事件经常的参与者，创作是听众和主人公之间分秒不停的生动的交往事件。

如果能够将形式的每一成分作为在这两个方面（对听众和话语客体即主人公）积极表达评价的手段解释清楚，那么社会学诗学的任务也就解决了①。但是，要完成这样的任务现在资料还太少，只可能尝试在这方面初步地摸索出途径。

现代的形式主义美学将艺术形式确定为材料形式。由于一贯遵循这个观点，结果忽视了内容，在艺术作品中没有了内容的位置；在最好的情况下也只是材料的成分，因此仅仅间接地组成了对材料有着直接关系的艺术形式②。

由于这样的理解，形式失去了自己积极的评价性质，并仅仅成为在接受过程中完全消极的愉快感觉唤起者。

形式当然要借助材料来实现并固定在材料中，但是，在其意义上形式往往超越自己的界限。形式的意义和含义不是针对材料，而是针对内容的。因此可以说，雕像的形式不是大理石的形式，而是人体的形式，而这个形式将人的造型"主人公化"或是"亲切化"，或是可能"贬低"它（在造型上的讽刺风格）。换言之，表达了对造型物的评价。

但是，在诗歌中这个形式的价值意义特别明显。节奏和其他形式成分表达着对被描绘者的积极态度：形式在赞颂、悲悼或嘲弄它。

心理学美学把这个叫作形式的"表情因素"。对我们来说，这里重要的不是事物的心理学方面，重要的也不是究竟是哪些心理力量参与了创作和形式的共同创造性的接受。重要的是这些感受的意义，它们的积极性，它们对内容的目的性。借助艺术形式，创作者对内容持有某种积极的立场。形式本身不应该是对内容令人信服的评价。所以，敌人的形式也可能是难看的，最终可能得到肯定下来，观赏者的满足是下面这个活动的结果：这是敌人应有的形式，但它借材料之助，在技术上完全实现了。在以下这两个方面形式也应该得到研究：在对作为意识形态评价内容的态度上，在对作为技术实现这个评价材料的态度上。

由形式表达的意识形态评价，绝不应该转为某种劝谕的、道德的、

---

① 我们在这里暂时撇开形式的技术问题，稍后我们将谈及这些问题。——作者
② 这是日尔蒙斯基的观点。——作者

政治的或其他论断的内容。评价应该留在节奏中，修饰语的、隐喻的价值运动本身中，留在被描绘事件的展示顺序中；评价只能由材料的形式手段来实现。但是，形式在未转为内容时，它也不应丧失与内容的联系和关系，否则，形式就会变成失去任何现实艺术含义的技术试验。

　　早为古典和新古典诗学确定风格的一般定义，大体上将风格分为"高级的"和"低级的"，这种区分也就正确地提出了艺术形式的这个积极的评价本质。形式的结构，的确是有等级的。在这个方面它接近政治的和法律的序列。与它们相类似，形式在艺术的形成的内容中，创造了等级的相互关系系统：系统的每一成分，例如，修饰语和隐喻，或者将被定义者提升到最高级，或者平抑它。主人公或事件的选择从一开始就确定了形式高度的一般等级和这种或那种形成手法的可能性，并且风格相同性的这个基本要求指的是形式和内容的评价等级的相同性：它们应该是相互适应的。内容的选择和形式的选择是同一行为，它确定了创作者的基本立场，同样的社会评价也就表现在这个行为中。

六

　　当然，社会学的分析可以仅仅从纯文学的、语言学的作品组成出发，但是，它不应该也不可能封闭在作品的范围内，就像语言学诗学所做的那样。要知道，在阅读时，连诗歌作品的艺术直觉都基于字母（换言之，写就的或刊印的视觉形象），但是，在欣赏的下一个时刻，这个视觉形象就淡化了并几乎被话语的其他成分如发音、声音形象、语调、意义消解了，而这些成分接下来将我们常常引向话语之外。于是，可以说，作品纯语言学的成分对待艺术整体，就像字母对待整个词语一样。因而，在诗歌中词语就是事件的"剧本"——权威的艺术欣赏决定这个剧本，同时敏感地在话语及其组织的形式中，猜测作者与其描绘世界的那些生动的独特的相互关系,并以第三个参与者——听众的身份进入这些关系。在语言学分析仅看到词汇和它们抽象成分之间相互关系(语音的、形态的、句法的等等)的地方,生动的艺术感知和具体的社会学分析则揭示着只反映和固定在语言材料上的人们之间的关系。话语就是在创作感知过程,从而也仅仅在生动的社会交往过程中形成,长满活生生血肉的骨骼。

接下来,我们尝试用简明和预设的形式画出在艺术事件参与者相互关系中的三种重要的成分,它们决定着作为社会现象的诗歌风格的基本的、粗略的线路。当然,这些成分的细致划分无论怎样,在本文的范围内都是不可能的。

我们始终是在艺术事件的内部来把握作者、主人公和听众的,只要他们进入艺术作品接受本身,他们就是这个接受的必要组成部分。这是决定形式和风格生动的力量,这种力量能够被权威的观赏者完全清晰地感觉到。文学史家和社会史家能够提供给作者及其主人公的所有那些定义,如作者的生平、对主人公的更准确的年谱的和社会学的研究等等,在这里当然被排除了:他们并不直接进入作品的结构,而留在作品之外。我们同样只讨论作者本人所设想的听众,即作品所面向的听众,是他内在地决定了作品的结构。但是,绝不是讨论那实际的听众,即实际上的该作家的读者群。

决定形式的首要内容因素是被描绘事件的价值等级及其载体主人公(他被指出或未被指出),在创作者和观赏者等级严格的相互关系中被把握。在这里就像在法律和政治生活中一样,双方的关系具有地位:主人——仆人、统治者——臣民、同志——同志,等等。

因此,话语风格的基调首先由下列情况决定,即谈论的是何人,他与说话人的关系如何:他的地位高或低,还是与说话人的社会地位相同。沙皇、父亲、兄弟、仆人、同志。作为表述的主人公,也决定着表述的形式结构。而主人公的这个等级比重反过来,也由未言说的基本的与艺术表述紧密交织的价值语境所决定。正如在我们生活实例中"语调隐喻"确定了对话语客体的生动态度一样,艺术作品风格所有成分都渗透着作者对内容的评价态度,并表达着他的基本社会立场。我们再强调一遍,我们指的不是以作者的论断和结论的形式被引入作品内容本身的那种意识形态评价,而是更根本和更深刻的形式评价,这种形式表现在艺术材料的视觉和布局本身中。

某些语言,特别是日语具有丰富多样的专门修辞和语法形式的武库,它们的使用严格地取决于表述主人公的等级(对语言的礼节)①。

我们可以说,对于日本人而言尚是语法问题的那个东西对我们已经是风格问题了。英雄史诗、悲剧、颂诗等风格的最重要的成分正决定于话语对象对说话人的这个等级地位。

不应该认为,现代文学取消了创作者和主人公的这个等级的相互确定关系:这一关系变得更复杂了,它反映它同时代的社会政治等级不像古典主义那样清晰。但是,风格变化的原则本身,取决于表述主人公社会价值变化的这一点当然依旧有力。因为诗人憎恨的不是个人的敌人,他也不以个人朋友的形式去爱和抚慰,他高兴和悲伤的不是自己和生活的那些事件。如果诗人还要从自己和生活的命运中引出自己的激情,他就应该把这种激情社会化,自然而然,还要将与之相关的事件深化到社会意义的程度上。

以主人公和作者相互关系来确定风格的次要因素是他们相互接近的程度。这个方面在所有语言中都具有语法表达:第一、第二和第三人称及取决于谁是主体的惯用语变化的结构("我""你"或"他")。关于第三人称议论的形式、对第二人称呼语的形式、表述自我的形式(和这些形式的变种),已经具有语法的差异。所以,在这里语言结构本身反映着说话人相互关系的事件。

在某些语言中纯语法的形式还能够更灵活地传达说话人社会相互关系的细微差别和他们的不同亲近程度。从这方面说,在某些语言中复数的形式很有意思:所谓"包容的"和"除外的"形式(包括式或不

---

① 参见霍夫曼的《日本·语言学》,第75页。——作者

包括式)。例如,如果说话人在使用"我们"时,也指听者,将他包括在评价主体内,他用的是一种形式。如果他指的是自己和另一个人("我们"的意思指的是"我"和"他"),那么,他使用的已是另一种形式。在澳大利亚某些语言中重数的使用就是这样。比如,两种特殊的形式都为三重数存在:一种形式意味着"我、你、他",另一种形式也意味着"我、他、他"("你"——听众——被排除了)①。

在欧洲的一些语言中说话人之间与之相类似的这些关系没有特别的语法表现。这些语言的性质更抽象并且不经这样的程度也能以自身的语法结构反映表述语的情景。但是这些相互关系也无可比拟地、更精微地和有区别地表现在表述的风格和语调上:创作的社会情景以纯艺术手法的方式全面地反映在作品中。

因此,艺术作品的形式在许多方面决定于作者如何感受成为表述中组成中心的主人公本人。客观叙述的形式,呼语的形式(祈祷、颂歌、某些抒情形式),自我表述形式(忏悔、自传),抒情独白形式——爱情表达的最重要的形式,正是由作者与主人公的接近程度所决定的。

我们指出的这两种因素,主人公的等级价值和他与作者的接近程度,如果是独立的和孤立的,还不足以确定艺术形式。原因在于第三个参与者听众始终参与了游戏,听众也改变着其他两者的相互关系(作者和主人公)。

须知,作者和主人公的相互关系从来不是两者现实的亲密的相互关系:形式始终在考虑第三者——听众,后者对于作品的所有成分也给予最本质的影响。

听众在哪个方面决定艺术表述的风格呢?在这里我们应该区分两个基本的因素:首先是听众对作者的接近,其次是听众对主人公的态度。对于美学而言,没有任何因素比忽视听众的独立自主的作用更粗暴无礼的了。现在存在着一种流行的见解:除了技术以外应该把听

---

① 参见马特乌斯的《维多利亚的土著语言》。——作者

众看作是平等的作者,有权威性的听众的立场应是作者立场的直接再现。实际上并非如此。其实可以提出相反的结论:听众从来不等于作者。听众在艺术创作事件中具有自己不可替代的位置;同时,在此事件中他应该占据特殊的双重的立场,即面向作者又面向主人公,这个立场也决定着表述的风格。

作者如何感受自己的听众呢?在生活表述的举例中我们见过,听众预设的赞同或反对在何种程度上决定着语调。同样道理,预设的形式的所有成分也是正确的和相对的。形象地说,听众作为作者的同盟者通常与作者站在一起;但是,这种安排听众的古典式的现象并非总是有其地位的。

有时,听众开始与话语的主人公接近。这种现象最明显和典型的表现就是将主人公和听众置于同一平面的政论的风格。讽刺也可以兼含听众,将他算作是被嘲笑的主人公的同类,而不是讽刺作者的近邻:这仿佛如内含的①、包容性的嘲笑形式,它与排他的形式差别很大。在排他式的形式中听众与讽刺作者站在一起。在浪漫主义的文学中可以看到这种有趣的现象。在这类作品中作者仿佛与主人公签订了反听从的联盟(弗·施莱格尔的《路清德》,在俄国文学中多少有一些,如《当代英雄》)。

作者以忏悔录和自传形式对听众的感受,分析起来是独特的和有趣的。感情的所有转换,从面对听众正如面对公认的法官谦恭的虔诚到对他轻蔑的怀疑和敌视,都可以决定忏悔录和作家自传的风格。在陀思妥耶夫斯基的创作中,可以找到图解这个原则的特别有趣的材料。伊鲍里特札记式的忏悔风格,在陀思妥耶夫斯基的《白痴》中几乎由对倾听这个死前忏悔的所有人的最大鄙视和敌视所决定。有所弱化的那些音调也决定着《地下室手记》的风格,更多地信任和承认听众的权利揭示了"斯塔夫罗金的忏悔录"风格,虽然,在这里常常爆发出几乎是对听众的憎恨,由此造成了对风格的急剧转换。癫狂作为表述

---

① 即"咱们"之意。——译者

的特殊形式的确处于艺术的边界,它首先是由说话人和听众特殊复杂的、纷乱的矛盾决定的。

抒情诗的形式对于确立听众的问题特别敏感。抒情诗语调的基本条件是确信听众的同情。只要怀疑渗透进抒情意境,抒情的风格就会急剧变化。与听众的这个冲突在所谓的"抒情讽刺诗歌"中得到鲜明的表现(如海涅,在新诗中有拉弗尔格、安年斯基等)。讽刺的形式一般由社会冲突决定:被体现的这两种评价在同一声音中的相遇及其干涉和间断。

在现代美学中提出了一种特殊的所谓悲剧的"法学的"理论,其本质在于尝试把悲剧的结构理解成司法程序的结构①。

主人公与合唱队的相互关系为一方,听众的普遍立场为另一方,确实在一定程度上得到了法律的阐释。但是,当然,事情可以进行类比。悲剧及全部艺术作品与司法程序本质的共性仅仅归结为存在"几个方面",换言之,几个持不同立场的参与者。在诗学用语中如此流行的诗人定义如"法官""告发者""见证人""辩护人"或"杀手"("抨击讽刺"的用语——朱文纳尔、巴尔耶、涅克拉索夫等)和主人公与听众的相应定义以类比的形式揭示了诗歌相同的社会基础。无论如何,主人公和听众在那里也不会融合成某种漠不关心的统一体,而是持有独自的立场;他们的确是"控辩双方",但是,不是司法程序的,而是具有特别社会结构的艺术事件的各方,这一事件的"记录"也就是艺术作品。

在这里再一次强调以下这一点并非多余:我们始终谈论的是听众,即从内部决定作品形式的艺术事件的内在的参与者。这个听众与作者和主人公一样是作品内部的必然成分,并且绝不与在作品之外的所谓的"观众"相混淆。可以有意识地考虑他们的艺术需求和趣味。这种有意识的考虑在艺术形式生动的创造过程中并不能直接和深刻地决定艺术的形式。而且,如果公众的这个有意识的考虑在诗人的创作中占据了重要地位,那么,创造不可避免地会失去自己艺术的纯洁

---

① 在赫尔曼·柯亨的《纯粹感受的美学》中,这种观点得到了最有趣的发展。——作者

性并退化为低级的社会计划。这个外部的考虑说明，诗人丧失了自己内在的听众，脱离了那个社会整体。而这个整体除了所有抽象的考虑之外，能够从内部决定诗人艺术表述的评价和艺术形式。须知，这个艺术形式是这些本质的社会评价的表现。诗人越是脱离自己的集团和社会统一体，他就越倾向从外部来考虑既定的听众的需求。只有异于诗人的社会集团，才能够从外部决定他的创作。自己的集团不需要这种处境决定：它需要诗人本人的声音，即他的基本音调、语调，不管诗人本人想到这点也罢或没有想到这点也罢。

　　诗人掌握词语并学会在其整个生涯中与自己的周围环境全方位的交往过程中赋予词语以语调。诗人在内部言语中就已经开始使用这些词汇和语调。他甚至在未言说时就借助内部言语思考和了解自我。认为自己可以掌握外部言语，掌握与自己内部言语相悖的外部言语，认为使用全部内在的语言手法，就可以了解自己与世界，那是再天真不过的事。如果可以凭借某种生活机遇建立这种话语方式，那么被割断所有滋养其源泉的这种话语方式将失去任何艺术的创造性。诗人的风格不是在臣服于监督他的内部言语风格中产生，后者是他的全部社会生活的产物。"风格即人"，但是，我们可以说：这至少有两个人，更准确地说，是人和以其权威代表为体现的社会集团即听众，即人的内部言语和外部言语的经常参与者。

　　原因在于，无论怎样清晰的意识行为，如果缺乏内部言语，缺乏词语和语调即评价，都是行不通的。由此可见，意识行为已经是社会行为、交往行为，甚至最隐秘的自我意识也是考虑他人观点将自我译成普通语言的一种尝试。它自然而然地要考虑确定可能的听众。这个听众只可能是意识者所属的社会集团评价的载体。在这个方面既然我们不是抽象地思考意识的内容，那么意识就已经不再只是心理的，而首先是意识形态现象，是社会交往的产物。我们所有意识行为的这个经常的共同参与者，不仅仅决定着意识的内容，而且也决定着选择什么内容（这一点对于我们来说是最主要的），决定着选择我们正在思考的东西，因此也决定着渗透于意识之中、心理学称之为意识的"情调"的那些评价。决定艺术形式的听众正从我们所有意识行为的经常参与者中产生。

没有比以下行为更荒谬的了，即把语言创作的这个精致的社会结构，想象成与"考虑书籍市场行情"的资产阶级出版家故意的、厚颜无耻的投机相类似的东西，并在描绘作品内在结构时采用类似"询价和报价"的范畴。呜呼，许多"社会学家"倾向于把诗人的社会服务与红火的出版商相提并论。

当然，在资本主义经济条件下，书籍市场"调节"着诗人，但是，这无论如何不能将作为艺术创作通常结构成分的听众的调节作用与前者等量齐观。对资本主义时代的文学史家而言，市场是十分重要的因素，但是，对于研究艺术基本的意识形态结构的理论诗学而言，这个外部因素是不需要的。即使在文学史上也不可将书籍市场和出版业的历史，与艺术史混为一谈。

七

我们所研究的决定表述艺术形式的所有成分是：(1)作为表述内容的主人公或事件的价值等级；(2)主人公与作者的接近程度；(3)听众及其与作者和主人公这两方面的相互关系。所有这些成分也是非艺术现实的社会力量对诗歌的附加观点。正是由于艺术自身的这种内在的社会结构，艺术创作才从各方面被生活的其他领域的社会影响所打开。其他意识形态的领域，特别是社会政治制度，最终还有经济，不是从外部，而是凭借诗歌的这些内部结构决定着诗歌。相反，听众和主人公的相互的艺术作用可以对社会交往的其他领域发挥自己的影响。

谁将是一定时代文学的典型主人公？作者对主人公的典型的形式定势将是什么样的？在整体的艺术创作中，主人公、作者与听众的相互关系又将怎样？关于这些问题的圆满和全面的解释,要求全面地分析时代的经济和意识形态的条件。

但是,这些具体的历史问题超越了理论诗学的范围。理论诗学还有另外一个重要任务。至今我们仅仅涉及确定对内容而言的形式的那些因素,换言之,这个形式体现着这个内容的社会评价,而且,我们确信,形式的每一成分是社会相互作用的产物。但是,我们指出过,形式也应该从另一方面去理解,因为,形式是借助一定材料来实现的。这就提出了与形式和技术相关联的一系列问题。

当然,这些技巧问题只可能抽象地从形式社会学问题中独立出来,因为要想把某种手法,例如针对内容并表达对内容的形式评价的借喻的艺术含义,与对这种手法的纯语言学的定义区分开来,实际上是不可能的(借喻贬低客体或将它抬高)。

借喻的非语言的意义,价值的重新组合及其语言学的外壳,亦即语义的变动——这些都只是对同一现实现象的不同观点。但是,第二种观点从属于第一种观点:为了重新确定价值,诗人才使用借喻,而不是为了语言学的练习。

所有的形式问题可以针对材料提出,在一定的场合,是对语言学所理解的语言提的。因此,技术分析将归结为这样一个问题:形式的社会艺术任务是以怎样的语言学的手段实现的？如果不了解这项任务,不预先阐明它的意义,技术分析就是盲目的。

形式的技术问题,当然超越了我们提出问题的范围。除此之外,解决这些问题要求无可比拟的更精微和更深刻的对作品的社会和艺术方面的分析,因而这里我们只能浮光掠影地指出这种分析的基本方向。

如果我们哪怕只是成功地展示了对诗歌形式内在的艺术结构采取社会学态度的可能性,我们就算完成了我们的任务。

吴晓都　译

马克思主义与语言哲学
——语言科学中的社会学方法基本问题

导 论

迄今还没有一部马克思主义的论著涉及语言哲学。而且在马克思主义论及别的相关问题的论著中也未专门和展开来谈语言①。十分清楚,实际上,此书是第一部,只能提出一些最简单的论题,不可能系统和彻底地进行马克思主义的分析,哪怕只分析一些语言哲学的基本问题。这样的分析只可能是长期的集体研究成果。我们应该把研究局限于不大的范围内,仅仅指出真正的马克思主义语言思维的基本倾向,以及这一思维在具体的语言学问题方面赖以依存的方法论的基本点。

---

① 唯一的一部涉及语言问题的马克思主义论著——是不久前出版的 И.普列津特的一本小册子《语言和思维的产生》(悬崖出版社,1928 年)——实际上,很少论及语言哲学。该书论述了语言和思维的起源,而且在这里语言根本不是指作为一定的特殊的意识形态体系的语言,而只是反射学意义上的"符号"。语言,作为一种特殊现象,无论如何不可能归结为符号,所以 И.普列津特的语言研究根本没有触及语言。他的研究没有直接论及语言学和语言哲学的具体问题。

　　马克思主义的奠基人确定了意识形态在整个社会生活中的位置:意识形态即上层建筑,上层建筑与基础的关系等等。至于与意识形态创作材料有关的问题,以及与意识形态交际条件相关的问题,这些对于历史唯物主义一般理论来说是第二层次的问题,还尚未得出具体的和最终的解答。——作者我们的任务特别复杂,因为在马克思主义的文献中还没有最终的和公认的对各种意识形态现象的特殊活动的定义。在大多数情况下,它们被理解为意识现象,也就是心理现象。这种理解极大地阻碍了对意识形态现象特点的正确认识。这些特点绝对不能归结为主观意识和心理的特点。所以语言作为意识形态创作的一种特殊物质活动,它的作用还未给予足够的评价。

关于这一点,需要补充的是,在马克思和恩格斯这些奠基人还完全没有或较少涉足的所有的那些领域里,机械论的范畴根深蒂固。所有这些领域基本上还处在前辩证机械唯物主义阶段。这一表现在于,在论意识形态的科学的所有领域里至今还是机械论的因果范畴占统治地位。与此同时,还未根除经验论的实证主义概念,还未根除对非辩证理解的"事实"的崇拜,相反却似乎还很稳固①。马克思主义的哲学精神还几乎未渗入到这些领域。

由于上述原因,在语言哲学领域里,我们没有任何可能去依据在关于意识形态的其他科学的领域里已完全确定的任何成就。即使是文艺学,这一由普列汉诺夫深入探讨过的这些科学的领域,也几乎不能够为我们的论题提供任何东西②。

在本书的第一编里,我们将努力确定马克思主义语言哲学问题在整个马克思主义中的意义,正如我们已经说过的那样,它还远远没有得到充分的评价。其实,语言哲学问题涉及马克思主义宇宙观以及我们的舆论界广泛关心的一系列最重要的方面③。

就此,必须补充,最近,无论在西欧,还是在我们苏联④,语言哲学

---

① 实证主义其实是把一些基本范畴和实体性思维习惯从"本质""思想""一般"的领域转换成一些个别事实。——作者
② 当然,除了一般的马克思主义的知识以外,还要求读者熟悉一些语言学的基础知识。——作者
③ 文艺学问题、心理学问题。——作者
④ 可是,绝不是指马克思主义范围内。我们是指由"形式主义者"唤起的对词语的兴趣,以及出现了Г.施佩特的几部书(《美学散论》《词语的内在形式》),最终洛谢夫的书(《名称哲学》)。——作者

问题都具有特殊的尖锐性和原则性。可以说，当代资产阶级哲学在话语的标志下，正在兴起，而且这一新的西方哲学思潮才刚刚开始。围绕着"话语"及其系统的位置，进行着激烈的斗争，类似的斗争也只有在实在论、唯名论和概念论的中世纪之争中才能找到。确实，这些中世纪的哲学流派在很大程度上，在现象学者的实在论和新康德主义者的概念论中得到复活。

在语言学本身，由科学问题提出的任何一种原则性在经过了实证主义的惊恐之后，在最新实证主义对待宇宙观所有问题的独特敌意之后，掀起了一股重新认识一般哲学前提及其与其他认识领域联系的热潮。与此相关，产生了语言学正经历着的，无法满足这一切问题的危机感。

指明语言哲学问题在整个马克思主义宇宙观中的位置——这正是第一编的任务。因此，第一编里将不进行任何论证，并且不就所提出的问题下任何的结论，因为我们在第一编中的兴趣主要不在于现象之间的联系，而在于问题之间的联系。

第二编将努力解决语言哲学的基本问题，语言现象的现实性问题。这一问题是新时代一切最重要的语言哲学思想问题的中心。诸如语言的形成问题、言语的互相作用问题、理解问题、意义问题等都是以它为中心的。当然，解决问题本身时，我们能够发现的仅仅是一些基本途径。一系列问题还只是刚刚触及，阐述中指出的一系列线索还没有深入研究到底。然而，在这部分中又不可能有别的办法，这里大概首先只能从马克思主义的立场对这些问题加以初步探讨。

本书的最后一编就是具体研究众多的句法问题中的一个。我们整个研究的基本思想是使表述（высказывание）的构词功能作用和社会本质具体化：必须指明其意义不仅仅在于一般世界观和语言哲学的原则问题方面，而且还在于一些具体的、最具体的语言学问题上。要知道，如果思想可靠且有效，那么这一有效性应该彻底反映出来。所以第三部分标题本身——他人表述（чужое высказывание）问题——

具有重大意义,其意义已远远超出了句法的范围。要知道,一系列最重要的文学现象——人物言语(речь героя)(一般人物构造)、故事体、仿格体、讽拟性仿格体——都只是"他人言语"(чужая речь)的不同折射。理解这一话语及导致它的社会规律性,是有效地全面研究我们列举的文学现象的必要条件①。

除此之外,在俄语语言学文献中,第三编的问题本身还从未研究过。例如,在俄语中非本人直接引语②(несобственная прямая речь)的现象(在普希金那里已有),任何人都还没有指出和描述过。直接和间接引语的最多样化变体还根本没有研究过。

所以,我们的研究将从一般和抽象到个别和具体:我们从一般的哲学问题转向一般的语言学问题,而由一般的语言学问题转向更专门化的问题,即存在于语法学(句法学)与修辞学之间的问题。

---

① 众所周知,目前正是这些现象吸引着文艺学家们的注意。当然,为了充分理解我们列举的所有这些现象,必须还要运用别的观点。可是不分析他人话语的转换形式,任何有效的研究在这里都是不可能的。——作者
② 本书后面也译作"准直接言语"。——译者

第一编　语言哲学问题对于马克思主义的意义

第一章　意识形态科学与语言哲学

意识形态的符号问题。意识形态的符号与意识。话语是作为一个独特的意识形态的符号。话语的意识形态中的普遍适用性。作为内部符号话语的性能。小结。

语言哲学问题对于马克思主义来说,目前具有特殊的迫切性和重要性。在一系列科学工作的最重要的战斗领域,马克思主义方法遇到的正是这些问题,不对它们进行单独和深入的研究,就不可能进行进一步有效的进军。

首先,马克思主义关于意识形态创作科学的最根本的基础是科学研究、文艺学、宗教学、伦理学等,它们都最密切地与语言哲学问题交织在一起。

任何一个意识形态产品不只是作为现实的一个部分(自然的和社会的)的一个物体、一个生产工具或消费品,而且,除此以外,与上述现象不同,还反映和折射着另外一个在它之外存在着的现实。一切意识形态的东西都有意义:它代表、表现、替代着在它之外存在着的某个东西,也就是说,它是一个符号(знак)。哪里没有符号,哪里就没有意识形态。比如,一个物体正好就是它自身——它并不意味着什么,完全与自己的单个属性相一致。这里就没有必要谈论意识形态。

然而,任何一个物体都可以作为某个东西的形象被接受,比方说,作为这一单个事物的一种自然的稳定性和必然性的体现。这一物体此时的艺术象征形象就已是一个意识形态产品。物体转换成了符号。显然,这一物体已不再是物质现实的一部分,它反映和折射着另外一个现实。

任何一个生产工具也都是这样。生产工具本身并没有意义。它只有一个确定的任务:为这种或那种生产目的服务。工具作为一个物体服务于这一目的,什么也不反映,也不替代。然而,生产工具也可能转换成意识形态的符号。比如,我们国徽里的镰刀和锤子:这里它们有的已是纯意识形态意义。原始人工具上装点着的图画和装饰物也就是这样,即装点着符号。当然,当时工具本身并不是符号。

可以再赋予生产工具以形式的艺术完善。同时这种艺术形式要受到整个工具的生产任务的限制。在这种情况下,产生出仿佛是符号和生产工具的最大限度的接近,几乎融合在一起。然而不管怎样,这里我们看到一条清楚的意义界线:工具无论如何不就是符号,而符号无论如何也不是生产工具。

消费品也可以成为意识形态的符号。比如,面包和酒是基督教圣餐仪式中的宗教象征符号。然而消费品无论如何绝不就是符号。消费品可以和工具一样,与意识形态的符号联系在一起,但这种联系并不能抹杀它们之间清楚的意义界线。例如,面包是以一定的形式烤制的,而这一形式绝不能只用面包的消费任务来证实,然而它却具有某种哪怕是粗糙的、符号的思想意义(例如,8字型或蔷薇型小面包)。

因此,与自然现象、技术对象以及消费品一起,存在着一个特别的世界——符号世界。

符号也是一些单个的物体,就正如我们看见的那样,任何一个自然、技术或消费的东西都可以成为符号,但是同时它又具有单个物体自身范围内的意义。符号不只是作为现实的一部分存在着的,而且还反映和折射着另外一个现实。所以,符号能够歪曲或证实这一现实,能够从一定的角度来接受它,等等。对待每个符号,都有各种意识形态评价标准(虚伪、真实、正确、公正、善良等)。意识形态领域与符号领域相一致。哪里有符号,哪里就有意识形态。符号的意义属于整个意识形态。

就在符号领域的内部,即意识形态领域的内部,存在着深刻的差异:要知道这里有艺术形象、宗教象征、科学公式、法律准则等。每个意识形态创作领域都在以自己的方式来面向现实,以自己的方式来折射现实。每一个领域在整个社会生活中都有自己特殊的功能。然而符号的特性是一般地确定所有意识形态现象。

任何意识形态的符号不仅是一种反映、一个现实的影子,而且还是这一现实本身的物质的一部分。任何一个符号思想现象都有某种物质形式:声音、物理材料、颜色、身体运动等。在这一方面符号的现实性完全是客观的,它只服从于一元论的客观的研究方法。符号是外部世界的现象。符号自身和由它产生的影响,也就是它在周围社会环境中产生出的那些反应、那些行为和那些新符号,是在外部经验中进行的。

这一情况非常重要。无论它的构成如何,无论看起来多么理所当然,直到现在意识形态科学还没有作出一切相应的结论。

唯心主义的文化哲学和心理文化学把意识形态归入意识①。意识形态,他们肯定道,是意识的事实。符号的外部躯体,只是一个外壳,只是一种技术手段,用以实现内部效果——理解。

然而,无论是唯心主义还是心理主义都没注意到,理解本身也只有在某种符号材料中才能够实现(例如,在内部言语中)。符号与符号是相互对应的,意识本身可以实现自己,并且只有在符号体现的材料

---

① 应该指出,在当代新康德主义那里可以看到这方面的转变。我们是指卡西尔的新作 Philosophie der symbolischen Formen(《符号形式的哲学》),第 1 卷,1923 年。

　　卡西尔以意识为基础,认为代表的作用是意识的基本特征。意识的每一成分代表着某物,起着象征的作用。整体位于部分之中,而部分只有在整体中才能理解。在卡西尔看来,思想和物质一样,是可感的,可是这种可感性——是象征符号的可感性,它是起代表作用的。——作者

中成为现实的事实。这一点被忽视了。要知道,符号的理解是把这一要理解的符号归入已经熟悉的符号群中,换句话说,理解就是要用熟悉的符号来弄清新符号。这一连串由符号到符号再到新符号的理解和意识形态的创作,是一个整体且连续不断:所以,我们一般不停顿地从一个熟悉的符号物质环节,到另一个也熟悉的符号环节。任何地方都没有间断,任何地方这根链条都没陷入非物质的和非符号体现的内部存在中去。

这根意识形态的链条在单个意识之间伸展着,并把它们联系起来。要知道,符号只产生于众多单个意识之间的相互作用的过程之中。单个意识本身就充满着符号。意识,只有当它充满思想的、相应的符号内容,只有在社会的相互作用的过程之中,才能成为意识。

思想文化哲学和心理文化学,无论它们两者之间存在着多么深刻的方法论差异,都犯了一个同样的根本错误。它们把意识形态限制在意识之中,把意识形态科学变成意识及其规则的科学,反正都是些先验的或心理经验的规则。

无论是对所研究现实的根本歪曲,还是在一些知识领域和相互关系方面及方法论的混乱,都是由此产生出来的。意识形态创作——物质的和社会的事实——被硬塞入个人意识的框架。另一方面个人意识也失去了任何的现实基础。它要不就是一切,要不就什么也不是。

在唯心主义那里,它成了一切,定义它位于存在之上的某个地方。其实,这一宇宙的主宰在唯心主义那里,只不过是把意识形态创作的最一般形式和范畴之间的抽象联系看成是独立存在的。

相反,对于心理实证主义来说,意识并不意味着什么,它只是一些偶然的心理物理反应的综合,由于这些反应,意识形态的现象和整个意识形态的创作获得了某种成功。

意识形态创作的客观社会规律性,被错误地解释为个人意识的规律性,不可避免地必然会在存在中丧失现实位置,或是进入先验论的超在之顶峰,或是进到心理物理的生物学主体的前社会的底层里去。

然而，诸如此类，无论是从"之上"，还是从在前于人的动物的根源，都不可能解释意识形态创作。它在存在中的现实位置，则处于特别的社会的、由人创造的符号材料之中。它的特点就在于，它存在于众多有组织的个体之中，它是一种环境，是它们交际的 medium（媒介）。

符号只能够产生在个体之间的境域内，而且这一境域不是直接意义上的"自然的"①：在两个 homo sapiens（人）之间，符号也不会产生。必须使两个个体社会地组织起来，即组成集体：只有那时他们之间才会形成符号环境。个人意识在这里不仅不能说明什么，而且，相反，它自己却需要得到社会意识形态环境的解释。

个人意识是社会意识形态的事实。只要这一论点还没有被所有的对它研究的结果承认，那么无论是客观心理学，还是客观的意识形态科学都不可能建立起来。

正是意识问题造成主要的困难，并在无论是与心理学还是与意识形态科学相关的所有问题中制造出极大的混乱。最终意识成为一切哲学体系的 asylum ignorantiae（无法解释现象的避难所）。意识已变成所有无法解答问题和一切无法客观分解的残余物的仓库。意识的客观定义不再有人去寻找，意识被用来肢解一切稳定的客观定义，并使之主观化。

意识的客观界定只可能是社会学的，像天真的机械唯物主义和当代的（生物学的、行为论的、反射学的）客观心理学曾经努力和正在努力做的那样，直接从自然中引出意识是行不通的。像唯心主义和心理实证主义所做的那样，从意识中导出意识形态也是行不通的。意识是在由有组织的集体的社会交际过程而创造出来的符号材料中构成并实现的。个人意识依靠符号，产生于符号，自身反映出符号的逻辑和符号的规律性。意识的逻辑就是意识形态交际的逻辑、集体的符号相互作用的逻辑。如果我们剥夺意识的符号的意识形态内容，那么意识

---

① 当然，社会也是自然的一个部分，但只是独特的一个部分，它具有自己特殊的规律性。——作者

就什么也剩不下来了。意识只能够在形象、词语、有意义的姿势等处栖身。没有这一材料,剩下来的只是纯生理学的、未被意识奉为准则的行为,也就是未为符号奉为准则的、未为符号阐释的行为。

从我们所说的一切得出以下的一个方法论原则:意识形态科学无论如何不取决于心理学,并且不依赖于它。相反,正如我们将要在以下篇章中的一章里更清楚地看到的那样,客观心理学应该依靠意识形态科学。意识形态现象的现实是社会符号的客观现实。这一现实的规律就是符号交际的规律,该规律直接由总的各种社会经济规律所决定。意识形态现实是直接建立在经济基础之上的上层建筑。个人意识,不是意识形态上层建筑的构造者,而只是栖身于意识形态符号这座社会大厦里的住户。

我们预先把意识形态现象及其规律性与个人意识相隔绝,就可以更牢固地把它们与社会交际的环境和形式联系在一起。符号的现实完全由这一交际所决定。要知道,符号的存在不是别的,就是这一交际的物质化。所有的意识形态符号都是如此。

然而,这一符号的特性和交际的这种全方位的制约性,任何领域都不可能像语言那样,表现得那么清楚和充分。话语是一种独特的意识形态的现象。话语的整个现实完全消融于它的符号功能之中。话语里没有任何东西与这一功能无关,没有任何东西不是由它产生出来的。话语——是最纯粹和最巧妙的社会交际 medium(媒介)。

话语作为意识形态现象的已说过的这一典型性和代表性,它的符号结构的独特的清晰性,已足以使话语在意识形态科学中占据最重要的位置。符号交际的一些基本的一般意识形态形式正是在话语的材料中能最好地揭示出来。

然而这还不够。话语不只是最典型的和纯粹的符号,除此以外,话语还是普遍适应性的符号。所有的其他符号材料在意识形态创作的一些个别领域都被专门化了。每一个领域都具有自己的意识形态材料,形成自己的、在其他领域无法运用的专门化符号与象征。这里符号是由专门的意识形态作用创造的,并无法与它分离。而话语却是普遍适合于专门的意识形态功能的。它可以承担任何的意识形态功能:科学的、美学的、伦理的、宗教的。

除此之外,还存在着一个意识形态交际的庞大领域,它不属于任何时期的任何意识形态范畴。这就是生活的交际。这一交际内容特别丰富和重要。一方面,它直接与生产过程相连,另一方面,它联系着不同的固定的和专门化的意识形态范围。关于生活中的思想这一特殊的领域,我们将在下一章里详细论述。这里我们指出,话语主要是生活交际的材料。名为口头的言语及其形式正是属于这一领域,生活中的思想领域。

话语还拥有一个最重要的特点,这一特点使它成为个体意识的较为重要的 medium(媒介)。尽管话语就像任何一个符号那样,它的现实存在于众多的个体之间,但是同时话语产生于个体的各种手段之中,不需要无论是工具或者躯体以外的材料的帮助。这就确定了,话语已成为内部生活——意识的符号材料(内部言语)。要知道,意识之所以能够发展,就是具有了灵活的和物质表现的材料。这就是话语。如果可以这样说的话,话语可以是内部运用的符号;它能够像符号那样存在着,用不着在外部彻底表现出来。所以,作为内部的话语的(一般说来内部的符号的)个体意识问题是语言哲学的最重要问题之一。

一开始就已经清楚,凭借着对话语和语言的一般理解,即不是从社会学语言学和语言哲学的角度来研究,是不可能的。需要把话语当作一种社会符号来进行深入而又细致的分析,以便作为意识媒质那样来理解它的功能。

话语作为意识媒质的这一特殊作用决定着,话语作为必不可少的成分,伴随着整个一般意识形态创作。话语伴随和评论着任何一种意识形态行为。没有内部言语的参加,无论哪一种意识形态现象(绘画、音乐、仪式、行为)的理解过程都不会实现。一切意识形态创作的表现,一切其他的非话语符号都被言语因素包围着,处于这些因素之中,不可能完全与它们分离。

　　当然,这并不意味着,话语可以替代任何一个意识形态的符号。不,一切基本的、独特的意识形态的符号完全不能用话语来代替。原则上,用话语来等同地转达音乐作品和绘画形象是不行的。宗教仪式不可能完全用话语来替换;甚至对于最简单的生活动作来说,完全相等的话语替代也是不存在的。否认这一点,就会导致庸俗的唯理论与简单化。但是同时这一切无法用话语替代的意识形态的符号都依靠着话语,由话语伴随着,就如同唱歌的伴奏。

　　任何一个文化符号,只要它能被理解和思考,都不会是孤立的,而要进入话语所形成的意识统一体。意识能够找到通向它的某种途径。所以在每个意识形态的符号周围仿佛形成着一些话语反应的扩展着的圈。任何一种对形成着的存在的意识形态折射,无论凭借哪种意义材料,都伴随着话语的意识形态折射,就如同一种必然伴随着的现象。话语存在于任何的理解活动和解释活动之中。

　　我们所清楚的话语的所有特点——就是它的纯符号性、意识形态的普遍适应性、生活交际的参与性、成为内部话语的功能性以及最终作为任何一种意识形态行为的伴随现象的必然现存性——所有这一切使得话语成为意识形态科学的基本研究客体。首先应该依据话语的材料,研究存在于符号和意识中的意识形态的折射规律及其各种形式和结构。要把马克思主义的社会学方法运用于研究各种"内在"意识形态结构的所有深层,只能够依靠马克思主义本身探讨的作为意识形态的符号哲学的语言哲学。

第二章　基础与上层建筑的关系问题

　　意识形态科学中机械因果范畴的不可能性。社会的形成与话语的形成。社会心理学的符号表示。言语的生活体裁问题。社会交际

形式和符号形式。符号话题。阶级斗争和符号辩证法。结论。

基础与上层建筑的关系问题,是马克思主义的基本问题之一,在一系列最重要的方面它紧密地与语言哲学问题联系在一起,并且能够从解答或者哪怕是对这些问题做广泛而深入的解释中得到许多。

当提出基础是怎样决定上层建筑的问题时,回答总是准确,但太笼统,因而有许多含义:因果关系(互为因果)。

如果在因果关系条件下来理解机械的因果关系,就像持自然科学思维的实证主义代表们至今对它理解和定义的那样,那么这种回答对于辩证唯物主义的最本质基础来说根本上是虚伪的和相抵触的。

机械因果关系范畴的运用领域是非常有限的,即便在自然知识本身,它随着辩证法对其基础的拓展和深化,也在越来越缩小。至于涉及历史唯物主义的一些基本问题和整个意识形态科学,根本不可能谈及运用这里的这一消极范畴。

确定基础与孤立的、脱离整个统一意识形态环境的现象之间的联系,是没有任何的认识价值的。必须首先确定这一意识形态在相应的意识形态环境中变化的意义。考虑到任何意识形态领域都是一个整体,这一整体的所有部分都反映着基础的变化,所以解释应该保存各个相互作用领域的所有本质的差异,并且探寻一切产生变化的各个阶段。只有在这种条件下,通过分析得到的才不是两种偶然的和不同背景的现象的表面对应,而是社会的真正辩证形成过程,这一过程来自基础并完成于上层建筑。

只要忽视符号意识形态材料的独特性,意识形态现象就会被简单化,对它考虑和解释的,或者只是理性的内容因素(例如任何一个艺术形象的认识意义:罗亭是一个"多余人"),而这一因素与基础相对应(例如,贵族的瓦解,由此产生出文学中的"多余人");或者相反,只区分出意识形态现象的外部技术因素(例如,建筑设施的构建技术或者色彩的化学技术),而这一因素直接来源于生产的技术水平。

这种或那种由基础引出思想观点的途径都一样绕开了意识形态现象的实质。如果所形成的对应是可靠的，如果"多余人"出现在文学中真的是与贵族经济的动摇有关，那么这里，首先，绝不应该是相应的经济震荡机械式因果关系地在长篇小说中产生出"多余人"，其次，如果不说清"多余人"在小说艺术结构中的独特作用，不说清小说在整个社会生活中的独特作用，这一对应本身就没有任何认识价值。

显而易见，在国民经济的变革之间，在小说中出现"多余人"之间，有一条漫长的道路。这条道路经过一系列本质上不同的范围，每一个范围都拥有自己的独特的规律性和特点。显然，"多余人"出现在小说中，不是不取决于小说的其他因素，不是与它们没有任何联系；相反，整部小说是作为一个整体，一个具有自己独特规则的有机整体，而被重新构造的。小说的一切其他因素也相应地被重新构造——它的结构、风格等。然而小说的这一有机重构的完成也与整个文学中的变化密切相关。

基础与上层建筑相互关系的问题特别复杂，并且为了富有成效的研究需要大量现成的材料——在很大程度上这一问题能够被说清，正是凭借词语的材料。

要知道，我们所感兴趣的这一问题的实质在于，真正的存在（基础）是如何决定着符号的，符号又是怎样反映和折射着形成中的存在的。

在上一章里，我们研究过话语作为一种意识形态符号的特点，这就使得它成为原则上弄清整个问题的最合适的材料。与其说是话语的纯符号性在这一关系中重要，倒不如说是它的无所不在的社会性更重要。要知道，话语只有在人们的一切相互影响、相互交往中真正起作用：劳动协作、意识形态的交流、偶尔的生活交往、相互的政治关系等等。在话语里实现着浸透了社会交际的所有方面的无数意识形态的联系。显而易见，话语将是最敏感的社会变化的标志，包括那些变化还只是在逐渐成熟起来，它们还尚未完全形成，还没有探寻达到已形成的意识形态体系的领域。话语是一种媒介物，在那里慢慢地在数量上积累着一些变化，这些变化还没达到新的意识形态的本质，还没产生新的最终的意识形态的形式。话语能够记录下社会变化的一切转折的最微妙和短暂的阶段。

所谓社会的心理，按照普列汉诺夫和大多数马克思主义者的理论，是一个社会政治结构和狭义的意识形态（科学、艺术等）之间的过渡环节，它在现实和物质上都被作为是一种话语的相互作用。社会心理要被排斥在言语（一般符号的）交际和相互作用的这一现实过程之外，就仿佛成了形而上学的或神话的概念（"集体心灵"或"集体的内部心理""民族精神"等）。

社会心理的提出并不是由于某个内部（个体交往的"心灵"里），而是由于整个外部：话语、动作、事业。在社会心理之中没有任何不可表现的内部东西，一切都存在于外部、交际、材料之中，首先是词语的材料之中。

生产关系和由它直接决定的社会政治结构决定着人们一切可能的话语交往，决定着他们话语交际的一切形式和方式：在工作中、在政治生活中、在意识形态的创作中。言语交际的条件、形式和类型独特地决定着无论是言语的活动的形式，还是主题。

社会心理，这首先是各种言语的现象，它从各个方面环绕着所有稳定的意识形态创作的形式和样子：场外交谈，在剧院、音乐会、各种社会集会中的意见交换，简单的偶尔交谈，对生活和平常行为的话语反应方式，自我意识的内部话语方式，自己的社会状况，等等。社会心理主要形成于各种各样的"表述"形式、小型言语体裁形式之中，这些体裁有内部的和外部的，至今尚未被彻底研究。所有这些言语行为，当然，与另一种类型的符号表现和相互作用联系在一起：面部表情、指手画脚、假定性行为等。

言语相互作用的所有这些形式特别紧密地与所处的社会环境条件联系在一起，并且特别敏感地反映着社会氛围的一切动荡。就这样,在这一话语的物质化的社会心理深处,聚积着那些勉强可以看见的变化和运动,它们随后在成形的意识形态产品中寻找着自己的表现。

从上述得出以下结论。应该从两个方面来研究社会心理:首先,从它的内容方面,也就是从那些在某个时刻对它是非常迫切的主题;其次,从那些言语交际的形式和类型,在交际中那些主题实现着(讨论着、表现着、感受着、思考着)。

至今研究社会心理的任务只局限于第一个方面,即仅确定它的主题内容。即使是这一点关于探寻客观文献的问题本身,也就是社会心理的物质表现,也未彻底弄清。在这里"意识""心理""内部世界"这些概念起着可怜的作用,它们必须从社会心理表现的清晰的物质形式的寻找中解脱出来。

其实关于具体的形式这一问题具有首要的意义。这里当然不是说我们的社会心理知识在某个时代的来源(例如,回忆录、书信、文学作品),不是说"时代精神"概念的来源,而正是说具体实现这一精神的形式本身,也就是说生活、符号交际的形式。

这些形式的类型学是马克思主义最迫切的任务之一。

随后,与表述和对话问题相关,我们还要涉及言语的体裁问题。这里我们仅谈谈以下的问题。

每一个时代和每一个社会团体都有自己的生活意识形态交际的言语形式修养。每一组同类的形式,即每一种生活言语体裁相对应着自己的一组话题。在交际形式(例如直接的技术劳动联系)、表述形式(简短的事务上的对话)和话题之间存在着不可分割的有机的统一体。所以表述的形式分类应该依据言语交际的形式分类。这后者的形式完全取决于生产关系和社会政治结构。要是进行更为细致的分析,我们会看到,在言语相互作用的过程中等级因素具有何等重大的意义,交际的等级组织对表述形式有多么大的影响。说话的礼节、言语的分寸及其他适合于社会等级组织的话语形式,在选择基本的生活体裁过程中具有重大的意义①。

正如我们所知,任何符号都建立于有社会组织的人们之间,在他们的相互作用的过程之中。所以符号的形式首先既是由使用该符号的人们的社会组织,又是由他们相互作用的最接近的环境所决定的。改变这些形式,于是符号也就改变。探索话语符号的这一社会生命,应该成为意识形态科学的任务之一。只有持这种观点,符号与存在的相互关系问题才能够获得具体的表现,也只有在这种条件下,存在对符号的因果决定过程,才是作为存在真正转变为符号的过程,才是符号真正辩证地对存在的折射过程。

要达到这一点,必须遵循基本的方法论要求:

(1)不能把意识形态与符号的材料现实性相分离(把它归入"意识"或其他不稳定的和捕捉不到的领域)。

(2)不能把符号与从该时代的社会视角来观照的具体形式相分离(而且在此之外它根本就不存在,只是一种简单的物理东西)。

(3)不能把交际及其形式与它们的物质基础相分离。

任何意识形态的符号,也包括语言符号,在社会交际过程中实现时,都是由这一时代的社会氛围和该社会团体所决定的。至今我们谈论符号形式,是由社会相互作用的形式所决定的符号形式。现在我们谈另一方面——符号的内容以及可以伴随任何内容的强调价值的符号。

在社会发展的每一阶段,存在着能够引起社会关注和由此价值上特别强调的客体的特殊的和有限的范围。只有客体的这一范围才具有符号形式,成为符号交际的客体。这一在价值上特别被强调的客体的范围,又是由什么决定的呢?

为了无论属于哪种现实的客体进入团体的社会视野,并能唤起符

---

① 生活言语的体裁问题只是最近才开始在语言学和哲学的文献中进行讨论。第一批认真研究的尝试之一,确实,没有清楚的社会学目的,就是 Leo Spitzer' a.*Italienische Umgangssprache*(1922)。关于他,同样关于他的前辈和同仁——将在以后论述。——作者

号的意识形态的反应,就必须让这一客体与该团体存在的现有社会经济前提相联系,必须让它有某种程度、哪怕是稍微触及一下该团体的物质存在基础。

当然,这里个人的意愿不可能有任何意义。要知道,符号在个体之间、在社会环境中被创造出来,所以必须使客体具有个体间的意义,只有到那时,它才能成为符号形式的客体。换句话说,只有这样,个人意愿才能进入意识形态世界,在这一世界中定型和巩固而具有社会价值。

所以,一切意识形态的强调,尽管它们产生于个体的声音(例如,在话语中)或者一般个体,都是社会性的强调,它们追求社会的承认,并且只是为了这一承认,才外在地实现于意识形态的材料中。

我们权且把成为符号客体的那个现实称为符号话题(тема)。每一个完成性的符号一般拥有自己的话题。例如,每一个话语活动都有自己的话题①。

意识形态题材总是被社会着重地强调了的,当然,意识形态题材的所有这些社会性的强调渗透进个体的意识,正如我们知道的那样,它也被完全意识形态化了。在这里社会重音符号仿佛是一些个体的重音符号,因为个体意识与它们结合在一起,就像和自己的一样,但是它们的源泉不是个体意识。着重的强调毕竟是存在于个体之间的。动物的喊叫作为纯粹对个体疼痛的反应,就失去了被强调的功能。这是纯自然现象。喊叫与社会氛围无关,所以在喊叫中甚至不存在符号形成的萌芽。

意识形态符号题材与意识形态符号形式不可分割地相互联系在一起,当然,只是在抽象概念上有所不同。要知道,最终同样的力量、同样的物质前提使得它们走向生活。

其实,同样的经济环境促使现实的新成分走入社会视野,使它具有社会意义,成为"有趣的"。它们,这些力量,创造着意识形态交际的

---

① 话题与单个词的语意关系如何,我们将在下面详细说明。——作者

形式(认识的、艺术的、宗教的等等),创造着符号表现的独特的固定形式。

所以,意识形态创作的题材与形式诞生于同一摇篮,其实是同一事物的两个方面。

现实进入意识形态这一过程,产生题材和产生形式——最好是依据话语材料来探讨。在宏观的、全世界的历史范围内,古生物学考察了语言的意义,揭示了还无法分辨的现实进入原始人社会视野的过程,无论在这一方面,还是在微观的局限于现代的范围内,在语言中都反映了意识形态形成的这一过程,正如我们所知道的那样,因为话语最敏感地反映着社会存在最细微的运动。

符号中反映的存在,不是简单的反映,而是符号的折射。意识形态符号中的对存在的这种折射是由什么决定的呢?

它是由一个符号集体内不同倾向的社会意见的争论所决定的,也就是阶级斗争。

阶级并不是一个符号集体,即一个使用同一意识形态交际符号的集体。例如,不同的阶级却使用同样的语言。因此在每一种意识形态符号中都交织着不同倾向的重音强调。符号是阶级斗争的舞台。

意识形态符号的这种社会的多重音性是符号中非常重要的因素。其实正是由于重音符号的这种交织,符号才是活生生的、运动的,才能发展。一个符号被排除出紧张的社会斗争,仿佛站在阶级斗争的一旁,就必然会衰微,退化成一种寓意,成为语文学概念的客体,而不是活生生的社会意义符号。那些死去的意识形式符号不可能成为活生生的社会重音符号冲突的舞台,它们充满着人类的历史记忆。然而,既然语文学家和历史学家记起它们,它们就仍然保存着生命的微光。

但是,正是使得意识形态符号成为活生生的和易变化的那些因素,正是它们让符号成为对存在折射和曲解的媒介物。统治阶级总是力图赋予意识形态符号超阶级的永恒特征,扑灭它内部正在进行着的社会评价的斗争,使它成为单一的重音符号。

其实,任何一个活生生的意识形态符号就像雅努斯①具有两面性。任何一场真正的战争都可以成为被赞扬的,任何一个真正的真理对于许多其他方面却不可避免地会听起来是一个最伟大的谎言。符号的这种内在的辩证性只有在社会转变时期和革命运动的时代才会被彻底展示出来。因为意识形态符号多少总会反应占统治地位的意识形态,并且仿佛在努力稳定社会形成的大量辩证事物的过去因素。这就决定了意识形态符号在占统治地位的意识形态中的折射和变形特点。

这样就展现出上层建筑与基础的关系问题。依据话语材料,能够最容易和最全面地弄清有效地深入研究这一问题的一切途径。对于我们来说,重要的是指出语言哲学在这一问题研究中的位置。依据话语材料,可以最容易和最全面地探讨从基础到上层建筑的辩证的变化过程的连续性。在语言哲学的基础上,最容易克服解释意识形态现象中的机械的因果范畴。

第三章 语言哲学与客观心理学

客观确定心理的任务。理解和解释的心理学思想(狄尔泰)。心理的符号现实。功能心理学的观点。心理主义与反心理主义。内部符号的特点(内部言语)。自我观察问题。心理的社会属性。小结。

马克思主义基本的和最迫切的任务之一就是建立真正的客观心理学,但不是生理学的,不是生物学的,而是社会学的,与此相关,马克思主义面临着一个艰难的任务:找到一个客观的但同时又是细致和灵活的方法来考察属于一般自我观察方法的、人的意识的主观

---

① 雅努斯是古代罗马司管门户、出入和任何行动开始的神。他有两张脸,一张脸向前,一张脸向后。——译者

心理。

　　无论是生物学还是生理学都无法胜任这一任务：意识的心理是社会意识形态的事实，而无论是生理学或其他某种自然科学方法都无法企及。把主观心理归入无论是哪种在封闭的自然动物体内完成的过程，都是不可能的。基本决定心理内容的过程，不是在体内完成的，而是在它的外部，哪怕单个的机体也参加。

　　人的主观心理不像自然界的一个物体或过程，不是自然科学分析的客体；主观心理是意识形态理解的客体，是社会意识形态理解的阐释的客体。只有社会因素决定着社会环境条件中的个体的具体生活，只有用这些因素才能理解和阐释心理现象①。

　　因此出现了第一个原则上的任务，即客观地确定"内部经验"的任务。必须把"内部经验"归入客观的外部经验的统一体中。

　　哪一种现实属于主观的心理呢？

　　这是内部心理的现实即符号的现实。在符号材料之外没有心理。存在生理过程，神经系统的过程，但没有作为一种存在的特殊性质的主观心理。它从根本上区别于无论是机体内部完成的生理过程，还是心理所反映的和这样或那样反射的机体周围的现实。根据自己的存在特征，主观心理仿佛被限制在机体和外部世界之间，仿佛位于这两个现实范围的边界线上。这里便出现了机体与外部世界的相遇，但是相遇并不是物理的：因为机体与世界在这里在符号中相遇。心理感受是机体与外部环境接触的符号表现。所以把内部心理作为一个物体来分析是不行的，而只能作为符号来理解和解释。

　　一般理解和解释中的心理学思想非常古老并且是具有可资借鉴意义的历史。值得注意的是，最近这一思想找到了与人文科学（也即意识形态科学）在方法论需求方面联系的更深刻的基础。

---

① 就当代心理学问题，我们已在我们的《弗洛伊德主义　批判纲要》一书中作过一般的概述，列宁格勒国家出版社，1927年，见第2章《当代心理学的两种流派》。——作者

这一思想在新时期最善思考和基本的维护者是狄尔泰。对于他来说，主观的心理感受与其说是作为一个物体而存在过，不如说是起着意义作用。离开这一意义，企图找到感受的纯现实性，按照狄尔泰的意思，事实上我们面对的是机体的生理过程，这样我们会从我们的视野中丧失感受，就像离开话语的意义，我们会丧失话语本身，面对赤裸裸的物理声音和它产生的生理过程。用话语来制造话语的，这是它的意义；用感受来制造感受的，这也是它的意义。要脱离意义，又不丧失内部心理生活自身的存在，是不可能的。所以心理学的任务不可能是对感受的因果关系进行解释的任务，就如同它们类似于物理或生理过程那样。心理学的任务是一种对心理生活的理解的描述、分解和解释，就如同这是一份必须进行语文学分析的文献。在狄尔泰看来，只有这种描述性的和解释性的心理学才能成为人文科学或"精神科学"的基础，就如同他所称呼的那样①。

狄尔泰的思想是极富有成效的，一直到现在在人文科学的代表人物中间还有许多的拥护者。可以说，几乎所有的现代德国人文科学家的哲学倾向或多或少地取决于狄尔泰的思想②。

狄尔泰的观点产生于唯心主义的基础之上，他的追随者们也正是立足于这一基础。一般理解和解释中的心理学思想非常紧密地与唯心主义的思想前提联系在一起，并且在许多方面反映出唯心主义特征的思想。

确实，一般解释中的心理学在从形成到发展至今所处的形式中被唯心化了，并且对于辩证唯物主义是无法接受的。

无法接受的首先是把心理学的方法论意义凌驾在意识形态之上。要知道，根据狄尔泰和阐释学心理学的其他代表人物的观点，这后者

---

① 参见弗里舍伊津-克勒尔关于他的俄语文章（《逻各斯》，1912—1913年，第1—2卷合订本）。——作者
② 谈到狄尔泰的主要影响的有奥斯卡尔·瓦利采尔、威廉·贡多尔夫、埃米尔·埃尔马金盖尔等。当然，我们说的只是当代德国人文科学的一些最重要的代表人物。——作者

应该是人文科学的基础。从心理学来解释意识形态,作为它的表现和具体化,而不是相反。确实,在心理和意识形态之间已很接近,它们的公分母已被找到——同样使它们区别于其他现实的意义。然而在这种接近中基调是由心理学定的,而不是意识形态。

还有,在狄尔泰和其他人的思想中,根本没有考虑到意义的社会特性。

最后,就是整个他们的观点的这一不真实成分(proton pseudos),不知道意义与符号之间的必然联系,不知道符号独特的自然属性。

无疑,对于狄尔泰来说,感受和词语的比较是一种简单的类比、形象说明,而且很少出现在他的作品中。他远远没有从这种比较中得出应有的结论。而且他不是借助于意识形态符号来解释心理,而是像任何一个唯心主义者那样,借助于心理来说明符号:在狄尔泰看来,符号之所以成为符号,只是因为它是内部生活的表现。这后者赋予符号它自身固有的意义。这里狄尔泰的理论实现着整个唯心主义的共同意图:排斥任何含义、任何来自物质世界的意义,并且把它限制在时空之外的现存精神之中。

如果感受具有意义,而不只是一个现实,则在这一点上狄尔泰是对的,那么,显然,感受不可避免地应该依靠符号材料来实现。要知道,意义只能属于符号,符号之外的意义是虚假的。意义是作为单个现实与其他的替换、反映和想象的现实之间关系的符号表现。意义是符号的功能,所以不能想象意义(是纯粹的关系、功能)是存在于符号之外作为某种特殊的、独立的东西。认为"马"这个词的意义就是指这一类活生生的马,这是不合理的。要知道,例如,如果是这样的话,就会出现这样的情况,吃了一个苹果之后,声明我吃的不是苹果,而是"苹果"这个词的意义。符号是单个的物体,而意义不是物,并且不可能是独立于符号之外的独立物体和符号以外的存在实体。所以,如果感受有意义,如果它可以被理解和解释,那么它应该依据真正的、现实的符号材料。

我们强调，感受不仅仅可以借助于符号来表现（因为他人也可以用词语、面部表情或某种其他的途径来表达感受），而且除了这种自己的表现以外（对于他人来说），感受对于感受者本人来说仅仅存在于符号的材料之中。在这种材料之外，任何感受都根本不存在。在这个意义上，任何感受都有深意，即是一种潜在的表现。任何一个思想、任何一种激情、任何一个意志活动都有深层含义。深层含义的这一因素不能脱离感受，不能丧失感受本身的自然属性①。

这样，在内部感受及其表现之间没有跳跃，没有从一个现实向另一个现实的转换。从感受到外部表现的转换是在同一种质的范围内完成的，是一种量的转换。的确，往往在外部表现的过程中，完成着从一种符号材料（例如，面部表情的）向另一种符号材料的（例如，词语的）转换，但是整个过程不超出符号材料的范围。

究竟什么是心理的符号材料呢？

它是任何一个机体的运动或过程：呼吸、血液循环、身体运动、发音动作、内部话语、面部表情、对外部的反应，例如，光刺激等。简单地说，在机体内完成的一切都可以成为感受的材料，因为一切都可以具有符号的意义，可以成为具有深层含义的东西。

的确，这种材料远非有相同的价值。对于多少成熟的、有鉴别能力的心理，必须有精细的和灵活的符号材料，同时这种材料能够在体外的社会环境和外部表现的过程中形成、确定和划分。所以心理的符号材料主要是话语——内部言语。的确，内部话语交织着许多其他的具有符号意义的运动反应。然而话语却一直是内部生活的基础和骨干。排斥话语至少会降低心理的层次，排斥所有的其他表现运动会完全毁灭心理。

如果我们脱离内部言语的符号作用和心理组成的一切其他的有

---

① 意识的一切现象的深层含义的思想对新康德主义并不是格格不入的，除了我们所说过的卡西尔以外，已故的格尔曼·柯亨在自己体系的第三部分中写过论意识的表现性特性（意识即表现性运动）的著作（《纯粹感受的美学》）。可是在这里，由这一思想很少能得出正确的结论。意识的本质无论如何在存在那一方。——作者

表现力的运动,那么我们面对的就是个体范围内的赤裸裸的生理活动过程。对于一位生理学家来说,这种抽象是完全合理而又必需的:他需要的只是生理过程及其机构。

的确,对于生理学家,像生物学家一样,考虑表现者表现的相应生理过程的符号作用(ergo——社会作用)也是重要的。没有这一点,他就不能理解他们在一般生物经济学中的生物学位置。在这一关系方面,生物学家也不能够拒绝社会学的观点,不能考虑,人的机体属于非抽象的自然环境,而要进入独特的社会环境。然而,考虑到相应的生理过程的符号作用,生理学家还进一步探讨他们的纯生理学的机制(例如,条件反射机制),并且完全脱离他们的变化无常的、服从于社会历史规律的意识形态意义。一句话,心理内容与他无关。

然而,正是这种个体的心理内容是心理学的对象。与这一名称相称的、任何其他的科学对象都不存在,也不可能存在。

有一种观点认为,心理内容不是心理学的对象,只有个体心理中这一内容的作用才是心理学的对象。这是被称为"功能心理学"的观点①。

根据该学派的学说,"感受"由两个因素组成。一个因素是感受的内容。它不是心理的。这或者是感受所有的生理现象(例如,对象的接受),或者是具有自己的逻辑规律性的认识概念,或者是一种道德价值等等。这一感受的内容的对象方面属于自然、文化、历史,因而,属于相关科学门类的范围,而与心理学家无关。

感受的另一个因素,这是处于封闭的个体心理生活统一体内的该对象内容的功能。正是这种对任何心理之外内容的感受性或被感受性,才是心理学的对象。或者,换句话说,功能心理学的对象不是感受"什么",而是"怎样"感受。这样,例如,任何一个思想过程的内容,它

---

① 功能心理学的最重要的代表人物有施图姆普夫、梅伊诺恩格等。功能心理学的基础是由法兰茨·布伦坦诺奠定的。当前功能心理学无疑是德国心理学思想的主流,的确,不是以其地道的经典形式存在。——作者

的"什么"不是心理的，而是属于逻辑学家、认识论者或数学家（如果事情涉及数学思维）的研究范围。心理学家研究的只是，在这种个人主观心理的条件中这些对象内容的（逻辑的、数学的以及其他）思维是怎样实现的。

我们不准备深入探讨这一心理学范围的细节，我们不准备涉及那些存在于这一流派及其同类心理学派代表人物之间的、有时非常重要的差异。我们的任务是说明功能心理学的基本原则就足够了。它让我们更清楚地表达我们对心理的理解和在解决心理问题时属于符号哲学（相应的语言哲学）的意义。

功能心理学是在唯心主义的土壤上生长并形成的。然而显然它在自己的倾向上是与狄尔泰式的阐释学心理学正好相反。

确实，如果狄尔泰努力怎样把心理和意识形态归入同一个公分母——意义的话，那么功能心理学则相反，试图在心理和意识形态之间划上一条原则的和最严格的界线，仿佛在心理本身内部划上一条界线。一切有意义的结果完全被排斥出心理的范围，而一切心理的原来只是个别的客体内容，在所谓"个人心灵"的某个个体综合体中的纯功能作用。如果这里谈及首要意义，那么在功能心理学中，不同于阐释学，首先意义属于建筑在心理之上的意识形态。

现在要问，心理功能究竟是什么，它的存在属于哪一类？

就这一问题，我们还没有从功能心理学的代表人物那里找到清楚的、过得去的答案。在这一问题中，他们并不明确、不一致。然而，在一点上他们总是一致的：心理功能绝不是某种生理过程，这样，心理学清楚地与生理学划清了界线。然而，哪一种现实属于这新心理学的品质，没有说清。

在功能心理学中没有说清的还有关于意识形态现象的现实性问题。

功能主义者们只在对自然物体的感受方面给予了清楚的回答。心理功能在这种情况下面对的是自然的、物理的存在——这是树、土、石等。

然而,心理功能所面对的是哪一种形式的意识形态存在,是逻辑概念、伦理价值、艺术形象等?

大多数功能心理学的代表人物在这一问题上持一般唯心主义的、主要是康德主义的观点①。与个体心理和个体主观意识一起,他们认可了"先验意识""一般意识""纯认识论主体"等。他们还把与个体心理功能相对立的意识形态现象,置于这种先验的环境中②。

这样,意识形态的现实性问题在功能心理学那里就没有得到解决。

脱离意识形态符号概念和它的存在的独特方式,显然导致各个方面的心理问题无法解决。

只要不解决意识形态的问题,心理的问题就任何时候也解决不了。这两个问题不可分割地相互交织在一起。心理学的整个历史和意识形态科学的整个历史(逻辑学、认识论、美学、人文科学等)是这两种认识学科之间不断斗争、相互划清界限、相互吸收的历史。

存在着仿佛是自发的心理主义与尖锐的反心理主义独特的阶段性更替,前者淹没了一切意识形态科学,后者剥夺了一切心理内容,把心理置于某种空洞的形式位置(就像在功能心理学中那样)或者归入赤裸裸的生理学。在彻底的反心理主义那里,意识形态丧失了在存在中(正是在心理中)自己一贯具有的位置,它一般没有位置,并且不得不离开现实,达到先验的或者甚至直接先验的高度。

在 20 世纪初,我们正好经受过反心理主义的剧烈的(然而,当然远非历史上第一次的)浪潮。当代反心理主义的主要代表人物胡塞尔的主要著作③,他的追随者即意向主义者的("现象学家的")著作,当

---

① 目前立足于功能心理学土壤的还有现象学家们,他们在自己的一般哲学观念上与法兰西士·布伦塔诺联系在一起。——作者
② 现象学者们也认为意识形态思想是本体,认可理念存在的独立范围。——作者
③ 见《逻辑研究》第 1 卷,俄译本,1910 年,它仿佛是当代反心理主义的圣经,以及文章《作为精确科学的哲学》(《逻各斯》,1911—1912 年,第 1 册)。——作者

代新康德主义马堡和弗赖堡学派①代表人物激烈的反心理主义的大转变,把心理主义从认识的整个领域中,甚至从心理学本身驱逐出去。所有这一切是本世纪过去二十年的最重要的哲学和方法论事件。

现在反心理主义浪潮开始低落,取而代之的是新的、看来非常时髦的心理主义浪潮。心理主义的时髦形式是生命哲学。在"生命哲学"的招牌下,最不受拘束的心理主义以异乎寻常的速度重新捡起不久前自己在一切哲学领域和意识形态科学中所放弃的一切观点②。

心理主义目前兴起的浪潮并没有给心理现实带来任何新的原则基础。最新的心理主义不同于过去的(20世纪下半期的)实验心理学派(最典型的代表人物是冯特),热衷于形而上学地理解内部存在、"感受力量"。

由于心理主义和反心理主义辩证的交替,所以,没有出现辩证的综合。无论是心理学问题,还是意识形态问题,至今在资产阶级哲学中均未获得应有的解决。

两个问题的论证应该是同时的和相互联系的。我们认为,打开通往这两个范围的客观通道是同一把钥匙。这把钥匙就是符号哲学,作为一个独特的意识形态符号的,相应的话语哲学。意识形态符号,无论对于心理,还是对于意识形态都是共同的领域,是物质、社会学和意义的领域。在这一领域中应该产生和分清心理学和意识形态。心理不应该是其他世界(首先是意识形态世界)的复本,并且其他世界也不

---

① 见亨利·李凯尔特(弗赖堡学派的头头)的很有意义的文章《认识论的两条道路》,载文集《哲学新思想》,第7卷,1913年。在该文中,亨利·李凯尔特在胡塞尔的影响下,把自己最初的一些认识论的心理学观念改成了反心理学的语言。文章在反映新康德主义对待反心理主义运动方面很有代表性。——作者

② 读者在亨利·李凯尔特的《生命哲学》(Academia,1921年)一书中能找到当代生命哲学的概观,的确,有些片面和陈旧。对人文学科有着巨大影响的书是 Spranger' a. Lebensformen。所有最主要的德国文艺学和语言科学的代表人物现在或多或少的都受到生命哲学的影响。例如:艾尔马丁海尔(Das dichterische Kunstwerk,1912年),赫菲列(Das Wesen der Dichtung,1923年),瓦利采尔(Gehalt und Form...im dichterischen Kunstwerk,1923年),福斯勒及福斯勒分子和许多其他的。我们所提到的,将在下面继续谈。——作者

应该是心理独白的简单的物质说明。

然而如果心理现实就是符号现实，那么究竟怎样划清个体主观心理与也是符号现实的、在该词准确意义中的意识形态之间的界线呢？我们曾暂且指出过的仅仅是共同的领域，现在必须在这一领域内部划清相应的界线。

这一问题的实质归结于确定可在直接的现实中自我观察的内部（体内）符号。

从意识形态本身的内容来看，在心理和意识形态之间不存在、也不可能有界线。无一例外，任何意识形态内容无论它是以哪种符号材料体现出来，都可以被理解，那么一定为心理所接受，也就是可以在内部符号的材料上再生。另一方面，任何意识形态现象在自己的创造过程中，经过心理就像经过必不可少的一级。我们反复说明，任何一个外部的意识形态符号，无论它是哪一类型的，都从各方面被包围在内部符号——意识之中。从这一内部符号的海洋中它诞生着，并在其中继续生活着，因为外部符号的生命是处在对它的理解、感受、吸收的更新过程之中，也就是在向内部环境不断更新地深入之中。

所以，从内容方面来看，心理和意识形态之间没有原则上的界线，有的只是程度上的不同：在外部意识形态材料无法体现的，在内部发展阶段上的意识形态化，即模糊的意识形态化；它只有在意识形态的具体表现过程之中才能被弄清、区分和巩固。构思永远小于创造（甚至是不成功的创造）。只存在于我的意识语境中的思想，并且它还没在作为共同的意识形态体系的科学语境中得到巩固，还是不清晰的和不成熟的思想。然而已经在我的意识语境中，这一思想由于确立于意识形态体系之上而得以实现，并且它本身因我吸收了以往的意识形态符号而产生出来。我们重复说明，这里并没有原则的本质区别。书中和他人言语中的认识与头脑中的认识，都属于现实的同一范围，差异只是存在于头脑与书本之间，并不涉及认识的内容。

最令我们感到困难的是划清心理与意识形态界线问题的是"个体

的"概念。个体的对应概念往往被看成是"社会的",由此得出心理是个体的,意识形态是社会的。

这种理解从根本上是虚假的。社会的对应概念是"自然的",所以,根本不是把个体看作个性,而是自然的生物个体。个人作为自己意识内容的所有者,作为自己思想的作者,作为为自己思想和愿望负责的个性,这样的个体是纯粹的社会意识形态现象。所以"个体的"心理内容按照其属性就和意识形态一样,是社会的。个性及其内部根据的意识程度本身来说,是意识形态化的、历史化的,并且完全由社会学的因素所规定①。任何符号无论如何都是社会的,并且内部符号并不比外部的少。

为了避免误会总是应该严格区分两类概念,其中一类是单个的概念和个体性概念。它不依附于社会世界的自然个体,就如同生物学家认识和研究的那样。另一类概念是自然个体之上的符号的意识形态的上层建筑,所以具有社会性。"个体性"一词的这两种意义(自然个体和个性)常常被混淆起来,因此,在大多数哲学家和心理学家的讨论中,常常有 quaternio terminorum(意为四个术语)的地方:时而是说一个概念,时而又用另一个来替换。

如果个体的心理内容像意识形态那样是社会的,那么从另一个方面说意识形态现象就如同心理现象那样也是个体的(在该词的意识形态含义上)。每一个意识形态产品都带有自己的创造者或创造者们的印迹,但是这一印迹就像意识形态现象的所有其他特点和特征那样,也是社会的。

这样,任何一个符号,甚至个体性符号也是社会的。那么内部与外部符号、心理与意识形态的差异究竟在哪里呢?

依据内部运动材料实现的意义一般是面向机体、面向该个体的,并首先是由个体生活的环境所决定的。在这一关系上,功能学派代表

---

① 在最后一编中,我们将看到,作者的言语和文学创作概念"话语所有权",是多么的相对和意识形态化的,并且多么晚才在语言中产生出对言语的个体必要性的清晰感觉。——原编者

人物的部分观点显然是对的。忽视心理独特的统一体与意识形态体系的统一体有所区别，是不许可的。心理统一体的特征又是完全与心理的意识形态的和社会学观点联系在一起的。

确实，任何一种认识思想在我的意识、我的心理中被实现，就正如我们说过的那样，是取决于认识的意识形态体系，正是在这一体系中，该思想在其中能找到自己位置的目标，而我的思想，在这个意义上，从一开始就属于意识形态体系并且受制于它的规律性，我的心理体系。这一体系的统一体不仅是由整个我的生物体决定的，而且是由该机体所处的生活和社会环境的整个综合体决定的。心理学家关注我的个体的这一有机整体以及我生存的这个特别的环境，并且将研究我的思想。使思想家感兴趣的仅仅是这一思想对认识体系的客观贡献。

由机体和生平(广义的)因素决定的心理的体系，绝不只是心理学家"观点"的产物。这是一个现实的综合体，是作为在现实基础上生物体及其特殊结构的实现，作为决定这一个体生活的生活环境综合的实现。内部符号与这一心理体系的统一体联系得越紧密，它就会有力地被生理和生平因素所决定，并会进一步地远离完整的意识形态表现。相反，随着自己的意识形态形成和具体化，内部符号仿佛从约束它的心理环境的道路上解脱出来。

这就决定着理解即体验内部符号，和外部的纯意识形态符号过程中的差异。在第一种情况下，理解意味着把这一内部符号归入其他内部符号的统一体中，并在该心理环境中接受它；在第二种情况下，这一符号在相应的意识形态体系中被接受。确实，即使在第一种情况中，也必须考虑这一体验的纯意识形态的意义：要知道，例如，不理解任何一种思想的纯认识意义，心理学家就不可能理解它在这一心理环境中的位置。如果它被从这一思想的认识意义中抽象出来，那么它面临的已不再是思想，不再是符号，而是在机体中实现这一思想、这一符号的赤裸裸的生理过程。所以，认识的心理学应该依靠认识论和逻辑学，一般来说心理学应该依靠意识形态科学，而不是相反。

应该说,任何一个外部符号表现,例如表述,可以建立在两种指向之中:指向主观,和由它指向意识形态。第一种情况中,表述的目的是用外部符号来表现内部符号本身,并且要求听话者把它们转入内部语境,即纯心理理解的语境中去。第二种情况中,要求对该表述作出纯意识形态的客观的具体的理解①。

这样就划清了心理和意识形态之间的界线②。

对于我们的观察和研究来说,内部符号是怎样表现的,心理又是怎样表现的呢?

内部符号即体验,在自己纯粹的形式中,仅仅是作为自我观察(内省)表现出来的。

自我观察会破坏外部的客观经验统一体吗?只要正确理解心理和自我观察本身,就一点也不会破坏③。

确实,要知道,内部符号是自我观察的客体,这一符号本身可以成为外部符号。内部言语也可以发声。自我观察的结果在自我说明的过程中一定应该在外部被加以表现,或者无论如何应接近外部表现的阶段。自我观察本身在由内部符号向外部符号运动。这样,自我观察本身就有表现深意的特性。

自我观察就是理解自身内部符号。它以此区别于对物理的物体观察或者对某种生物过程的观察。我们看不见感受,也感觉不到;我

---

① 应该指出,第一种表述可以具有双重特征:它们可以谈感受("我感到高兴")或者可以直接表达感受("乌拉!");或者可以转换成别的形式("我高兴!"用高兴的强有力的语调)。这些形式的差异对于心理学家和思想家来说具有重要的意义。要知道,在第一种形式中没有表达体验,所以,不存在内部符号的实现。这里表达的是自我观察的结果(如果可以这样说的话,表达的是符号的符号)。在第二种形式中,内部经验中的自我观察冲破出来并成为外部观察的客体(确实,冲破出来,它的形式都有些变化了)。在第三种转换的形式中,自我观察的结果染上了冲破出来的内部符号(原始符号)的色彩。——作者

② 就心理内容和意识形态,我们的观点已在上面指出过的我们的《弗洛伊德主义 批判纲要》一书中阐释过。见《作为思想观念的意识内容》一章。——作者

③ 这种破坏只可能在这种情况下出现,就是假如心理的现实成了物体的现实,而不是符号的现实。——作者

们理解它,这就意味着,在自我观察的过程中,我们把它归入了其他被理解的符号的某种语境。符号只有借助于别的符号才能被说明。

自我观察是一种理解,所以不可避免地在某种一定的意识形态指向中完成。例如,它可以在心理学的意义中被完成,这样它理解这一体验就是在其他内部符号的语境中指向整个心理生活。

在这种情况中自我观察借助于心理学符号的认识体系来说明内部符号,追求用准确的心理学的报告方式来弄清和分析体验。这一任务,例如,就交给了心理学实验时的受试验者。受试验者的表述就是心理学报告或这种报告的半成品。

然而,自我观察也可以在其他的伦理学的、道德客体化的指向中进行。这里内部符号被引入伦理学的评价和规则体系,从它们的角度来理解和说明。

作为理解的那样,自我观察还可能有其他的方向。然而,无论何时何地自我观察总是积极努力弄清内部符号,并使它达到高度的符号清晰性。这一过程所达到的自己的界限是,自我观察的客体完全成为被理解的,也就是可以成为不仅仅是自我观察的客体,而且还是一般的客观意识形态观察的(符号的)客体。

这样,自我观察就像意识形态观念一样,进入客观经验的统一体。就这一点,还需要补充如下:在具体的情况中,不可能划清内部符号与外部符号、内部自我观察与外部观察之间的界限,这种外部观察对所理解的内部符号,提供不间断的既有符号的也有现实的注释。

现实的注释永远存在。理解任何一个符号,无论是外部的,还是内部的,都是与该符号实现的整个环境的密切联系中得以完成的。这一环境在自我观察中也是作为注释、说明这一内部符号的外部经验事实的综合体。这一环境永远是社会的环境。在自己心灵(自我观察)中的定位是与感受的这一社会环境中的定位现实地不可分割地联系在一起。所以任何自我观察的深入只有在与深入理解社会定位的紧密联系之中才有可能。完全脱离这一后者就会导致体验的彻底结束,就如同脱离它的符号本性也会如此一样。正如后来我们更清楚地看到一样，符号及其社会环境不可分割地联系在一起。符号不会丧失自己的符号本性，它不可能脱离社会环境。

　　内部符号的问题是语言哲学的最重要问题之一。要知道，内部符号主要是话语、内部言语。内部言语问题就像本章所研究的所有问题一样，是哲学问题。它存在于心理学和意识形态科学问题的接合处。只有在作为符号哲学的语言哲学的基础之上，它才能得到原则上的方法论的解答。话语作为内部符号是什么呢？内部言语是以何种形式而实现的？它是如何与社会环境联系在一起的呢？它是如何对待外部表述的呢？揭示方法，比如说，捕捉内部言语的方法是怎样的呢？只有所研究的语言哲学才能回答这些问题。

　　现在我们哪怕来先谈谈第二个问题也好，内部言语是以怎样的形式而实现的呢？

　　从一开始就很清楚，所有的语言学研究的概念，无一例外是为了分析外部语言的形式——言语（词汇学的、语法学的、语音学的），并非运用于分析内部言语的形式，而如果要是被运用，那么要进行某种非常本质的根本改造。

　　如果进行较认真的分析，就会发现，内部言语的单位是一些完整的、有些像独白言语的段落或者完整的表述。而它们更令人会想起对白。难怪古代的思想家把内部言语视为内部对话。这些完整的部分不可分解为语法成分（或者只是带有很大保留的分解），在它们之间，就像在对白之间，不存在语法的联系，而主要是另一种类型的联系。内部言语的这些单位仿佛是表述的"总体印象"①，相互联系在一起，它们不是根据

---

① 从冈佩茨那里借用来的术语（*Weltanschauungslehre*）。首先使用这一术语的，好像是奥托·威廉海尔。总体的印象——指没被分解的还是来自整个事物的印象，仿佛是过去和现在作为清楚认识事物的整体特征。例如我们有时不能够想起某个词或名称，尽管它常在我们的"语言上打转"，也就是说我们已经有了这个名称或词的总体印象，但它无法扩展成具体的和能被区分出来的形象。在冈佩茨看来，总体印象在认识方面具有很大的意义。它们是整体形式的心理等价物，这些形式把整体联系成一个统一体。——原编者

语法或逻辑的规则相互替换,而是根据对话联系等整体的(激情的)一致规律,与社会环境和生活的整个实际进程的历史条件密切相连①。

只有说明完整的表述形式,特别是对话言语的形式,才能够弄明白内部言语的形式,它们在内部生活流动中的运动的独特逻辑。

所有我们关注的内部言语问题,当然,完全超出了我们研究的范围。有效地深入研究它们现在一般还不可能。必须有大量的事实性预备材料,必须弄清语言哲学较简单和基本的问题,例如,也包括表述的问题。

这样,我们认为,凭借意识形态符号统一的、能包容它们的理论,心理和意识形态的相互界限问题可以得到解决。

用这种解决办法,存在于心理主义与反心理主义间的矛盾就可辩证地获得解决。

反心理主义拒绝从心理中引出意识形态,是正确的。而且应该从意识形态中引出心理。心理学应该依靠意识形态科学。词语应该首先在机体的社会交际过程中产生和成熟起来,以便随后进入机体并成为内部话语。

可是心理主义也是对的。没有内部符号就没有外部符号。不能够进入内部符号语境的外部符号,也就是不能被理解和感受的外部符号,就不再是符号,而变成了一个物体。

意识形态符号以自己的心理实现而存在,同时心理实现又以意识形态的充实而存在。心理感受是内部的,逐渐转化成外部的;意识形态符号是外部的,逐渐转化成内部的。机体内的心理是超出机体范围的。这是社会的,渗透在个体机体之中的。而一切意识形态的,也是超出社会经济领域的,因为机体外部的意识形态符号应该进入内部世界,以便实现自己的符号意义。

这样,在心理和意识形态之间存在着不可分割的辩证的相互作

---

① 内部言语的类型,一般可以分成视觉的、听觉的和运动觉的类型,不涉及我们所说的内容。在每一种类型的内部,言语一般是以总体印象的方式——视觉的、听觉的、运动觉的方式在活动。——原编者

用：心理在成为意识形态的过程中，自我消除，而意识形态在成为心理的过程中，也自我消除。内部符号通过心理语境（作者生平经历）应该从自我吸收中解放出来，不再是主观的体验，从而成为意识形态符号。意识形态符号应该深入到内部主观符号的领域中去，发出主观的声调，以便成为活的符号，而不致落入不被理解的珍品圣物的名义境地。

内部符号和外部符号的这种心理的和意识形态的辩证的相互影响，不止一次地引起了思想家们的关注，可是并没找到正确的理解和与之完全相符的表现。

不久前就这一相互影响曾做过较深入和有趣的分析的是已故的哲学家和社会学家齐美尔。

齐美尔以现代资产阶级思维为特性的形式来看待这一相互影响，把它看成是"文化的悲剧"，更准确地说，是创造主观个性文化的悲剧。在齐美尔看来，创造的个性在毁坏自身、自己的主观性和由他创造的客观产物中的"个性"。客观文化价值的产生受到主观心灵死亡的限制。

我们这里不再探讨齐美尔分析整个这一问题的细节，这一分析包含着不少细致而有趣的观察①。我们只指出齐美尔观点的主要缺陷。

在心理和意识形态之间，在齐美尔看来，存在着无法克服的断裂：他不知道，符号既对于心理，又对于意识形态来说是现实的共同形式。除此而外，他甚至作为一名社会学家，无论是对于心理的，还是意识形态现实的普遍的社会性，都是估计不足的。要知道，这种和那种现实都是同样对社会经济存在的折射。归根到底，对于齐美尔来说，在心理和存在之间生动的辩证矛盾，变成了惰性的静止的二律背反，成了

---

① 有两部齐美尔的俄文译著谈及这一问题：《文化的悲剧》（《逻各斯》，1911—1912年，第2—3卷）和由斯维亚特洛夫斯基教授作序的单行本《现代文化的冲突》（《知识入门》，彼得格勒，1923年）。他的从生命哲学角度来阐释该问题的绝笔之作是《生命直观》，1909年。那种思想是齐美尔论歌德一书的主旨，而多多少少地存在于他的其他论著中，如论尼采、叔本华的书以及对伦勃朗和米开朗琪罗的研究（关于米开朗琪罗的论文有俄译文，见《逻各斯》，1911—1912年，第1卷）。至于根除心灵及其在外部的文化产物中创作客体化之间这一冲突的不同方法，齐美尔把它们当作自己的创作个性类型学的基础。——原编者

"悲剧"。他徒劳地企图借助于形而上学的生活进程,来克服这一无法摆脱的二律背反。

只有在唯物主义的一元论基础上,才能够辩证地解决一切类似的矛盾。在其他基础上,就必然会要不忽视这些矛盾,冲着它们闭上双眼,要不这些矛盾就会变成没有出路的二律背反,走进悲剧的死胡同①。

在话语中,在每一个表述中,无论它多么渺小,心理和意识形态、内部和外部的这一生动的辩证综合总是一次又一次地在实现着。在每一个言语活动中,主观感受就消失在所说话语——表述的客观事实之中,而所说话语在应答的理解中被主观化,以便或早或晚产生出回话。正如我们所知,每一个话语都是各种社会声音混杂和斗争的小舞台。个体口中说出的话语成了社会力量之间生动的相互影响的产物。

这样,心理和意识形态在社会交际的统一和客观的过程中辩证地相互渗透着。

---

① 在俄语的哲学文献中,意识形态产物中的主观心理的客体化问题以及由此产生的矛盾和冲突,费多尔·斯捷蓬曾经研究过,并正在研究着(见他的论著,载于《逻各斯》,1911—1912年,第2—3卷和1913年,第2—4卷)。在他那里,这些问题的阐释带有悲观的、甚至是神秘的色彩。他不善于在客观的物质现实结构中展开它们,而它们却只有在这里才能得到有效的和清醒的辩证解答。——原编者

第二编　马克思主义语言哲学的道路

第一章　语言学哲学思想的两个派别

语言的现实性问题的提出。语言学哲学思想的第一个派别(个人主观主义)的基本原理。个人主观主义的代表人物。语言学哲学思想的第二个派别(抽象客观主义)的基本原理。第二个派别的历史根源。抽象客观主义的当代代表人物。结论。

语言哲学的对象究竟是什么？我们在哪里找到它？它的具体的物质性是什么？如何在方法上接近这一物质性？

在本书的第一编及导论中，我们还根本没涉及这些具体的问题。我们谈过语言哲学和话语哲学。然而什么是语言，什么是话语呢？

当然，并非要给这些概念下最终的定义。这种定义可以到结尾部去下，而不是在研究的开头(因为一般科学的定义可以是总结)。在研究道路的起点，必须建立的并不是定义，而是方法论的指示：首先必须探索到现实的对象，即研究客体，必须从周围的现实中区分出来并预先指出它的界线。在研究道路的起点上与其说是探索构建公式和定义的思想，倒不如说是探索试图摸索到对象的现实存在的眼睛和手。

然而，现在在我们这里眼睛和手都处在困难的境地：眼睛什么也看不见，而手什么也摸不到。显然，耳朵的境况好些，它自认为是听到了话语，听到了语言。确实，表面的语音经验主义的诱惑在语言科学中非常强烈。研究词的语音方面在语言学中占据着不相称的重要地位，常常以它定调子，在大多数情况下与作为意识形态符号的语言的现实本质无关①。

区分出语言哲学的现实客体的任务——远非是轻松的任务。当我们尽一切努力在规定研究客体,把它引向确定而又易观察的紧密的具体物质综合体时,我们常常丧失掉研究客体自身的本质、它的符号和意识形态属性。如果我们把声音作为一种纯粹的声学现象,那么我们就不再有作为专门对象的语言。声音完全属于物理学的范围。如果我们补充声音产生的生理学过程和声音接受的过程,那么,仍然还是没有接近自己的客体。如果我们把说话者和听话者的感受(内部符号)联系在一起,我们将获得两个活动在不同心理生理主体中的心理物理过程,和一个物理声音的综合体,这一综合体按照物理规则在自然中得以实现。作为专门对象的语言,就像没有一样根本不存在。而同时,我们已经涉及了三个现实的范围——物理的、生理的、心理的,并且在很大程度上获得了复杂的、多成分的综合体。然而,这一综合体丧失了心灵,它的另外的部分置于一旁,并且没有任何可以把它变成正是语言现象的、贯穿它的内在规律性的联系。

究竟必须给我们的即使没有那些已经很复杂的综合体补充些什么呢?

首先必须把这个综合体归入更广泛的并且能包容它的综合体中——归入有组织的社会交际的统一范围中。为了观察燃烧的过程,必须把物体放到空气的环境中去。为了观察语言现象,需要把发音者和听话者这两个主体就像声音本身一样,放置到社会氛围中去。要知道,必须让说话者和听话者属于同一个语言集体,属于一定的有组织的社会。还必须,让我们的两个个体处在最近的社会环境的统一体中,也就是,让他们像人与人那样,在一定的基础上相互交往。只有在一定的基础上,话语交流才可能。无论这一基础多么共同,可以说,

---

① 这首先涉及实验语音学,它从本质上来看,研究的并不是语言的声音,而是由发音器官动作产生出的声音,耳朵听见的声音。这些声音完全脱离它们在语言体系和表述结构中的位置。而在其他的语音学中,用细心的劳动收集起来的大量事实材料——无论何处和怎样,在方法论上都没有加以限定。——作者

该共同的基础是偶然的。

这样,为了我们所指出的物理—心理生理综合体能够面向语言、面向言语,能够成为语言—言语的事实,社会环境的一致和交际的最近的社会事件的一致是完全必不可少的条件。两个生物机体在纯粹的自然环境条件中不会产生出任何言语事实。

然而,由于我们分析的结果,我们本来希望限制研究客体,却已特别地把它扩大和复杂化了。

要知道,我们把我们的综合体所归入其中的有组织的社会环境,以及最近的社会交际氛围本身就特别复杂。贯穿着多方面的和形形色色的联系,在这些联系中,并不是所有的对于理解语言事实都同样必要,并非全都是语言的结构因素。最终,所有这一多样的现象和关系、过程和物体的体系都需要归为一类;它的所有线索应该归结于一个中心——语言过程的核心。

在上面的部分,我们揭示了语言的问题,也就是展开了问题的本身以及其中的困难。究竟如何解决语言哲学和一般语言学中的这一问题呢?在解决问题的道路上已经有了哪些可以辨明方向的路标呢?

我们的任务不包括详细的历史概述,或者哪怕仅仅是语言哲学或一般语言学的现状。我们这里仅分析新时期哲学和语言思想的基本线索[1]。

在语言哲学和相应的一般语言学的方法论方面,我们观察到在解

---

[1] 迄今还没有专门的语言哲学史的研究论著。主要的研究还只是针对古代的语言哲学和语言学史,例如,Steinthal. *Geschichte der Sprachwissenschaft bei den Griechen und Romern*(1890)。对于欧洲史来说,只有一些论述单个的思想家和语言学家的专著(关于洪堡、冯特、马尔季等)。我们将在适当的地方来论及他们。现在唯一的关于语言哲学和语言学史的丰富概述,读者将在这本书中找到:Cassirer E. *Philosophie der symbolischen Formen*, Teil E:Die Sprache.(1923). Kap.I. *Das Sprachproblem in der Geschichte der Philosophie*(第55—121页)。

用俄语对语言学和语言哲学现状进行简明扼要的基本概述的,是 P.绍尔的文章:《当代语言学的危机》,《雅弗文集》,1927年,第5辑,第32—71页。对语言学的社会学研究进行总的、远非充分的概观的是:M.H.彼得松的《作为一种社会现象的语言》,《语言文学研究所教学笔记》,莫斯科,1927年,第3—21页。——作者

决我们问题中的两种基本流派,也就是解决把语言作为一种专门的研究客体来加以区分和限制的问题。当然,这就导致这两个派别在一切其他的语言科学问题上的根本不同。

第一个流派,可以称为是语言科学中的个人主义的主观主义,第二个则是抽象的客观主义①。

第一个流派把言语的个人创作行为看成是语言的基础(意识是指所有的无一例外的语言现象)。个人的心理是语言的源泉。语言创作的规律(而语言是在一种不间断的过程中形成的,是不间断的创作),是个人心理的规律,它们应该由语言学家和语言哲学家来研究。说明语言现象就意味着把它引向能理解的(常常甚至是合理的)个人创作的行为中去。语言学家的其他工作只具有准备的、确认的描绘的和分类的特点,只是从个人创作行为出发,准备对语言现象做真正的阐释,或者为学习现成语言的实践目的服务。从这一观点来看,语言类似于其他意识形态现象,特别是艺术、美学活动。

因此,第一个流派的基本语言观点,就可归为以下四个基本点:

(1)语言是一种活动,一个由个人的言语行为实现的不间断的创作构造(energeia)过程;

(2)语言创作的规律是个人心理的规律;

(3)语言创作是一种类似于艺术的能被理解的创作。

(4)语言作为一个现成的产物(ergon),作为一个稳定的语言体系(词汇、语法、语音),是一个似乎死板的沉淀物,是凝结了的语言创作的激情,是一个抽象地构造而成的语言学,以便在实际中把语言作为现成的工具来学习。

第一个流派最出色的代表人物,是奠基人洪堡②。

洪堡的强大的思想影响远远超出了我们所说流派的范围。可以

---

① 这两个名称,就如同所有这一类名称一样,远远没有涵盖所说流派的全部及其复杂性。正如我们看见的那样,第一个流派的名称与意义就特别不一致。然而,更好的名称,我们还无法想出来。——作者
② 这一流派中他的先驱者是加曼和赫尔德。——作者

说，整个洪堡以后的语言学至今仍受到他的一定影响。整个洪堡的思想当然不会全包括在我们列举的基本四条中，它更加广泛，更加复杂和更加矛盾，所以洪堡可以成为互相差异很大的两个流派的老师。然而，无论怎样，洪堡思想的基本内核更有力和更深刻地表现了我们所说的第一个流派的基本倾向①。

在俄语语言学文献中，第一个流派的最重要的代表人物是波捷布尼亚及其追随者②。

第一流派后来的代表人物已达不到洪堡的哲学总括力度与深度。流派明显愈来愈小，特别是在与转向实证主义和表面经验主义方式的联系方面。在施泰因塔利那里就已经没有了洪堡的气魄，然而取而代之的是方法论的高度清晰性和系统性。即使对于波捷布尼亚来说，个人心理仍是语言的源泉，而语言发展的规律，是心理的规律③。

在冯特及其追随者的经验论的心理主义中，第一流派的基础特别愈来愈缩小④。冯特的基础在于，所有的无一例外的语言事实，都应从

---

① 洪堡就自己的语言哲学思想曾经阐释过，见论著 *Über die Verschiedenheiten des menschlichen Sprachbaues* (Vorstudie zur Einleitung zum kawiwerk); Gesamm. Schriften (Akademie-Ausgabe), Bd.VI.有 П.比利亚尔斯基给老的俄译文：《论人类语言机体间的差异》(1859)。关于洪堡有大量的文献。例如，P.汉姆的书《威廉·洪堡》，有俄译文。最新的研究著作之一，我们认为是 Spranger Ed. *Wilhem von Humboldt* (Berlin,1909 年)。

关于洪堡及其对俄语语言学思想的意义，读者可以在这本书中找到：Б.М.恩格尔哈特：《А.Н.维谢洛夫斯基》，彼得格勒，1922 年。不久前出版了 Г.施佩特的非常尖锐而有趣的书《词汇的内部形式》。他试图从传统阐释的层次中恢复真正的洪堡（对洪堡有一些传统的解释）。Г.施佩特的观点是非常主观的，又一次不必要地去证明，洪堡是多么复杂和矛盾；这些新说是很随心所欲的。——作者

② 他的主要的哲学著作：《思想与语言》（由乌克兰科学院再版）。波捷布尼亚的追随者，就是所谓的"哈尔科夫学派"（奥夫相尼克－库利科夫斯基、廖津、哈尔齐耶夫等），出版了不定期的丛书：《理论问题与创作心理学》，那里有波捷布尼亚本人去世后出版的著作以及他的学生论他的文章。在波捷布尼亚的主要著作中有对洪堡思想的阐释。——作者

③ 施泰因塔利观点的基础是海尔巴特的心理学，该心理学试图从联想联系连接起来的表现因素中，建造起人类心理的整座大厦。——作者

④ 在这里，与洪堡的联系已经非常弱了。——作者

建立在唯意志论基础之上的个人心理学的角度去加以解释①。确实，冯特就像施泰因塔利一样，认为语言是"民族心理学"(Völkerpsychologie)的事实，或者是"种族心理学"②。可是，冯特的民族心理是由一些单个人的心理所构成的；对于他来说，只有它们才拥有整个现实。

他对语言、神话、宗教事实的所有解释最终都归结为纯心理学的解释。冯特不知道，任何一个意识形态符号所固有的、特别的纯社会学规律性，是不能归结为任何个人心理规律的。

现在语言哲学的第一个流派在脱离了自己的实证主义道路之后，重新获得了繁荣，并且在福斯勒的学派中扩大了对自己任务的理解。

福斯勒学派(即所谓的 idealistische Neuphilologie)无疑是当代哲学语言学思想的最有影响的流派之一。而且它的追随者们对语言学(罗曼语言学和日耳曼语文学)的积极和专门的贡献也特别重大。除了福斯勒本人以外，还足可以列出许多他的追随者，例如，施皮策尔、E. 罗尔克、E. 列尔赫等。他们中间的每一个人，我们都不得不多次论及。

福斯勒及其学派的一般哲学—语言学观点的基本特征完全是我们提到的第一个流派的四点。决定福斯勒学派的，首先是彻底和根本地拒绝语言学的实证主义。这种实证主义在语言形式(主要是作为最"可实证的"语音)及其产生的基本心理生理行为之外，什么也看不见③。与此相关的是把语言中的理解—意识形态因素提到了首位。语言创作的基本动力是"语言趣味"，一种艺术趣味的特殊变种。语言趣

---

① 唯意志论把一种意志因素看成是心理的基础。——作者
② Г. 施佩特提出"种族心理学"术语以替换从德语术语"Völkerpsychologie"直译而来的"民族心理学"。后来的术语的确完全不能令人满意，并且Г. 施佩特的说明，在我们看来是很不成功的。(Г. 施佩特：《种族心理学导论》，莫斯科，国家艺术科学院，1927年)。该书从根本上批判了冯特的观点，但Г. 施佩特自己的构造也是完全不能接受的。——作者
③ 对语言学实证主义展开批评的是福斯勒的第一部主要哲学著作：Vossler K. *Positivismus und Idealismus in der Sprachwissenschaft*, (Heidelberg, 1904年)。——原出版者

味,这就是那个语言学的真实,语言以此生存,并且语言学家应该在语言的每一个现象中加以揭示,以便真正理解和解释这一现象。

福斯勒说:"只有这样的语言史才能够追求科学性。它研究整个实用主义的因果关系,仅仅是为了在其中找到特别的美学关系,这样以便语言学思想、语言学真实、语言学趣味、语言学感觉,或者用洪堡的话说,在自己物理、心理、政治、经济和一般文化条件变化中的内部语言形式,成为清楚的和易理解的。"①

这样,正如我们所看到的那样,决定任何一种语言现象(物理的、政治的、经济的等)的所有因素,在福斯勒看来,对于语言学家来说,并没有直接的意义,对他来说重要的只是这一语言现象的艺术意义。

这就是福斯勒的唯美学的语言观。他说:"语言的思想本质上是一种诗的思想,语言的真实是艺术的真实,是一种能领会的美。"②

非常清楚,就现存的语音、语法和其他形式的综合来说,并不存在现成的语言体系,而言语的个人创作行为(Sprache als Rede)对于福斯勒来说,将是基本的现象,是语言的基本现实。由此而来,从语言形成的观点来看,在每一个言语行为中,重要的并不是那些共同的、稳定的和在该语言一切其他表述中现存的语法形式,而重要的是个人的、只有对于该表述具有独特性的、修辞的来说,这些抽象形式的具体化和变化形态。

只有在具体的表述中,这种语言风格的个体化才是历史的和有创造性的富有成效的。正是在这里形成语言,然后以语法的形式分离开来:所有现在成为语法的事实,过去曾是修辞的事实。这就导致了福斯勒的修辞重于语法的思想③。福斯勒学派发表的大量语言学研究成果都是语言学(狭义上的)和修辞学结合的产物。在语言的每一形式中,福斯勒者们始终努力揭示它的理解的意识形态的根源。

---

① 《语法和语言史》,载《逻各斯》,1910年,第1卷,第170页。——作者
② 《语法和语言史》,载《逻各斯》,1910年,第1卷,第167页。——作者
③ 在下面我们将回来批判这一思想。——作者

这就是福斯勒及其学派的基本的哲学—语言学观点①。

语言哲学第一个流派的当代代表人物中还应该指出的是意大利哲学家和文艺学家贝尼季托·克罗齐,因为他对欧洲当代哲学—语言学的文艺学思想有重大影响。

贝尼季托·克罗齐的思想在许多方面接近福斯勒的思想。对于他来说语言也是一种美学现象。他的观点的主要关键术语是表现(表达力)。其基础是任何表现都是艺术的。因此,语言学作为一门独特的研究表现的科学(话语是什么),与美学是一致的。所以,对于贝尼季托·克罗齐来说,个人的言语表现行为是语言的基本现象②。

我们现在转向哲学语言学思想的第二个流派的特征。

对于第二个流派来说,一切语言现象的组织中心,并且能使这些现象成为特殊的语言科学的专门客体的,完全是另外一个因素,作为语言体系的语音、语法和词汇的语言形式的体系。

如果对于第一个流派来说,语言就是永恒流动的言语行为流,这里不存在任何稳定的和一致的东西,那么对于第二个流派来说,语言则是悬在云幕之上的不动的彩虹。

每个个人的创作行为、每一表述都是个人的和不可重复的,然而

---

① 在我们所说的那本福斯勒著作之后,他又发表的主要哲学—语言学文章,收入在 Philosophie der Sprache(1926)一书。这是福斯勒最后的一部书。它充分表现了他的哲学和普通语言学的观点。从以福斯勒方法为特征的语言学研究中,我们指出他的 Frankreichs Kultur im Spiegel seiner Sprachentwicklung(1913)。至于福斯勒完整的生平介绍,读者可以在献给他的文集中找到:Festschrift für K.Vossler(1922)。有两篇俄语文章:一篇是我们已经引用过的文章,另一篇是《语言史与文学史的关系》(《逻各斯》,1912—1913年,第1—2卷)。从这两篇文章可以理解福斯勒观点的基础。在俄语的语言学文献中,福斯勒及其追随者的观点还完全没有受到重视,只是在Б.М.日尔蒙斯基论当代德国文艺学的文章中指出了一些(《诗学》,莫斯科,科学院,1927年,第3辑)。在我们所指出的Р.绍尔的概观,也只是在注释里提到了福斯勒的学派。至于福斯勒追随者的研究,具有哲学和方法论的意义,我们在适当的地方来谈。——作者

② 贝尼季托·克罗齐美学的第一部分有俄译文《作为表现的科学和普通语言学的美学》,莫斯科,1920年。在这个译文部分范围内,贝尼季托·克罗齐阐释了对语言和语言学的一般观点。——作者

在每一表述中又存在着与该言语团体其他表述因素相一致的因素。正是这些对于所有表述都一致的、因而也是标准的因素,如语音的、语法的、词汇的因素才保证了该语言的统一以及该集体所有成员对语言的理解。

如果我们列举语言的任何一个音,例如,词"радуга"(虹)中的音位"a",那么这是发音者个人机体的生理器官发出的音,它在每一个说话者那里都是个人的和不可重复的。有多少人发"радуга"这一词的音,就会有多少这一词中不同的"a"(尽管我们的耳朵不想、也不能够捕捉到这种差异)。要知道,生理的声音(也就是由个体生理器官发出的声音)最终是无法重复的,就像这一个体的指纹那样无法相同,就像每一个人的血的独特化学成分那样无法一致(尽管科学至今还不能够提供个体的血型)。

可是,从语言的角度来看,是否存在着音"a"的这些个人的特点呢?比方说,这些由说话者的舌头、上颚和牙齿的不可重复的形式所决定的声音(假如我们能够捕捉和记下所有这些特点)。当然,完全不存在。存在着的正是,在发"радуга"一词的任何情况下,该音的标准的一致性。正是这种标准的一致性(要知道,事实上的一致性是不存在的)构造了语言的语音体系的统一(有鉴于他生命的该瞬间),并且保障了语言集体所有成员对该词的理解。这一标准一致的音位"a"就是语言事实,语言科学的特殊对象。

这对于语言的一切其他成分也是正确的。在这里我们也到处能遇到语言形式的那种标准的一致(例如,某种句型)和个人的不可重复的实现,以及在整个言语行为中这一形式的运用。第一因素进入语言体系;第二因素,是个人的说话过程的事实,这些过程取决于偶然的(从语言的观点来看是作为统一体系的)生理的、主观心理的和其他无法确切核实的因素。

显而易见,在上述的意义中,语言体系是完全独立于任何个人创作的行为、想法和动因的。从第二个流派的观点来看,不可能论及说话者个人的被理解的语言创作①。语言作为一个无法违背和质疑的规则体系，是与个人相对立的，从个人的角度来说只能够接受。如果个人不把某种语言形式当作不可置疑的规则来接受，那么它对于他来说就不是作为语言形式而存在的，而只是作为个人心理生理器官的一种自然可能性。个人从说话者的集体中获得语言体系，完全是现成的，这一体系内部的任何变化都是超出他个人意识的范围之外的。个人发任何音的行为要成为语言行为都只有符合对每一因素不变的和对个人不可置疑的语言体系。

在语言体系的内部，占主导地位的规律性究竟是什么呢？

这种规律性是纯内在的和专门的，不属于任何意识形态规律性、艺术的或其他的规律性。语言的一切形式有鉴于这一因素，即共时性的互相需要，互相补充，语言成为一个严整的体系，贯穿着专门的语言规律性。专门的语言学规律性不同于意识形态的规律性，后者是认识的、艺术创作的、时代精神的，它不可能成为个人意识的动因。个人需要按照这一体系本来的样子去接受和掌握它。在它内部不存在任何意识形态的评价倾向：更坏、更好、美好、丑陋等。从本质上看，只有一个语言标准：正确还是不正确，同时语言的正确性只能理解为该形式与语言规则体系的一致。所以，不必去谈论任何语言兴趣，任何语言学真理。从个人的角度来看，语言学规律性是随意的，即丧失了任何的自然的和意识形态的（例如，艺术的）理解和论据。这样在词语的语音外壳和它的意义之间不存在任何自然的联系，也不存在艺术的一致。

如果语言作为一个形式的体系，不取决于任何创作动机和个人行为，那么，它就是集体创作的产物，是社会性的，就像任何一种社会规章一样，对于每一个单个的人来说，都具有规范性。

语言体系在这一时刻的范围内，是一个统一而又不变的体系，即

---

① 正如我们所看见的那样，哪怕在纯理性主义的基础上，我们论述的哲学—语言学思想的第二个流派之基础与人为创造的理性的多方面语言的思想相一致。——作者

共时性的，可是它又是在该话语集体历史的形成过程中变化、形成的。要知道，由我们确定的音位规则的一致与该语言发展的不同阶段是不一致的。一句话，语言有自己的历史。究竟怎样从第二个流派的角度来理解这一历史呢？

对哲学语言学思想的第二个流派来说，在更高的层次上，是以一种独特的断裂为特征的，它存在于语言史与非历史的、共时性范围内的（就这一时刻而言）语言体系之间。从第二个流派的基本观点来看，这个二元论的断裂是完全无法克服的。在由此时的语言形式体系操纵的逻辑和这些形式历史变化的逻辑（或者，更准确些，非逻辑）之间，不可能存在任何共同之处。这是两个不同的逻辑；或者，如果我们承认它们其中之一是逻辑，那么另外一个则是非逻辑，即赤裸裸地破坏了已接受的逻辑。

确实，正如我们所知道的，那些构成语言体系的语言学形式互为需要、互相补充，就像这道和那道数学公式的成分。改变体系的一个成分就会创造出新的体系，就如同改变一个数学公式的成分，就会创造出一个新的公式。这种支配该公式成分间关系的联系和规律性，当然，不会被扩展，也不可能扩展到该体系或另一些公式与它之后的其他体系或公式的关系之中。

这里可以做一个笨拙的类比，况且它足以准确地表现哲学—语言学思想的第二个流派对语言历史的态度。我们把语言体系比作牛顿二项式公式。在这一公式内部，占主导地位的是它自身的严格的规律性，并且这一规律性使得它的每一个成分都无法改变。比如，使用这一公式的学生弄错了公式（例如，弄错了标志和符号），就产生出有自身内部规律性的新公式（这一公式对于解二项式当然是不行的，但这对于我们的类比并不重要）。在第一和第二公式之间，已经不存在类似每一公式内部起支配作用的任何数学联系。

在语言中，事情也完全如此。在语言体系中（在这一时刻范围内），联系着两个语言形式的体系关系与那些把这些形式之一和后来语言历史形成的明显变化的外壳联系在一起的关系之间,不存在任何共同之处。德国人在16世纪之前曾变位:ich was;wir waren①,当代德国人变位 ich war;wir waren②,"ich was"这样就变成了"ich war"。在形式"ich was"—"wir waren"和"ich war"—"wir waren"之间,存在着系统的语言学联系和相互补充。它们相互联系,互为补充,特别是在同一动词变位中的第一人称单复数。在"ich was"—"ich war"之间和在"ich war"(当代)和"wir waren"(15至16世纪)之间存在着别的、完全特殊的、与第一个体系没有任何共同之处的关系。形式"ich war"是与"wir waren"类比而形成的:在"wir waren"的影响下,人们(一些个人)开始在用"ich was"的地方,说"ich war"③。现象大众化了,结果个人的错误就变成了语言规则。

所以,在这两种系列之间:

在"ich was—wir waren"(在共时性的范围内,例如,在15世纪)或者在"ich war—wir waren"(在共时性的范围内,例如,在19世纪)与在"ich was—ich war"(wir waren——作为决定类比的因素)之间存在着迥然不同的原则性差异。第一种共时性系列,是受成分相互补充的系统语言联系所约束的。这一系列与个人相对立,是无可置疑的语言规则。第二种系列是历史的(或历时的),是由自己特殊的规律性所支配的,严格地说,受到类比错误规律性的支配。

语言历史的逻辑是个人错误或误差的逻辑,从"ich was"到"ich war"转化是在个人意识范围之外完成的。转化不是随意的,并且看不出来,只是在它可以实现的范围内。在每一时期只有一种语言规则可以存在:要不"ich was",要不"ich war"。与规则一起可以共存的只是破坏规则,而不是其他的、矛盾的规则(所以就不可能有语言的"悲剧")。如果破坏没有被感觉到,那么就不会被更正,如果存在着有利

---

① 我是;我们是。——译者
② 我是;我们是。——译者
③ 英国人至今说"I was"(我是)。——作者

于这一破坏成为大量事实的基础,那么这种破坏就成为新的语言的规则,在我们这里这种有利的基础就是类比。

就这样,在作为形式体系的语言逻辑与语言的历史形成逻辑之间,没有任何联系,没有任何共同之处。在这两个范围内占主导的完全是不同的规律性、不同的因素。语言在其共时性范围内所明了的和联结的,在历时性范围内就被破坏和忽视。语言的现在和语言的历史相互不理解,也不可能理解。

我们在这里看到,正是在这一点中,存在着语言哲学的第一和第二个流派之间的最大差异。要知道,对于第一个流派,语言本质正是在其历史中得到展现的。语言逻辑根本不是规则一致的形式重复的逻辑,而是一种永恒的更新,用修辞的不可重复的话语使这一形式个人化。语言的现实就是它的形成。在语言生命的现时及其历史之间,占主导的正是相互充分理解。无论在那里,还是在这里,主要的都是同一意识形态动因:用福斯勒的话说,语言兴趣创造着现时范围内的语言统一;它还创造着和保障着语言历史形成的统一。从一个历史形式向另一个转化,主要是在个人意识的范围内完成的,因为,正如我们所知,在福斯勒看来,每一个语法形式首先都曾是自由的修辞的形式。

第一和第二个流派之间的差异非常明显地具体表现如下:自身一致的形式构成着不变的语言体系(ergon),这些形式对于第一个流派来说,仅仅是把现实语言的形成,即语言真正的本质,变成呆板僵死的东西,而语言则是由不可重复的个人创作行为实现的。对于第二个流派来说,这一自身一致的形式体系正好是语言的本质;个人创作对语言形式的折射和变形对于它来说,只是语言生命的渣子,更准确些,是语言广泛而深层积淀的渣子,只是捕捉不到和不需要的语言形式基本不变调子的泛音。

第二个流派的基本观点可以一般归纳为以下几个基本点。

(1)语言是一个稳定的、不变的体系,它由规则一致的语言形式构成,先于个人意识,并独立于它而存在。

(2)语言规则是特别的语言学联系规则,它存在于这一封闭的语言体系内部的语言符号之间。这些规则对于任何主观意识都是客观的。

(3)特别的语言联系与意识形态价值(艺术的、认识的及其他)没有任何共同之处。任何意识形态主题都不能决定语言现象。在词语与它的意义之间,没有任何自然的和概念的意识,没有任何艺术联系。

(4)说话的个人行为,从语言的角度来说,只是偶然的折射和变形,或者只是对规则一致的形式的歪曲;然而正是个人说话的这些行为说明了语言形式的历史变异性。从语言体系的角度来看,这种变异性本身是无理的和无意义的。在语言体系及其历史之间不存在任何联系,没有任何动因的一致性。它们相互是格格不入的。

读者看到,我们指出的哲学—语言学思想的第二个流派的四个基本观点,是第一个流派相对的四个基本点的反题。

充分揭示第二个流派的历史道路,更加困难些。在这里,在我们时代的初期,不曾有过与洪堡并驾齐驱的代表人物和奠基人。流派的渊源需要到17与18世纪的唯理论中去探寻。这些根源可追溯到笛卡尔的基础①。

第二个流派的思想首先和非常清楚地表现在莱布尼茨的多功能语法的观点中。

整个唯理论的特征是语言的象征性和自由性思想以及语言体系与数学符号体系的比较。唯理论者的数学头脑所感兴趣的,不是符号

---

① 第二个流派与笛卡尔思维、新古典主义的一般世界观及其与外界相脱离的、合理而不变的形式的仪式有着深层的内在联系,这是毫无疑义的。笛卡尔本人并没有语言哲学的著作,但是在书信中有独特的见解。关于它们,参见:Cassirer E. *Philosophie der symbolischen Formen*. Kap 1: *Des Sprachproblem in der Geschichte der Philosophie*. S. 67—68.——原出版者

与它所反映的现实活动的关系,或者与产生它的个人的关系,而是在曾被接受和允许的封闭体系内部符号与符号的关系。换句话说,他们感兴趣的只是符号系统本身的内部逻辑,就像代数体系那样,完全独立于充斥符号的意识形态意义。唯理论者还偏爱理解者的观点,而较少去关注作为自己内部生活表现主体的说话者。要知道,很少有数学符号可以说明个人心理的如何表现,而数学符号对于唯理论者来说是任何符号的楷模,也包括语言符号,所有这一切都在莱布尼茨的多功能语法思想中得到了鲜明的表现①。

这里还应该指出,理解者的观点重于说话者观点,是第二个流派的普遍特征。由此,在该流派那里,不涉及表现的问题,所以也不涉及词语中思想和主观心理的形成问题(第一个流派的基本问题之一)。

以更简单的形式来表示,语言思想是一个以纯理性为基础的、象征和自由的符号的体系。这一思想曾在 18 世纪就由启蒙时代的代表人物们做过深入的研究。

产生于法兰西土壤之上的抽象客观主义思想,至今在法国仍占主导地位②。我们不谈发展的过渡阶段,直接转向第二个流派现状的特征。

抽象客观主义最明显的表现,现在是所谓的索绪尔(现在早已去世)的"日内瓦学派"。这一学派的代表人物,特别是沙尔利·巴利(Bally),都是些当代最大的语言学家。索绪尔赋予第二个流派的一切思想以惊人的鲜明性。他对语言学基本概念的表述可以被认为是经典的。除此而外,索绪尔还大胆地把自己的思想贯彻到底,特别清楚地说明了抽象客观主义的所有基本线索。

在俄罗斯,福斯勒的学派有多么不普及,那么索绪尔的学派在我们这就有多么普及和影响广泛。可以说,我们语言学思想的大多数代

---

① 莱布尼茨相应的观点,可以在卡西尔的代表作中看到:*Leibniz' system in seinen wissenschaftlichen Grundlagen*,(Marburg,1902 年)。——原出版者

② 有趣地看到,迥异于第二个流派,第一个流派过去和现在主要在德国的土壤上发展。——原出版者

表人物受到了索绪尔及其弟子——沙尔利·巴利和薛施蔼（Sechehaye）的影响①。

至于索绪尔观点的特征,鉴于其对整个第二个流派和俄罗斯语言学思想的奠基作用,我们将较详细地加以论述。确实,即便是在这里我们也仅限于谈索绪尔的基本的哲学语言学观点②。

索绪尔从区分语言的三个概念出发：语言—言语（la parole）；作为形式体系的语言（la langue）和个人的言语行为表述（parole）。语言（在形式体系的意义上）和表述（parole）是语言—言语的构成成分,语言—言语它可以理解为是无一例外的参加实现言语活动的一切现象——包括物理的、生理的和心理的现象的综合体。

在索绪尔看来,言语（la parole）不可能是语言学的客体。它被单独列出来,本身就失去了内部的统一和独立自主的合理性。它是混合的、多相的。要理清它的矛盾构成,是很难的。以它为基础,不可能清楚地确定语言事实。言语不可能成为语言学分析的出发点。

那么,为了区分出语言学独特的客体,索绪尔究竟选择了怎样的正确的方法论道路呢？我们让他自己来说。

他说："我们以为,对于所有这些矛盾（指作为分析出发点的'la parole'内部矛盾）,只有一种解决办法：从一开始就应该站在语言（la langue）的基础上,并且把它看作是规定一切其他言语（la parole）现象的一种规则。确实,在这样多的矛盾和两面性中,只有语言才显示出

---

① 研究"日内瓦学派"精神的著作是：P.绍尔的《语言与社会》,莫斯科,1926年。P.绍尔作为索绪尔基本思想的狂热鼓吹者,早在我们所指出的《当代语言学的危机》一文中就表现出来。"日内瓦学派"的追随者现在是B.B.维诺格拉多夫。有两个俄罗斯语言学流派：福尔图纳托夫学派和所谓"喀山学派"（克鲁舍夫斯基和保杜恩·德·库尔本奈）,他们鲜明地表现了语言学的形式主义,完全符合我们所描述的哲学—语言学思想的第二个流派的框架。——原出版者

② 索绪尔去世后由他的学生出版的主要理论著作是 Saussure F. de. *Cours de linguistique générale*（1916）。下面我们引1922年的第二版版本。不得不令人感到惊奇,索绪尔的书尽管有很大影响,但至今还未译成俄文。对索绪尔观点的扼要论述,可以在所指出的P.绍尔的文章和M.H.彼得松的文章《普通语言学》中找到（《出版与革命》,1923年,第6辑）。——原出版者

独立裁决的能力,并且只有它才为思维提供了足够的支撑点。"

按照索绪尔的观点,言语(la parole)和语言(la langue)之间的根本差异究竟在哪里呢?

"比如从总体上说,言语是多样和多相的。对于某些领域来说,言语同时是一种物理、生理和心理现象,它还属于个人范围和社会范围;无论按人文现象的哪一种固定范畴,它都无法自我分类,因为还不清楚,怎样找到它的一致性。

"相反,语言自己就是一个整体,一种分类原则。只要我们在言语现象中给予它以首要的位置,我们就能把自然结构和程序引入不屈从于任何其他分类的混合物中。"

所以,在索绪尔看来,语言是规则一致的形式体系,必须从它出发,并且说明一切言语现象与这些固定而独立的(有自身规律的)形式的关系。

索绪尔在无一例外的言语能力表现的总体意义上,在对语言与言语做了区分之后,又进一步转向区分语言与个人说话即表述(parole)行为。

"我们把语言与表述(parloe)区分开来,正是凭借着这几点不同:(1)前者是社会的,不同于后者是个人的;(2)前者是本质的,不同于后者是次要的,并且或多或少是偶然的。

"语言不是说话者个人的活动,它是个人被动记录的产品;语言从来不允许有意图,并且主观反射也只是在为了区分前面说过的话时才存在的。

"恰恰相反,表述是一种意志和思维的个人行为,在其中我们可以分辨出:(1)说话者个人利用语言体系来表现自己个人思想所赖以凭借的联系;(2)允许说出这些联系的心理物理的结构。"

表述不可能成为语言学的客体,就像索绪尔对它理解的那样①。

---

① 确实,索绪尔认为,特殊的话语语言学是可能的(linguistique de la parole),然而它可能是什么样的,索绪尔却一直没说这一点。——作者

话语中的语言学因素仅仅是隐存于话语中的规则一致的语言形式。其他的一切,都是"次要和偶然的"。

我们强调索绪尔的基本论题:语言与表述的对立,就如同社会与个人的对立。所以,表述完全是个人的。在这里,正如我们将进一步看到的那样,这是索绪尔和整个抽象客观主义流派的 proton pseudos①。

说话的个人行为,表述,如此彻底地被排斥在语言学之外,可是,作为语言历史的必不可少的因素,它又返了回来。在整个第二流派的精神中,后者是索绪尔用来与作为共时性体系的语言相鲜明对照的。在历史中,占主导的是"表述"及其个别性和偶然性,所以支配它的完全是另外一种规律性,不同于支配语言体系的规律性。

索绪尔说:"因此,共时性'现象'与历时性现象没有任何共同之处……共时性语言学应该研究逻辑的和心理的关系,这些关系联系着那些构成体系的因素,把它们看成是为了同一社会意识而存在的。

"相反,历时性语言学应该研究相互跟随的因素间的关系,这些因素不是同时为了同一社会意识而存在的;这些因素在时间上相互替代,同时彼此间不形成任何体系。"

索绪尔的历史观非常典型地代表了唯理主义的精神,这一精神至今仍然在哲学语言学思想的第二个流派中起主导作用,并且对它来说,历史是歪曲语言体系纯逻辑的、非理性的自发现象。

索绪尔及其学派不是我们时代抽象客观主义发展的唯一顶峰。与它一起并驾齐驱的还有另外一个杜克赫姆的社会学派,在语言学中就像梅叶所代表的那样。其观点的特征②,我们不再论述。它们完全符合所描述的第二流派基本框架。对于梅叶来说,语言是一种社会现象,但不是作为一个过程,而是作为一个语言规则的固定的体系。语言外部与每一个体意识的关系及其强制性,在梅叶看来,是语言的

---

① 假质子。——译者
② 至于梅叶观点与杜克赫姆的社会学方法基础的联系,M.H.彼得松在我们所指出的文章(《作为一种社会现象的语言》)中进行了论述。出处同上。——原出版者

基本社会特征。

这就是哲学—语言学思想第二个流派即抽象客观主义的观点。

在我们所说的两个流派的范围内,当然,还不能包括语言学思想的许多流派,它们有时甚至是非常重要的。我们的任务只是画出主要的脉络。哲学—语言学思想的所有其他现象与这两个不同学派关系的特征是,混合或者妥协。要不就总体上丧失了任何原则方向。

比如,19世纪下半叶语言学的一个重大现象是青年语法学家运动。青年语法学家们在基本观点上与第一个流派相连,追求低级的生理学的研究。创造语言的个人对于他们主要是生理学的个体。另一方面,青年语法学家们以心理生理学为基础,力图建立坚固的自然科学的语言规则,一种完全没有任何说话者个人意志的规则。

由此产生了青年语法学派的音律思想(Lautgesetze)[1]。

在语言学中,就像在任何一门科学中,存在着两种基本方法,这两种方法可以使自己从相应的和原则的,所以也是哲学思维的责任和工作中解脱出来。第一种途径是立即接受一切原则观点(科学的折中主义),第二种是不接受任何一个原则观点,并且宣称"事实"是最终的基础和任何认识的标准(科学的实证主义)。

两种试图从哲学中解脱出来的方法的哲学效果都是一样的,因为即便第二种观点在"事实"的外壳中,也无一例外地把一切可能的原则观点贯穿进了研究之中。选择这两种方法中的一个,完全取决于研究者的气质:折中主义者更和善些,实证主义者更爱唠叨些。

在语言学中有非常多的现象和许多完整的流派(流派——指在科学技术训练意义上),正在把自己从以哲学—语言学为目标的工作中解脱出来。它们当然不属于现在所概述的范围。

至于这里未提到的一些语言学家和语言哲学家,例如,奥托·迪

---

[1] 青年语法学派的主要著作是:Osthoff H. *Das physiologische und psychologische Moment in der sprachlichen Formenbildung*. Berlin, 1879。青年语法学家的纲领在下面这本书的前言里已被阐释了:Osthoff H. Brugmann K. *Morphologische Untersuchungen*. Leipzig, 1878. Bd 1.——原出版者

特里希和安东·马尔蒂,我们不得不在下面分析言语相互作用问题和意义问题时再论及。

在本章开头,我们就提出了划分和限定作为研究的特殊客体的语言的问题。我们试图揭示哲学语言学思想流派的前辈们在解决这一问题的道路上所留下的那些重要标记。因此我们面对的是,分处在直接相互对立的流派之中的两个系列的重要标记:面对个人主观主义的正题和抽象客观主义的反题。

究竟什么是语言活动的真正中心:是个人言语行为表述,还是语言体系呢?哪一种是语言活动存在的形式,是不断的创造性的形成还是自身规则一致的固定不变性?

第二章 语言、言语和表述

语言作为一个规范的、自足的形式体系是客观的吗?作为规则体系的语言和说话者意识的实际观点。哪一种语言的现实性存在于语言学体系的基础之中?别国的、外来语问题。抽象客观主义的错误。小结。

在上一章里,我们努力对哲学—语言学思想的两个流派进行完全客观的描述。现在我们应该对它们进行根本的批判性分析。只有在这之后,我们才能够回答上一章结尾提出的问题。

我们从批判第二个流派、从抽象客观主义开始。

首先我们提出一个问题:自身规则一致的语言体系是什么呢?也就是,第二个流派的代表人物是怎样理解语言体系是现实的?

当然,没有任何一个抽象客观主义的代表人物不认为,语言体系是由物质的现实性造成的。确实,它被表现在物质材料的符号之中,然而,作为规则一致的形式体系,它只有作为社会的规则时才是现实的。

第二个流派的代表人物常常强调,语言体系对于任何一个个人意识来说,都是独立于该意识外部的客观事实。这是他们的基本公式之一。然而,要知道,作为自身一致的不变规则的体系,它仅仅是对于个人意识和从这一意识角度而言的。

确实,语言是作为无可置疑的规则的体系,如果我们离开对立于它主观个人意识,如果我们真的客观地看待语言,也就是说,从旁边或者更准确些,站在语言之上,那么任何不变的自身规则一致的体系,我们都是找不到的。相反,我们面对的是一个语言规则的不断形成过程。

从真正客观的观点出发,努力完全独立地来看待语言,独立于该时刻该语言个体所表现的语言,这样语言就表现为一个不断形成的流程。对于站在语言之上的客观观点来说,不存在着它能够建立共时性语言体系的现实因素。

所以,从客观的角度来看,共时性体系与历史形成过程的任何一个现实因素都不相符。对于持历时性观点的语言史学家来说,确实,共时性体系不是现实的,并且仅仅服务于记载与每一现实时刻不符的假定范围。

这样,只有从个人主观意识的角度来看,共时性语言体系才存在。这一个人主观意识是在任何历史时刻都只属于该语言团体说话者个人的。从客观的角度看,共时性语言体系在任何一个历史的现实时刻都不存在。我们可以同意,对于从事创作的恺撒,拉丁文是不变的、无可置疑的自身规则一致的体系,然而对于拉丁文史学家来说,在与恺撒创作的同时,感受到的是众多语言变化的不间断过程(即便历史学家也不可能记录下来)。

任何一个社会规则的体系也类似于这种情况,它仅仅存在于和个体主观意识的关系之中。这些个体从属于由规则支配的那个集体,例如,道德规则、法律规则以及美学兴趣(须知有这样的)等规则的体系。当然,这些规则是不同的:它们的责任层次不同,它们的社会范围的广度不同,它们由基础所决定的社会本质的层次不同,等等。然而,作为规则,它们存在的方式是一样的,它们仅仅存在于和该集体成员间主观意识的关系之中。

是否可以由此得出,主观意识与作为客观无疑的规则体系的语言,这种关系本身丧失了任何客观性呢?当然不是的。正确理解的这一关系可能成为客观的事实。

如果我们说,语言作为一个无可争议和不变的规则体系是客观存在着的,我们就犯了一个愚蠢的错误。然而,如果我们说:语言在与个体意识的关系中,是一个无可争议和不变化的规则体系,对于该语言集体的每一个成员来说,这是语言存在的一种modus①,那么我们这样表达的是完全客观的关系。另一个问题,事实本身是否能被正确地确定,对于说话者意识,语言是否真的只是作为一个无可争议和不变化的规则体系呢?这一问题,我们权且只是揭示出来。然而,无论如何,问题涉及确定某一客观关系。

抽象客观主义的代表人物本身究竟是如何看待问题的呢?他们是否肯定,语言是客观和无疑的自身规则一致的体系,或者他们自己总结为,对于使用该语言的说话者主观意识来说,只是语言存在的一种modus?

就这一问题,必须按下面的方式来回答。

抽象客观主义的大多数代表人物热衷于肯定,语言作为一种规则一致的形式体系,它的直接的现实性,直接的客观性。在第二个流派的这些代表人物那里,抽象客观主义直接成为独立存在的抽象客观主义。该流派的另一些代表人物(如梅叶)更多地持批判的态度,在语言体系的抽象和假定性方面来进行总结。可是,在抽象客观主义的代表人物中,任何人也没明确地解释语言作为一个客观体系,其本质的那种活动。大多数情况下,这些代表人物在"客观"一词运用于语言体系时的这两种解释之间保持平衡:在对它的解释之间,可以说,是在有引

① 方式。——译者

号的(从说话者的主观意识角度)和没有引号的(从客观的角度)解释之间。顺便说一句,索绪尔也是这样做的,他也没有清楚地解答问题。

然而现在我们要问,语言是否真的对于说话者主观意识,是作为一个无可争辩的规则一致的客观形式体系而存在的?抽象客观主义所理解的说话者主观意识的观点是否正确?或者换句话,主观言语意识中的语言存在 modus 真的是这样吗?

就这一问题,我们应该给予否定的回答。说话者主观意识与语言一起工作,根本不是把语言作为一个规则一致的形式体系。这样的体系只是以大量劳动、以一定的认识和实践目的而获得的一种抽象。语言体系是语言控制反射的产物,这种反射根本不是由使用该语言的说话者本人意识完成的,也根本不是以直接话语本身为目的的。

确实,要知道,说话者的目的是在对他所说的这一具体表述的指向中得到实现的。对于他来说,谈论的是在这一具体的语境中运用规则一致的形式(我们暂且允许它存在)。对于他,重心不在于形式的一致性,而在于他在这一语境中获得的新的和具体的意义。对说话者来说,重要的不是形式的那一面,也就是在无一例外的任何情况下,该形式运用都一样。不是的,对于说话者来说,重要的是语言形式的另一面,借助于它,形式可以出现在这一具体的语境中,借助于它,形式成为这一具体情境中的相应符号。

我们这样来表示:对于说话者,语言形式重要的不是作为固定的和永恒不变的标记,而是作为永远变化着的和灵活的符号。这就是说话者的态度。

然而,要知道,说话者应该考虑到听话者和理解者的观点。也许正是在这里,语言形式的规则一致性才有效?

即使这样也不完全如此。理解的基本任务绝不归结到了解说话者所运用的语言形式方面,即作为熟知的、作为"同样的"形式,例如,就如同我们要清楚地认识还不够习惯的标记,或者就像我们要认识不太熟悉语言的形式一样。不是的,理解的任务主要不是归结为了解所运用的形式,而正是要在该具体语境中理解它,在该表述中理解它的意义,也就是理解它的新意,而不是了解它的一致性。

换句话说,属于同一语言集体的理解对应于一定的语言形式,但不是把这一形式作为不变的、自身一致的标记,而是作为变化的和灵活的符号。

无论如何,不能够把理解的过程与认识过程混淆起来。它们有着深刻的差异。理解的只是符号,了解的则是标记。标记是内部不变动的统一体,确实它不能替代任何东西,不能反映任何东西,并且不能折射,而只是指示这一或那一对象的(一定的和不动的)或者指示这一或那一行为的(也是一定的和不动的)技术手段①。标记无论如何不属于意识形态的领域,标记属于技术性物体的世界,属于广义上的词语生产工具。那些与反射学有关的标记,离意识形态就更远。这些标记与生产技术没有任何关系,它们用来与被试验的动物机体发生关系,即作为作用于机体的标记。在这种性质上,它们不是标记,而是特种的刺激物。它们只是实验者手中的生产工具。只有可悲的误解和机械思维的积习才把这些"标记"试图看成为好像是理解语言和人类心理(内部话语)的钥匙的原因。

当任何一种语言形式仅仅是标记的时候,并且无论这一标记怎样被理解者所了解,该形式对他来说绝对不是这一标记的语言形式。纯粹的标记性甚至在学习语言的初级阶段也不存在。即便在这里,形式也是在语境中被确定的;即便在这里,它也是符号,哪怕标记性的因素和认识的相关因素是存在着的。

所以,语言形式的结构因素,就如同符号的一样,根本不是它的标记的自身一致性,而是它的特殊变化性,即便对于理解语言形式,结构因素也不是了解"同一",而是在词语特别意义上的理解,即在一定的

---

① 就标记及其组合(例如,海上航标)与语言形式及其和句法问题相连的组合间的有趣而巧妙的区别,查理·比尤勒尔论述过,见他的文章"*Vom Wesen der syntax*"(Festschrift für Karl Vossler.S.61—69)。——作者

语境和一定的情境中定位,在形成之中定位,而不是在某个不变动的存在中定位①。

当然,由此所有这一切,不应该得出在语言中不存在标记化因素和了解的相关因素的结论。它是存在着的,然而,就其本身而言,它不是语言的结构。它由符号的新品质(也就是语言本身)辩证地所取代。标记和了解在母语中辩证地被取消,也正是为了该语言集体成员的语言意识。在掌握别的语言的过程中,可以说,标记性和了解还感觉得到,还没有被克服,语言还没成为地道的语言。掌握语言的理想,是用娴熟来代替标记,用彻底理解来取代了解。

所以,说话者和听话者与理解者的语言意识实际上是存在于生动的言语活动中,与语言规则一致的抽象的形式体系根本没有关系,而是在使用该语言形式可能出现的语境的综合意义上,与语言—言语密切相关。词语面对使用母语的说话者,不是作为词典里的词,而是作为语言成分 A、成分 B、成分 C 等各种最不同的表述中的词语,作为多种多样表述本身的词语。为了由此符合该语言词汇体系的自身一致的词,即词典的词,需要特殊专门的定位。所以,语言集体的成员一般从来也不会感到毋庸置疑的语言规则对自己的约束。语言形式实现自己标准的意义,只是在很少的冲突时刻,对于言语活动来说是没有

---

① 我们下面将看到,正是这种特别意义上的理解,形成的理解,是回答问题的基础,即言语相互作用的基础。在理解和回答之间根本不能够划上一条分明的界线。任何一种理解都在回答,也就是把被理解的转放入新的语境中,放入回答可能的语境中。

我们由实践,但并非正确的理论意识所提出的情况,是以学习活的外国语的一切正确方法为基础的。要知道,这些方法的实质主要是,让学生只有在具体的语境中,在具体的情境中来了解每一个语言形式。这样,例如,仅仅通过词所联系的不同语境,来了解词。因此,了解完全符合词本身的因素,从一开始就辩证地与具体情境变化、差异性和新颖性联系在一起。同时,要是把词从具体的语境中抽取出来,记入本子并且掌握了相应的俄语知识,可以说,这一词被信息化了,成为一个孤立不变的词,而在对它的理解过程中,了解因素就变得特别强。简单地说,要是采取实践学习的正确而有力的方法,形式的掌握应该不是在一个语言的抽象体系中,作为自身一致的形式,而是在表述的具体结构中,作为一个变化的和灵活的符号。——作者

代表性的(现代人几乎唯一的联系是书面语)。

就此需要再补充非常重要的一个想法:说话者的言语意识,本质上说,与语言形式本身,与语言本身,根本没有关系。

确实,就像我们刚才所说的一样,对于说话者而言的语言形式仅仅存在于一定表述的语境中,因此,只存在于一定的意识形态语境中。实际上,我们任何时候都不是在说话和听话,而是在听真实或虚假,善良或丑恶,重要或不重要,接受或不接受等。话语永远都充满着意识形态或生活的内容和意义。就像我们对话语本身理解的那样,我们的回答仅仅针对在意识形态或生活内容方面触及我们的话语。

我们运用表述的正确性标准,仅仅是在非正常或特殊的情况下(例如,教授语言)。一般情况下,语言的正确性标准是由纯意识形态的标准所取代的:表述的正确性是由该表述的真实性或虚假性、它的高雅性或庸俗性等所取代的①。

语言在其实际的实现过程中,不可分割地与其意识形态或生活内容联系在一起。这里需要的完全是特殊的目的性,不以说话者意识的目的为转移,不能以抽象地使语言与它的意识形态和生活内容相分离为目的。

如果我们原则上采取这种抽象的分离,如果我们使与意识形态内容相分离的语言形式实体化,就像某些第二个流派的代表人物们所做的那样,那么我们会重新回到标记上去,而不是语言—言语的符号。

语言与其意识形态内容的分离,是抽象客观主义最大的错误之一。

所以,对于使用语言的说话者个人意识来说,语言作为规则一致的形式体系,根本不是语言存在的真正方式。从说话者意识及其活生生的实际社会交际的角度来看,不存在与抽象客观主义语言体系的直

---

① 正如我们下面所要看到的那样,在此基础之上,是不能赞同福斯勒的,不能赞同存在着特别而一定的语言兴趣,这种兴趣每次都不与特殊的意识形态"兴趣"相融合,如艺术的、认识的、伦理的及其他。——作者

接联系途径。

在这种情况下,这一体系究竟是什么呢?

从一开始就很清楚,这一体系是通过抽象化途径获得的,它由从言语流——表述的现实单位中抽象地分离出来的因素所构成。任何一种抽象要成为合理的,就应该符合于任何一定的理论与实践的目的。抽象化可能是有效的和无效的,可能对于一些目的和任务是有效的,而对于另一些则是无效的。

究竟哪些目的是语言学抽象化的基础,并且导致了共时性的语言体系呢?从哪一种角度来看,这一体系是有效的和需要的呢?

那些语言学思维方法对待语言的建立,就如同对待建立规则一致的形式体系一样,是以研究书面记载的僵化的他人语言,作为实践和理论目的的。

必须着重强调指出,这一语文学的方针,在很大程度上决定了欧洲世界的整个语言学思维。这一思维在书面语的尸体上形成并且成熟;在复活这些尸体的过程中,产生出这一思维几乎全部的基本概念、基本立场和习惯。

语文学主义是整个欧洲语言学的必然特征,这是由它产生及发展的历史命运所决定的。无论我们深入到多么久远的时代,去追踪语言学概念和方法的历史,我们到处都可以遇到语言学家。语言学家不仅仅有亚历山大城的学者们,语言学家还有古罗马希腊人(亚里士多德是典型的语言学家);语言学家有印度人。

我们可以直率地说:何时何地产生了语文学的需求,何时何地就出现了语言学。语文学的需求产生了语言学,是它的摇篮,并且把语文学的竖笛留在它的襁褓之中。这根竖笛应该唤醒无声的东西。然而为了在活的言语不断形成之中掌握它,只有声音是不够的。

Н.Я.马尔院士完全正确地指出了印欧语语言学思维的这一语文学实质:"印欧语系的语言学研究,一边掌握已经形成和早已定型的研究客体,即各个历史时期印欧语系的语言,一边由此出发,几乎仅仅依靠僵化的书面语形式,并且首先是死语言,这样它本身自然不能够说明一般言语及其各种形式的产生。"①

或者在其他地方:

"最大的障碍②并不是探索本身的困难或者直观资料的不足,而是我们的科学思维。它受到传统语文学或文化历史观的束缚。它不知道从人类语言学的角度来接受活的语言及其无限自由的创作变化。"③

Н.Я.马尔院士的话是正确的,当然,这不仅是针对为整个现代语言学定调的印欧语语言学的,而且是针对我们在历史上所知道的整个语言学的。正如我们所说,语言学是语文学地道的孩子。

以语文学要求为主导的语言学,总是从完成的独白型表述——古代文献出发,就像从最近的现实性出发一样。语言学研究这种死的独白型表述,或者更准确些,仅仅研究与这些表述同时存在着的、联系它们的语言的共性,在这种研究中提出自己的方法和范畴。

然而,要知道,独白型表述是已经抽象化了的,确实,可以说,是一种自然的抽象化。任何一个独白型表述,也包括书面文献,都是言语交际不可分割的一个成分。任何表述和完成型的书面语,都在回答着什么,针对着某个回答。它只是整个言语活动链条中的一个环节。任何一种文献都在继续着前人的劳动,与他们争辩,等待着积极的回答,预料着回答等。任何文献都是现实不可分割的部分,或是科学的,或是文学的,或是政治生活的。文献作为任何一种独白型表述,其目的是,能够在目前的科学生活或目前的文学活动的语境中被接受,也就是在那个意识形态范围的形成中被接受。它是这一范畴不可分割的一个成分。

语文学家—语言学家把它从这一现实范围中分离出来,把它看成

---

① 参见 Н.Я.马尔的《论雅弗语理论发展的各个阶段》,1926年,第269页。——作者
② 对于研究原始言语来说。——作者
③ 参见 Н.Я.马尔的《论雅弗语理论发展的各个阶段》,1926年,第94—95页。——作者

仿佛是一个有独立意义的孤立整体,而且与它对应的并不是积极的意识形态理解,而是完全消极的理解。这种理解就像任何的真理理解,随时可以作答。语文学家把这一孤立的文献作为一种语言文件,在该语言的共同范围内与其他文献联系起来。

在这种比较和相互说明的过程中,在孤立的独白型表述的语言范围内,形成了语言学思维的方法和范畴。

语言学家所研究的死语言,当然,对他来说是他人的语言。所以,语言学范围的体系完全不是使用该语言的说话者语言意识的认识反射的产物。这不是建立在母语感觉之上的反射,不是的,这是为自己冲开道路,进入他人语言的陌生世界的意识反射。

语文学家—语言学家的消极理解不可避免地反映在从语言学角度来研究的文献本身之中,仿佛这一后者本身就是以这一理解为目的的,仿佛它是为了语文学家而被写成的。

导致这一结果的是虚伪的理解理论,它不仅以语言学的文本解释方法为基础,而且以整个欧洲的语义学为基础。关于话语意义和题材的整个学说,贯穿着消极理解和话语理解的虚假思想,对它的积极回答,很早在原则上被排斥了。

我们进一步看到,这一理解和早就被排斥的回答,其实根本不是语言—言语的理解。这后者的理解不可分割地联系着采取积极的立场来对待所说的和所理解的。消极理解的特征正好是清楚地感觉语言符号的一致性因素,即作为物质标记来接受它,并且与此相一致的是了解因素的优势。

因此,僵死的书面体的他人语言,实际上就这样定义了语言学思维的语言。

摆脱自己的言语和现实语境,对立于不是可能的积极回答,而是语文学家的消极理解,这样的孤立的完成型独白表述,成了语言学思维的最终现实和出发点。

语言学思维产生于研究掌握僵死的他人语言的过程之中,它还服务于另一个目的,已经不是研究的,而是教学的目的:不是思索语言,而是教授研究过的语言。来自科学创造规律学的材料文献,变成了学校的经典的语言例句。

这一语言学的第二个基本任务,是整理教学研究过的语言所必需的资料,把它编纂成符合学校的教学目的,在语言学思维上加上自己本质的印迹。语音、语法、词汇的语言体系的三个方面,语言学范畴的三个有组织的中心,形成于所指出的语言学的两大任务即科学创造规律学与教育学的轨道上。

语文学家是什么样的人呢?

无论语言学家的文化历史面貌存在着多么深刻的差异,从印度祭司到当代欧洲的语言学家,语文学家都是他人的"秘密"书面语和话语的破译者,是破译或继承传统的老师、翻译。

第一批语文学家和第一批语言学家都是祭司。历史还不知道,任何一个历史上的民族的典籍或传说,没有这种程度或那种程度上对外来语和不懂外来语的门外汉。破译这些祭神语言的秘密,就成了祭司——语文学家的任务。

在此基础之上就产生出了最古老的语言哲学:吠陀的词语学、最古老的希腊思想家关于逻各斯的学说以及《圣经》的话语哲学。

为了理解这些哲理诗句,一刻也不能忘记,这是外来语[①]的哲理诗句。如果任何一个民族只知道自己的母语,如果言语对于他来说与其生活的母语一致,如果没有费解的外来言语、外来语言的词汇进入他的视野,那么这样的民族任何时候也不会创造出类似的哲理诗句[②]。有一个惊人的特点:从远古时代至今,各种语言哲学和语言学思维均是以对外来词语和外来语的特殊感觉为基础的,立足于外来语言给意

[①] чужое слово,可译为"外来语""外族语言",有时亦译为"他人话语"。——译者
[②] 根据吠陀教——"高明"的祭司所使用的圣语——是整个存在的主宰者的,也是普通人的主人。"高明的"祭司由于圣语的威力,这里被作为统治者。这一教义包含在黎俱吠陀之中。古希腊的逻各斯哲理诗句和亚历山大的关于逻各斯的理论也是众所周知的。——原编者

识提出的那些任务——破译和讲授已经破译了的东西。

吠陀教的祭司和当代语文学家与语言学家都着迷于思考语言的同一种现象——他族的外来语现象。

然而对本族语言的感觉则迥然不同,更准确地说,它一般根本不会被感觉到是作为一种以一切特有范畴为特征的语言,即在语言学思维中产生的和在古代哲学宗教思维中曾出现过的那些特征。母语是"自家兄弟",感觉起来就像是自己习惯穿的一件衣服,或者还要更好些,就像我们生活和呼吸于其中的那种熟悉的空气。如果词语它已经从一开始就不曾在胜利者头领的口中成为外来语,在它之中就没有秘密;它要成为秘密的,只有在他族人以及别的僧侣口中,在酋长的口中,在祭司的口中,而在那里,它已经成为另外一种词语,它的外形已被改变或者各种生活关系的内容已变化(日常生活习惯的禁忌或者言语的仿古)。只有在这里才会产生出"话语",只有在这里——incipit philosophia, incipit philologia①。

语言学和语言哲学是针对他人的外来语而定位的,从语言学和哲学方面来说,这绝不是偶然和随意的。不是的,这一定位是一种巨大历史作用的表现,表现了外来语在创造一切历史文献过程中所起的作用。外来语的这一作用涉及无一例外的整个意识形态创作范围,从社会政治体制到日常生活礼俗。要知道,正是别族的外来语曾带来文明、文化、宗教、政治组织(苏美尔人带给巴比伦的闪族人;雅弗人带给希腊人;罗马、基督教带给未开化的民族;拜占庭、"瓦利亚基人"、南斯拉夫部族带给东斯拉夫人等)。外来语总是由外来力量和组织引入的,它原先就存在于年轻的占领者侵占的具有古老和高度文明的土壤之中,就仿佛从被奴役的坟墓中发掘出来的外来人的意识形态意识。外来语在各民族的历史意识深处与政权思想、权力思想、宗教思想还有真理思想联系在一起,并且使得话语思想主要是针对外来语定位。

可是,语言哲学和语言学即使至今,也根本不是在客观地认识外

---

① 开始了哲学,开始了语文学。——译者

来语的巨大的历史作用。不是的,语言学至今还受到它的束缚;它仿佛是曾经生气蓬勃的外来语潮流最终滚到我们面前的一朵浪花,是它的专制的和文化创作作用的最终遗迹。

因此,语言学自己成为外来语的产物,还远远不能正确理解外来语在语言和语言意识历史中的作用。相反,印欧日耳曼语文学研究出了理解语言史的一些范畴,这些范畴完全排斥对外来词语作用的正确评价。其实,这一作用是巨大的。

Н.Я.马尔院士曾非常明确地指出了语言杂交作为语言发展的基本因素的思想。语言杂交的因素在他看来,即便对于解决语言的产生问题,也是主要的。

Н.Я.马尔院士说:"杂交,一般来说是各种不同语言形式,甚至类型产生的动因;杂交,是新形式形成的源泉。在整个雅弗语中来考察和深入探讨杂交,这是雅弗语言学最重要的成果之一。……问题在于,声语——原始语、纯粹一个部族的语言是不存在的。正如我们所看到的那样,过去不曾存在过,也不可能存在。语言是社会性的创造,这一社会性产生于各部族相互交际的经济需求,语言正是这一永恒的多部族社会性的积淀……"①

在《论语言的产生》一文中,Н.Я.马尔院士就我们的问题,说了以下的话:"……一句话,把任何一种所谓的民族文化语言作为整个社会的普通母语,是不科学和不现实的,存在着各个阶层共有的、非阶级性的民族语言目前还是一种假设。这还不够。就如同阶层在发展的最初时期,从部族本身中分离出来一样,也绝不是简单的形成,而是通过杂交的途径形成的。具体的各种部族语言,尤其是各种民族语言也同样是语言杂交的各种类型,由简单的多种成分杂交而成。这些成分的这样或那样的结合,就形成任何一种语言。对人类言语进行古生物学的分析,超出对这些部族成分的确定,是不行的。而雅弗理论就坚定地探讨这些成分。所以语言产生的问题就导致了这些成分的产生问

---

① 参见 Н.Я.马尔的《论雅弗语理论发展的各个阶段》,第268页。——作者

题。这些成分不是别的,就是部族的称谓。"①

在这里,我们仅仅指出在语言产生及其发展过程中外来语的意义。这些问题本身超出了我们研究的范围。外来词决定着哲学—语言学的言语思维和所有范畴以及这一思维的方法,对我们是很重要的。

现在,我们不再论述上面提到过的外来语的原始思维特点②以及语言哲学家的那些古老范畴。我们在这里努力指出的仅仅是言语思维决定着现代语言学思维的那些特点,它们是在许多世纪的漫长过程中形成的。我们确信,正是这些范畴也在抽象客观主义的学说中得到了更鲜明的表现。

吸收外来语的特点,以及它们如何成为抽象客观主义的基础,我们将努力扼要地在下面各点中说明。我们将以此来概括上述内容,并在一系列非常重要的条款上对它加以补充③。

(1)各种语言形式的固定不变的一致性因素比它们的变化性占优势。

(2)抽象的比具体的占优势。

(3)抽象的体系性优于历史性。

(4)各个成分的形式优于整体的形式。

(5)孤立的语言成分的具体化取代言语的变化。

(6)话语的意义和重音的单一性取代它的活的多意性和多重音性。

(7)语言是一种由一代人传给另一代人的现成物体的概念。

(8)不能理解语言自身内部的形成。

---

① 参见 Н.Я.马尔的《论雅弗语理论发展的各个阶段》,第315—316页。——作者
② 例如,对话语原始而有魔力的理解,在很大程度上取决于外来语。我们认为,因此才会出现与此有关的各种现象的综合。——作者
③ 在这里不应该忘记,新形式中的抽象客观主义是外来语状况的表现,此时外来语已在很大程度上丧失了自己的权威性和生产力。除此而外,抽象客观主义中吸收外来语的特殊性在减弱,取而代之的是它的思维的基本范畴扩展到吸收活生生的语言和母语。要知道,语言学研究活生生的语言是把它当成死的语言,把母语当成外来语。因此,抽象客观主义的体系与外来语的远古哲理诗句有着十分明显的不同。——作者

我们现在简单地逐个谈谈外来语思维的这些特点。

1.第一个特点无须加以说明。我们已经指出过，理解母语不需要知道完全相同的言语成分，而要理解它们新的语境意义。建立自身一致的形式体系在解读和转达外来语的过程中，是必须的和重要的阶段。

2.第二点依据我们说过的，也已经可以理解了。完成型的独白表述其实是一种抽象化。只有把话语置于其最初实现的现实历史语境中，这一话语的具体化才有可能。在孤立的独白表述中，所有那些连接历史形成的整个具体过程的纽带都被割断了。

3.形式主义和系统性是一种思维的典型特征。这一思维所面对的是现成的，可以说是已被确定的客体。

思维的这一特点具有多种多样的表现。其特征是外来思想（如果没有例外的话）的一般系统化。各种新的意识形态流派的创始人，从来也不是这些流派的形式主义的系统整理者，系统化始于那个时代，当自我感受到掌握了现成的和具有权威性的思想的时候。应该等到创作时代的完成，只有那时才开始形式主义的系统化整理，即自我感觉掌握了外来语和无声词的继承者们的事业。把目标定位于形成过程中，是不可能在形式上系统化的。所以，形式系统化的语法思维能够发展整个自己的内容和力量，只有依靠外来的死语言材料，同时只有在那里这一语言相当程度地丧失了自己魅力，自己神圣的权威性。在对待活语言方面，形式系统化的语法思维不可避免地应该持保守的经院式态度，即把活语言作为已经完成的、现成的来解释。所以，对待任何语言的新东西，都是敌对的。语言的形式系统化思维与语言的活生生的历史理解是互不相容的。从系统的角度来看，历史永远表现为仅仅是一系列偶然性的破坏。

4.语言学，正如我们所看见的那样，是以孤立的独白表述为目标的。人们研究语言文献，与这些文献相对的是语文学家的消极理解意识。所以，整个研究都在该表述的内部范围内进行。表述作为一个整体，其界线很难感觉到，或者甚至根本感觉不到。整个研究工作转向探讨表述的内在论的内部领域。可以说,表述外在活动的一切问题,超出该表述,即独白型整体界线的所有那些联系,因此,都留在了研究视野之外。很清楚,表述整体本身和这一整体的各种形式被排斥在语言学思维之外。确实,语言学思维也无法超出独白型表述的成分。复合句的(长复合句的)结构,这是语言学最大的兴趣。而对于表述整体的构造,语言学提出的是其他学科的原则,演说术和诗学。在语言学那里不涉及整体结构的形式。所以,在表述的各个成分的语言学形式及其整体形式之间,没有不间断的转化,而且根本就不存在任何联系。我们只有采取跳跃的方式,从句法中跳入结构问题,这是完全无法避免的,因为一个表述的整体形式,只有在该意识形态环境的统一体中,在其他表述整体的背景之中被感觉和理解。例如,艺术表述的形式——作品,就只有在文学生活的统一体中,在与其他文学形式的不可分割的联系之中,才能够理解;要是把作品置于作为体系的语言统一体中,把它看成是一个语言文献,我们就无法把它的形式作为文学整体的形式来看待。把作品置于语言体系和放入文学生活的具体统一体,在这两者之间,存在着一个很大的断裂,以抽象客观主义为基础,要克服它,是不可能的。

5.语言形式仅仅是从十分活跃的整个言语活动,即表述中抽象出来的因素。在一定的语言学任务范围内,这样的抽象,当然是完全合理的。可是,在抽象客观主义的基础上,语言形式被实体化了,仿佛成了与现实分离的成分,它能够成为自身孤立的历史存在。这一点非常清楚:要知道,体系作为一个整体,不可能历史地发展。表述作为一个整体,不是为语言学而存在的。所以,剩下来的就只有体系的成分,即单独的语言形式。它们可以不受历史的影响。

所以,语言史就成了一些单个语言形式的历史(语音的、词法的以及其他的),它们的发展不顾体系,自成一个整体,并且不管具体的表述内容[①]。

[①] 表述仅仅是语言形式变化的没有区别的载体。——作者

就像抽象客观主义理解语言史那样,福斯勒非常公正地就此说道:"历史语法提供给我们的语言史,简单地说,就是服装的历史。它不依据对时代款式和趣味的理解,而提出一个按时间和地点编好的清单,上面列着纽扣、别针、袜子、帽子和带子。在历史语法中这些纽扣和带子被称为,比如,弱化或不弱化的 e,轻辅音 t,浊辅音 d,等等。"①

6.话语的含义完全是由它的上下文语境所决定的。其实,有多少个使用该话语的语境,它就有多少个意义②。但是在这种情况下,话语仍然是一个统一体,可以说,它用于多少个语境,也不会分成多少个话语。话语的这种统一体的保障,当然,不仅是由它的语音组成的统一,而且还是由其内在所有意义的统一。怎样使得话语原则上的多义性和它的统一性相协调呢?——这样就可以粗略地和简单地形成意义的基本问题。这一问题只有辩证地加以解决。抽象客观主义是怎样做的呢?对于它来说,话语的统一性因素仿佛是凝固了,脱离了其意义的原则上的多样性。这一多样性被看成是统一固定不变意义的偶尔的泛音。语言学关注的倾向与该语流相关的说话者的活生生的理解倾向是直接对立的。语文学家—语言学家比较了该话语的各种语境,确定了使用的一致性因素,因为对于他来说,重要的是把该话语从无论哪一种相应的语境中解脱出来,并赋予它以语境之外的确定性,也就是从中创造出词典意义。孤立词语和在语境之外稳定词义的这一过程,还通过语言比较加以强化了,也就是在其他语言中寻找平行的词语。仿佛至少在两种语言的界线上,在语言学研究的过程中,意义才被构造出来。语言学家的这一研究复杂化还在于,他虚构着适应于该词语的统一而现实的客体。这一客体是统一的,自身一致的,他还保障着意义的统一性。这种虚构词语字面意义的实际事物,还更促进词义的实体化。要把意义的统一性和它的多样性辩证地联系起来,以此为基础是不可能的。

---

① 参见所指出的福斯勒的文章《语法与语言历史》,第170页。——作者
② 我们暂且不谈意义与主题的差异,这些将在下面论述(第四章)。——作者

抽象客观主义的最根本性错误还表现在以下方面:使用任何一个词语的不同语境,在它看来仿佛是分布在同一个范围内的。语境仿佛形成了一系列定向的封闭的自足表述。其实,远非如此:使用同一个话语的不同语境常常是相互对立的。同一话语的不同语境的这种对立的典型情况,是对话的应答。在这里,同一话语出现在两种相互冲突的语境之中。当然,对话的应答仅仅是不同倾向语境的最鲜明的反映。其实,任何现实表述总是在某种程度上,以某种形式,在赞成着什么,或反对着什么。各种语境不是相互平行而立的,好像互相视而不见,而是处在一种紧张而不断地相互作用和斗争的状态之中。在不同的语境中,话语意义重音所发生的这种变化,语言学根本不予以考虑,在意义统一性的学说中也没有任何反映。这一重音完全不服从于实体化。而且正是话语的多重音给予了它以活力。多重音问题应该与多意义问题紧密相连。只有在这一联系的条件下两个问题才能得到解决。然而,正是这种联系,在抽象客观主义及其基本原则的基础上根本没有得到实现。意义重音被语言学和统一性表述(parole)一起排斥在外①。

7.根据抽象客观主义学说,语言就像现成的作品,由一代人传给另一代人。当然,第二个流派的代表人物把语言继承的传达,比喻地看成是物体的。然而在他们手中这种比拟不仅仅是一种比喻。抽象客观主义一面使语言体系实体化,并且把活生生的语言看成是死的和外来的,一面在对待言语交际流动上使它成为某种表面的东西。这一流动向前发展,而语言则像一个球,一代一代地传下去。然而,语言是和言语流一起运动的,并且无法与它分开。其实,语言不是被传送,它在发展,就像不断的形成过程那样在发展。个人根本就得不到现成的语言,他们参加到言语交际的这一流动中来,更确切些,他们的意识只有在这一流动中才能首先得以实现。只有在教授外来语的过程中,现成意识由于母语之故才是现成的,并与已成现成的语言相对峙,其时,

---

① 这里所说的观点,我们将在本篇的第四章中进一步展开。——作者

现成意识只能接受这种语言。母语不被人们接受,但在其中人们会初次觉醒过来①。

8.抽象客观主义,正如我们看到的那样,不善于把处在抽象的共时性剖面中的语言存在,与它的形成联系起来。作为规则一致的形式体系,语言对于说话者的意识存在着;作为形成的过程,则只对于历史学家而存在。这就排斥了说话者意识本身积极投入历史形成过程的可能性。可以说,辩证地把必然性和自由及语言的职责联系起来,并以此为基础,当然,是完全不可能的。这里占主导的是对语言必然性的纯机械性理解。当然,毫无疑义,抽象客观主义的这一特征与它的死语言和外来语的无意识目的性是联系在一起的。

现在要对我们批判地分析抽象客观主义做一个小结。我们在第一章开头提出的问题,即语言现象的现实性问题,作为特殊的和唯一的研究客体的问题,它的解答是不正确的。语言作为规则一致的形式体系,是一种抽象化。它在理论和实践上仅仅能够适合于破译和教授外来的死语言。在语言事实的生命和形成中,这一体系不可能成为理解和解释它们的基础。相反,它把我们从活生生的语言形成的现实性及其社会功能中引开,尽管抽象客观主义的追随者们,自诩他们观点的社会学意义。抽象客观主义的理论基础是唯理主义和机械主义的世界观前提。这种世界观完全不能提出正确理解历史的根据,而要知道,语言是地道的历史现象。

是否由此可以得出结论,第一个流派的个人主观主义的基本原理是可信的呢?也许正是它能够摸索到语言和言语的真正现实性?或者,也许真理存在于中间,是第一和第二个流派之间,个人主观主义的正题与抽象客观主义的反题之间的折中?

我们认为,这里,就像其他地方一样,真理不是中庸之道,也非正题与反题之间的折中,而是在它们之外,超出它们,既是对正题,也是

---

① 孩子掌握母语的过程是一个孩子逐渐参与言语交际的过程。随着这一参与,孩子的意识逐渐形成,并且由内容来加以充实。——作者

对反题的同样否定，也就是一种辩证的综合。第一个流派的正题，正如我们将在下一章里看到的那样，也要遭到批判。

在这里，我们还把注意力放在以下方面。

抽象客观主义认为，对于语言现象来说，语言体系是唯一重要的，排斥言语行为的作为个体的表述。正如我们曾经说过的那样，抽象客观主义的 proton pseudos① 就在于此。个人主观主义则认为，唯一重要的正是言语行为——表述。然而它把这一行为确定为个体的，所以力图从说话者的个人心理生活环境中去解释它。它的 proton pseudos 就在这里。

其实，言语行为或者准确些，它的产品——表述，在这一词的确切意义上，绝不能被看成是个体的现象，也不能从说话者的个人心理或心理生理环境中去解释。表述是社会的。

下一章，我们将要说明这一命题。

第三章　言语的相互作用

个人主观主义的表现理论。对表现理论的批评。感受与表现的社会学结构。生活意识形态的问题。表述作为一种言语形成的基础。决定语言现实性问题的途径。表述作为一个整体及其形式。小结。

哲学语言学思想的第二个流派，正如我们看到的，是与唯理主义和新古典主义联系在一起的。第一个流派——个人主观主义——是与浪漫主义相连的。浪漫主义在很大程度上是一种对外来语和受它制约的思维范畴的反映。浪漫主义是对外来语文化权力最为直接的最终回归的反应，是对文艺复兴时代和新古典主义的反应。浪漫主义者是第一批母语语文学家，他们试图以母语感受为基础，把它作为意

---

① 拉丁语：主要错误。——原出版者

识和思想形成的 medium（媒介），来彻底改造语言学思维。确实，浪漫主义者一直是语文学家这一词的准确意义上的语文学家。要改造在数百年过程中形成和稳定下来的语言思维，当然，他们是没有能力办到的。然而，无论如何新范畴被引入了这一思维，它们造就了第一个流派的特点。值得注意的是，至今个人主观主义的代表人物，仍是新的语言的专家，主要是浪漫主义者福斯勒、施皮策尔、罗尔克等人。

可是，即便对于个人主观主义来说，独白型表述也是最终的现实，是他们的语言思维的出发点。确实，他们不是从语文学家消极理解的角度去看待它，而仿佛是从内部，从说话者本身自我表现的角度。

在个人主观主义的眼中，独白型表述究竟是什么呢？我们看到，它是一个纯粹的个人行为。它表现个人意识、他的打算、意图、创作动机、兴趣等。表现的范畴，这是那种最崇高而又一般的范畴，在它之中总结了语言行为——表述。

然而，这种表现又是什么呢？

它的最简单和粗略的定义是这样的：在个体心理中以这样或那样方式形成和确定的某种东西，它借助于任何外部符号，对于他人来说，在外部被客体化了。

这样，在表现中存在着两个成分：被表现的（内在的）和对于他人（或者，也许也对于自己本身）它的外部客体化。表现理论，无论它采取哪一种细腻和复杂的形式，都不可避免地必须以这两个成分为前提；表现的整个情况在它们之间发生。因而，任何表现理论都必须先加说明，被表现的在表现之外是怎样能够形成和存在的，说明它已先存在于一个形式之中，然后转入到另一形式之中。要知道，如果不是这样的，如果被表现的从一开始就存在于表现的形式之中，并且在它们之间曾有过数量的转变（在说明和分析等意义上），那么整个表现理论就会崩溃。表现理论必须以内部和外部之间的二元论，以及内部的明显第一性为前提。因为任何一个客观化行为（表现）都是从内到外的。它的源泉来自内部。难怪个人主观主义理论和一般表现理论只有在唯心主义和唯灵论的土壤上才能生长起来。一切重要的在于内部,而外部可以成为重要的,但它只是内在的容器,精神的表现。

确实,内部的东西,一面在成为外部的,在外部表现自己,一面同时就改变着自己的形式。要知道,它不得不掌握外部的材料,这一材料具有与内部格格不入的自己的规律性。在这一掌握材料、克服它、把它变成顺从的表现 medium(媒介)的过程中,被感受的本身和被表现的,在形式上发生了变化,并且不得不走向明显的妥协。所以,在唯心主义的土壤上,在一切表现理论都赖以形成的土壤上,把表现视同歪曲内部的纯洁性一样①,对表现的那种彻底否定,也能够占有一席之地。然而无论如何,一切创造和组织表现的力量在内部。整个外部只是内部装饰的消极材料。表现主要构造于内部,只是转入到外部。由此,理解、说明和解释意识形态现象,应该针对内部,应该回过头来与表现相比较:从外部客观化出发,解释应该透入内部组织的根本。个人主观主义就是这样理解表现的。

以哲学语言学思想的第一个流派为基础的表现理论,在根本上是不正确的。

感受,这被表现的及其外部的客体化,正如我们知道的那样,是由同一材料创造出来的。要知道,不存在符号体现以外的感受。所以,从一开始,就谈不上内部与外部的本质差异。况且,组织和形成的中心不在内部(也就是不在内部符号的材料之中),而是外部。不是感受组织了表现,相反,而是表现组织了感受,首先赋予它以运动的形式和确定性。

确实,我们无论列举哪一个表现—表述的因素,它都是由该表述的现实环境所决定的,首先是由最直接的社会氛围所决定的。

要知道,表述在两个社会组织的人群之间构造起来,如果没有现实的对话者,那么说话者就被认为,可以说,是他从属的那个社会组织的正常代表。话语是针对对话者的,那么针对的这一对话者是谁:是

---

① "说出的思想是谎言"(丘特切夫);"噢,如果没有词语,心灵就可能说话"(费特)。这些声明对于唯心主义的浪漫精神,非常典型。——作者

不是同一社会组织的人,高于还是低于(对话者的等级),是否与说话者有任何更紧密的社会联系(父亲、兄弟、丈夫等)。抽象的对话者,可以说,自我封闭的人,是不可能存在的;我们与他真的没有共同语言,无论是在直接意义上,还是转义。如果我们自己认为,有时感到和说出 urbi et orbi①,那么其实,当然,无论城市还是世界,我们都是通过我们周围的具体社会环境的棱镜而看到的。在大多数情况下,我们在这里先须有某种典型的和稳定的社会视野,而我们所属的社会组织和该时代的意识形态创作都取决于这一社会视野的定位,受到我们同时代文学、科学、道德、法律的左右。

每一个人的内心世界与思维都拥有自己稳定的社会听众,在这一听众的氛围中构造着其内在的论据,内在的动因,评价及其他。该人越有文化,他的听众就越接近意识形态创作的一般领域。然而,无论如何,理想的对话者不会超出一定阶级和一定时代的界线范围。

话语对于对话者的定位意义,是特别重大的。实际上话语是一个两面性的行为。它在同等程度上由两面所决定,即无论它是谁的,还是它为了谁。它作为一个话语,正是说话者与听话者相互关系的产物。任何话语都是在对"他人"的关系中来表现一个意义的。在话语中我是相对于他人形成自我的,当然,自我是相对于所处的集体而存在的。话语,是联结我和别人之间的桥梁。如果它一头系在我这里,那么另一头就系在对话者那里。话语是说话者与对话者之间共同的领地。

然而说话者究竟又是谁呢?要知道,如果话语不是完全属于他,可以说,话语是在他和对话者之间的有限地带,那么要知道话语仍然有整整的一半是属于说话者的。

在这里存在着一个因素,即说话者无疑是话语的所有者,话语因此不可能疏远他。这是实现话语的一个生理学行为。然而,由于这一行为是作为一个纯生理学行为而参加对话的,所以所有权的范畴就用

---

① 罗马语:城市和世界。——原出版者

不上了。

如果我们列举的不是声音存在的生理学行为，而是话语作为符号的存在，那么所有权的问题就特别复杂化了。不用说，话语作为符号，是说话者从社会现有的符号中所采用的，即便是在具体表述中的这一社会符号的个别形成本身，也完全是由社会关系决定的。正是福斯勒分子所谈论的那种表述风格的个体化，是社会相互关系的反映。在这种关系的氛围中该表述被构造出来。同时，可以说，最直接的社会氛围和更广泛的社会环境从内部完全决定着表述的结构。

确实，我们无论列举哪一个表述，哪怕它并不表明某个物体（狭义上的交际），而是表现任何一种需求，例如饥饿，我们确信，它完全是受社会约束的。它首先最直接地取决于话语事件的参加者，与一定情景联系着的直接和间接的参加者。情景形成话语，根据需求或请求，规定不是发别的音，而是发这个音；捍卫权利或哀求宽恕，粉饰的风格或素朴，确信或胆怯等。

这一最直接的情景及其最直接的社会参加者决定着表述的偶然形式与风格。它的结构的最深层取决于说话者所置身的更长久和更重要的社会联系。

如果我们来看一下，还在"心灵"的形成过程中的表述，那么事情的本质不会发生变化，因为体验的结构同样是社会的，就如同它的外部客观化的结构一样。感受的认识程度、清晰度、外形与它对社会的熟悉情况成正比关系。

确实，甚至任何一种感觉的简单而模糊的意识，哪怕是饥饿，没有外部表现，没有任何意识形态形式，是不可能的。要知道，任何一种意识都需要内部言语、内部语气和萌芽状态的内部风格：可能有自己饥饿引起的乞求、懊恼、凶狠、愤恨。这里我们列举的，当然，仅仅是一些内部语气的粗略而明显的方面，其实体验的语气可能是非常细腻和复杂的。在大部分情况中，外部表现仅仅是内部言语方面及其已形成语气的继续和说明。

内部感觉饥饿的语气如何,这既取决于体验的最直接氛围,也取决于挨饿者的一般社会地位。要知道,取决于这些条件,即在哪一种价值环境中,在哪一种社会视野中,来认识饥饿的体验。最直接的社会环境决定着那些可能的听众、同盟者或敌人,饥饿的意识和体验将以他们为目标:是否将抱怨恶劣的自然、命运、自我、社会、一定的社会组织、一定的人及其他。当然,可能存在着,体验的这一社会定位的不同的认识程度、清晰度和分化;然而在无论哪一种价值的社会定位之外,就没有体验。甚至吃奶的婴儿哭,也是以母亲"为目标的"。饥饿感受所引发的鼓动色彩是可能的,因为体验的构造是针对可能的引发、鼓动的理由、反抗的意识等。

在对待潜在的(而有时又是明显能感觉到的)听众方面,可以区分出两极、两端,并且在它们之间,体验可以被认识和在意识形态中形成,它时而倒向这边,时而又倒向那边。我们有条件地把这两端称之为是:"我—体验"和"我们—体验"。

"我—体验"本身追求一种破坏;它越走向极端,就越丧失自己的意识形态形式及其明确性,而接近于动物的生理学反应。走向这一极端,体验就丧失一切潜能、一切社会定向的萌芽,所以也就丧失自己的话语显示。一些单个的和一组组的体验,可能接近这一极端①,其时会丧失自己意识形态明晰性和形式,证明意识的社会不稳定性。

"我们—感受"根本不是含混的、盲从的体验:它是被分化了的体验。况且意识形态的分化、意识性的增长直接与社会定位的坚固性成正比关系。个人所在的集体越巩固、越有组织、越被分化出来,那么他的内心世界就越清晰、越复杂。

"我们—体验"的不同层次以及其意识形态定型的不同类型是可能的。

---

① 至于一群人的性感觉从社会环境中消失以及与此相连的语言认识性丧失的可能性,参见 B.H.沃洛希诺夫的著作《弗洛伊德主义》,莫斯科,国家出版社,1927年,第136—137页。——原编者

比如,挨饿者感到饥饿存在许许多多偶然的情况(失败者、乞丐等)。这种一个个失业者的感受会带上特殊的色彩,并且追求一定的意识形态形式,其范围也相当广泛:体验的色彩有顺从、羞愧、贪婪及其他一些有意义的音调。相应的意识形态形式,于其中发展着体验,是个体流浪者的反抗或者是神秘的忏悔的顺从。

假如,挨饿者属于一个集体,在这个集体中饥饿不是偶然现象,并具有集体的特征,而挨饿者的集体没有固定的物质联系,各有各的饥饿状况。大多数情况下,处于这种状态的是农民。饥饿的体验"大家是一致的",但是由于物质的分散,没有统一的经济联系,每一个人都在狭小而封闭的个人经济的小圈子里忍受着。这一集体没有用于共同行为的统一物质基础。在这种条件下,会出现温顺的、但不是羞愧的和低三下四的饥饿意识,"大家都忍耐着,你也忍耐着吧。"在这一土壤上,不做反抗和宿命的哲学与宗教体系会得到发展(早期的基督教、托尔斯泰主义)。

由客观物质基础联结起来的集体成员(士兵;在工厂围墙内的工人;大型资本家农场的雇农;最终,成熟为"自为阶级"形式)对饥饿的体验就迥然不同。这里在体验中主要是积极而坚定的反抗氛围,这里没有顺从和俯首听命的语气。对于体验的意识形态的明晰性和形式,这里是最有利的基础①。

我们把所有体验的类型清理了一下,梳理了它们的转换的基本音调和可能有的表述的相应形式。社会情势处处决定了,从这一体验的语调倾向中,什么样的形象,什么样的隐喻以及什么样的表述形式可以得到发展。

个体的自我体验具有一种特性。这不是我们上面所确定的,狭义上的"我—体验"。个人的体验完全被区分出来并形式化了。个人主义就是资产阶级的一种特殊意识形态形式"我们—体验"(也存在着

---

① 关于表现饥饿问题的有趣材料,可以在福斯勒学派的著名当代语言学家列奥·施皮策尔的著作中找到:Spitzer L. *ltalienischen Kriegsgefangenenbriefen*; *Die Umschreibungen des Begriffes Hunger*.这里的主要问题是,词语和形象对于特殊环境条件的灵活适应性。可是,至于真正的社会态度,作者并未涉及。——原编者

封建—贵族阶级个人主义的自我体验的类似典型)。体验的个人主义典型是由牢固而可靠的社会定位所决定的。个人主义自身的确定性和自我价值的体验，不是源于内部，不是源于个性的深处，而是来源于外部：这是用我的个人经济活动的整个政治结构，来对我在法律、客观确定性和防御性中的社会属性和自卫状况，进行意识形态的解释。意识的个性结构，就像体验的集体典型一样，也是一种社会结构：这是一种投射到个体心灵之中的，对复杂而稳定的社会经济状况所做的确定的意识形态解释。然而，在个人主义的"我们—体验"这一典型中，就像在相应于它的结构中，存在着一种内部矛盾，它迟早会打破它的意识形态形式。

孤独的自我体验典型是一种类似的结构("能力和力量在自己的正义性中是孤立的"，就像罗曼·罗兰塑造的这一典型一样，托尔斯泰也多少有点如此)。这一孤独的高傲也是依赖于"我们"。这是现代西欧知识界的"我们—感受"特点的不同表现形式。托尔斯泰关于存在为了自己和为了公众这两种思维的论断，其实只是在比较公众的两种概念。这种托尔斯泰的"为己"，实际上仅仅是指其他的、他所特有的听话者的社会概念。所以，在可能表现的目的之外的思维，在这一表现及思维本身的社会定位之外的思维，是不存在的。

所以，可以说，来自内部的说话者个性完全是社会相互关系的产物。不仅外部表现而且内部体验也是社会范畴。这样，存在于内部的体验("被表现的")及其外部客观化("表述")之间的整个道路，完全位于社会范畴之中。当体验最终以表述形式实现时，它的社会定位的形成是依据说话的最直接的社会氛围，首先是具体的对话者。

我们上面所说的，是对我们所研究的意识和意识形态问题的一种新理解。

在客观化之外，在以一定的物质形式(手势、内部话语、喊叫的物质形式)体现之外，意识是一种虚构。这是一个不好的意识形态结构，它是把社会表现的具体事实通过抽象化的途径来构造的。然而，意识

245

是有组织的物质表现(以话语、符号、图纸、色彩、音符等意识形态材料形式)。意识是一个客观事实和一种巨大的社会力量。确实,这一意识不是凌驾于存在之上,并且不可能从本质上规定存在,而它自己就是存在的一部分,是它的力量之一,所以它拥有现实,在存在的舞台上起着作用。当意识作为表现的内部萌芽存在于意识者的头脑中时,这还是很小的一片存在,它的活动区域还太小。然而,当它经过社会客观化的所有阶段和进入科学、艺术、伦理、法律的动力体系时,它就成了一种现实力量,并且甚至能够给予社会生活的经济基础以反作用。当然,这是意识力量在一定社会组织中的体现,它被确定为一些固定的意识形态表现(科学、艺术及其他)。然而当它即使出现在思想和体验的最初的模糊形式中,它就已经是一个小小的社会事件,而非个人内部的行为了。

体验从一开始就是以充分的现实意义的外部表现为目标,努力实现它。这一体验的表现可能被实现,也可能受阻,受扼制。在这后一种情况中,体验成为一种受阻的表现(至于受阻的原因和条件的问题非常复杂,我们这里就不涉及了)。被实现的表现,同样给体验以强大的反作用:它在开始把内部生活联系起来,给予它更稳定的表现。

这种形成的和稳定的表现对体验(即内部表现)引起的反作用,具有重大意义,并且应该永远受到重视。可以说,与其是表现适应于我们的内部世界,倒不如说我们的内部世界适应于我们表现的可能性及其可能的途径与方向。

生活体验以及与之直接相连的外部表现的一切总和,我们称之为生活意识形态,它不同于已经形成的意识形态体系——艺术、伦理、法律。生活意识形态是未经整理和未定型的内部和外部的言语自然现象,它说明每一个我们的行为、举动和每一个我们的"意识"状况。注意到表现和体验的结构的社会性,我们可以说,我们理解的生活意识形态主要与马克思主义文献中的"社会心理"这一概念相一致。在这里的语境中,我们宁愿先避开词义上的"心理",因为对于我们来说重要的只有心理和意识的内容,而它完全被意识形态化了,它不取决于个人机体的(生物学的、生理学的)而是纯粹社会性的因素。对于理解意识内容的基本创造的和生动的线索来说,个人机体的因素根本就不存在。

社会伦理、科学、艺术以及宗教等已形成意识形态体系,已经从生活意识形态中独立出来,并且同样给予后者以积极的反作用,给这一生活意识形态定调。然而,同时这些已形成的意识形态的产品与生活意识形态一直保持着最生动的有机联系,汲取它的乳汁,而在它之外,则都是死气沉沉的,就像死了一样,如处于生动的评论和接受之外的完成型文学作品或者认识思想。然而,要知道,无论哪一种意识形态作品的存在,都只是为了这一接受,它是由生活意识形态语言来完成的。生活意识形态把作品引入一定的社会情境。作品与接受者的全部意识内容联系在一起,并且只有在这种当代意识的语境中才能够被理解。作品在意识的(接受者意识的)这一内容的精神中得到解释,由它给予新的说明。这里就是意识形态作品的生命。作品在自己历史存在的每一个时期,都应该与变化着的生活意识形态加强密切的联系,深入到它之中去,从中汲取新的乳汁。只有这样,作品才能够与该时代生活意识形态保持那种不间断的有机联系,才能够在该时代获得生命(当然,是在该社会组织中)。在这种联系之外,它就不再存在,因为它不再作为意识形态意义的作品被感受了。

在生活意识形态中,我们应该区分出一些层次。这些层次取决于测量体验和表现的社会规模,取决于他们不得不直接弄清的那些社会力量。

这样的体验或表现得以实现的视野,也许,正如我们已经知道的那样,或多或少是广阔的。体验的小宇宙则可能是狭小的和模糊的,体验的社会定向可能是偶然的和瞬间的,它仅仅是以一些人的那种偶然的和不稳定的派别为特征的。当然,即使这些千变万化的体验,也是意识形态化和社会化的,但是它们已经濒于病态的边缘。这种偶然的体验被隔绝在这一个人的心灵生活之中。它不能够得到确定并找到被分类的和完成型的表现:要知道,如果它丧失了社会上基本而稳定的听众,那么,哪里会有它的分类和完成的基础呢?把这种偶然的体验确定下来(书面的,尤其是印刷的)这种可能性就更小了。当然,像这种瞬间的和偶然的环境中产生的体验,无论如何不可能进一步发展成社会力量与现实。

这种体验构成了生活意识形态中最低级的、流动的和快速变化的层次。因此,所有那些模糊的、发育不足的、闪烁在我们心灵中的体验、思想和偶然的废话,全都属于这一层次。所有这一切,都是不能面向生活的、社会定向的早产儿,这里没有人物的小说和没有听众的演说。它们无论如何丧失了逻辑与统一性。在这些意识形态的断裂处要摸索到社会学的规律性,是非常困难的。在生活意识形态的低级层次中,可以捕捉到的仅仅是统计的规律性;只有在大量的这种产品的基础上,才能显示出社会经济规律性的基本线索。当然,实际上要揭示个别偶然的体验或表现社会经济的出发点,是不可能的。

生活意识形态的另一些高级层次,直接连接着意识形态体系,更本质,更重要,并具有创造特征。它们比已形成的意识形态更活跃和敏感:它们能够更快、更清楚地转达社会经济基础的变化。正是在这里聚积了那些创造力量,借助于它们,产生了对意识形态体系的部分或根本的改造。新形成的社会力量首先寻找着自己的意识形态表现和在生活意识形态的这些高层次中的形式,他们首先要能够去占领有组织的正式意识形态的舞台。当然,生活意识形态的这些新流派,在斗争过程中,在逐步深入到意识形态组织(出版、文学、科学)的过程中,无论它们多么革命,是受到现存的意识形态体系的影响的,部分地吸收着积累下来的形式、意识形态的素养和观念。

一般被称为"创作个性"的东西,是这个人社会定向的基本固定而通常的路线的表现。属于这种表现的,首先是内部言语(生活意识形态)外在的、更形式化的层次,生活意识形态的每一个形象、每一个语调都经历过表现的阶段,仿佛经受过表现的考验。所以,这里汇集了话语、语调和内部话语的手势,它们或多或少地在广阔的社会范围内完成了外部表现的经验,仿佛它们是由社会听众用反应和应答、回击或支持给以社会地精细加工过了的东西。

在生活意识形态的低级层次中,当然,生物的传记因素起着本质的作用,然而随着表述深入到意识形态体系中去,它的意义就越来越降低了。所以,如果在体验和表现(表述)的低级层次中生物的传记式阐释能够提供点什么,那么在高级层次中这种阐释的作用就很可怜。客观社会学方法是这里真正的主人。

这样,以个人客观主义为基础的表现理论,应该被我们推翻。任何表述、任何表现的组织中心,不是在内部,而是在外部:在围绕个体的社会环境之中。真的,只有不清晰的动物叫声来自个体的生物器官。在它那里,对待生物反应没有增加任何意识形态因素。然而由个人机体实现的最原始的人类表述,从其内容、含义和意义来看,就已经是在它的外部,即在社会环境的机体外部的条件下组成的。像这样的表述,无论是由环境所决定的最直接表述,还是由该说话者集体环境的整体所决定的深一层表述,都完全是社会的相互作用的产物。

与抽象客观主义学说相反,单个表述(parole)根本不是不受社会分析支配的它的个性的个人行为。要知道,如果要是这样,那么无论是所有这些个人行为的总和,还是所有这些个人行为的共同的任何一般的抽象因素("规则一致的形式"),都不能够产生出任何社会产品。

个人主观主义正确的方面在于,单个的表述是语言真正具体的现实,并且语言中的创造意义是属于它们的。

然而个人主观主义不正确的方面是,它忽视和不理解表述的社会属性,并试图把它作为说话者内部世界的表现,而从其内部世界排斥出去。表述和被表现体验本身的结构,是社会的结构。表述的风格形式,是社会的形式,并且语言现实所真正归入的表述言语流本身是一种社会的语流。其中间的每一滴都是社会的,它形成的整个进程也是社会的。

个人主观主义非常正确地表明,不能把语言形式和它的意识形态内容分割开来。任何一个话语,都是意识形态性的,并且任何语言的运用,都联系着意识形态的变化。然而个人主观主义的错误在于,它也是从个人心理的环境中引出话语的这种意识形态内容。

个人主观主义的错误还在于,它和抽象客观主义一样,主要还是从独白型表述出发的。确实,某些福斯勒分子在开始面向对话的问题,所以,他们较正确地理解言语的相互作用。我们已经提到的列奥·施皮策尔的著作 *ltalienische Umgangsschprache*① 在这方面是非常有代表性的。在这本书里,他努力在与说话环境的紧密联系中,来分析意大利口语的形式,并且首先是从对话者的角度②。可是,列奥·施皮策尔的方法是描述心理学的。列奥·施皮策尔并没有从自己的分析中得出相应的社会学原则的结论。所以,对于福斯勒分子来说,独白型表述仍然是基本的现实。

奥托·迪特里希曾明确提出过言语相互作用的问题③。他是从批判把表述当作表现的理论出发的。语言的基本功能在他看来不是表现,而是提供信息。这就促使他去考虑听者的作用。奥托·迪特里希认为,语言现象的最起码条件是两个人(说话者与听话者)。可是,奥托·迪特里希的一般心理学前提是与个人主观主义一致的。他的研究同样丧失了一定的社会学基础。

现在我们可以回答本篇第一章开头中所提出的问题了。语言——言语的真正现实不是语言形式的抽象体系,不是孤立的独白型表述,也不是它所实现的生物心理学行为,而是言语相互作用的社会事件,

---

① 《意大利日常用语》。——译者
② 在这方面书的结构本身就很有特点。书分为四章。这就是四章的标题:Ⅰ. Eröffnungsformen des Gesprächs. Ⅱ. Sprecher und Hörer;A.Höflichkeit(Rücksicht auf den Partner). B.Sparsemkeit und Verschwendung im Ausdruck;C.lneinandergreifen von R de und Gegenrede.Ⅲ. Sprecher und situation. Ⅳ. Die Abschluss des Gesprächs.在研究现实话语环境中的口语方面,赫尔曼·万德尔利赫是列奥·施皮策尔的先驱者。参见他的论著;Wunderlich H.*Unser Umgangsschprache*.1894。——原编者
③ 参见 *Die Problemen der Sprachpsychologie*(1914)。——原编者

是由表述及表述群来实现的。

这样,言语的相互作用是语言现实的基础。

对话,在这一词的狭义理解上,当然,仅仅是言语相互作用的形式之一,确实是最重要的形式。然而又可以从广义上去理解对话,把它看成不只是人们面对面直接大声的言语交际,而是无论什么样的,任何一种言语交际。书籍,即印刷出来的言语行为,也同样是言语交际的因素。它一般是在直接的和生动的对话中被讨论着,但是,除此之外,它针对的是联系着批评和内在反驳的积极接受,是在言语交际这一范围内产生出来的、以不同形式组织而成的书面反应(评论、专题报告、对以后著作的一定影响等)。其次,这种言语行为必须是针对无论作者本人,还是其他人的那一范围内的过去行为,从科学问题或艺术风格的一定状况出发。这样,书面的言语行为仿佛进入了大范围的意识形态对话:回答着什么,反驳着什么,肯定着什么,预料着可能的回答和驳斥,寻求着支持,等等。

任何一个表述,无论其意义和自我完成如何,都只是连续的言语交际的(生活的、文学的、认识的、政治的)因素。但是这种连续的言语交际本身,同样,只是该社会集体不断全面形成的一个因素。从这里产生一个重要问题,即研究与非语言环境具体相互作用的联系问题,通过这一环境,联系更为广阔。这一联系的形式是各不相同的,而在与这一或那一形式的联系中,环境的不同因素会有不同的意义(如在艺术交往与科学交往中,这些与环境的不同因素的联系是互不相同的)。在与具体环境这一联系之外,言语的交际任何时候都是不可理解与说清楚的。语言的交际与其他类型的交际是不断交织着的,在生产交往的与它们共同的土壤上成长着。把话语与这种永远生成的交际分开,当然,是不行的。在这种与环境的具体联系中,言语交际总是伴随着非言语特征的社会行为(劳动行为、宗教仪式的象征行为、礼节等),常常只是它们的补充并且所起的仅仅是服务作用。语言是生活着的,并且正是在这里历史地形成的,在具体的言语交际中,而不是在抽象的语言学的语言形式体系和说话者的个人心理之中形成。

由此得出,研究语言的方法论上的基本次序应该是这样的:(1)在与具体环境联系中的言语相互作用的形式与类型;(2)与相互作用密切相连的单个表述、单个言语行为的形式,它们是相互作用的成分,即由言语相互作用所决定的生活和意识形态创作中的言语行为体裁;(3)由此得出,在它们的一般语言学的阐释中来重新看待语言形式。

语言的现实形成也经过了这样的次序:社会交际的形成(根据基础),在它之中形成言语交际和相互作用,在后者中形成言语行为的形式,并且这一形成,最终反映在语言形式的变化之中。

从所有上述的一切中,就得出表述作为一个整体的形式问题的特殊重要性。我们已经指出过,现代语言学缺乏表述本身的探讨,没有进一步分析它的成分。其实,表述是言语流动的现实单位。然而,正是为了研究这一现实单位的形式,不能把它从表述的历史流动中孤立出来,作为一个整体,表述只有在言语交际的流动中才能得到实现。要知道,整体是由它的界线所确定的,而界线的划定是根据该表述与话语之外环境以及话语环境(即其他表述)的接触线。

生活表述的第一个词和最后一个词,开头和结尾,这就已经是整体的问题了。广义地理解言语过程,作为内部和外部的言语生活过程,一般是不间断的,它不知道哪儿是开头哪儿是结尾。外部现实的表述,是漂浮在内部言语的无际海洋上的一个个小岛;这些小岛的大小和形式取决于表述的这一环境及其听众。环境和听众使得内部言语化为一定的外部表现,这种表现直接被置于未说出来的生活环境之中,由其中别的表述参加者的行为、举动或表述回答来丰富。完成型的问题、感叹、命令、请求,这是生活表述最典型的整体。它们(特别是诸如命令、请求)全都需要话语之外的补充,也就是话语之外因素的补充。完成这些小的生活体裁的形式本身取决于话语与非话语环境的摩擦,话语与别的话语(别人的)之间的摩擦。例如,命令的形式取决于它可能遇到的障碍,服从的程度等。体裁的完成在这里是与生活环境的那些偶然而又不可重复的特点相符合的。只有在存在着由日常生活和环境所确定的,哪怕是稍略稳定一点的生活交际形式的地方,才能够谈论在生活言语中体裁完成的一定形式。例如,体裁完成的特殊形式产生于灵活的和不对任何负责的沙龙闲聊中,在那里大家随心所欲,在那里(听众)的根本区别就是男人和女人。在这里形成暗示语、未尽之言、玩笑小故事的联想等形式。完成的另一种形式产生于男人与女人、兄弟与姐妹的交谈中。在任何一个机关、任何一个地方等,偶尔聚集起来的不同类型的人们按次序发表的声明和反驳,开头和结尾都迥然不同。农村的晚间集会、城市的酒宴、工人午饭休息时的闲谈等都有自己的方式。每一个稳定的日常生活环境都拥有一定的听众组织,所以都有小生活体裁的一定角色。任何日常生活体裁都要被纳入适合于它的社会交际轨道,成为其形式、结构、目的和社会组成的意识形态反映。日常生活体裁是社会环境的一部分:节日的、闲暇时候的、在旅馆和工厂里交际的等。它与这一环境相连,受它的限制,并且由它决定自己一切的内部因素。

表述构造的其他形式来自劳动生产过程和业务往来过程。

至于意识形态的交际形式,就这一词语的准确意义而言:公式、宣言及其他,诗学表述、科学论文等,这些形式都经过了在演说术和诗学方面的社会研究。然而,正如我们已经说过的那样,这些研究一方面完全是与语言问题脱节的,而另一方面又是与社会交际相脱离的[①]。

要有效地分析各种表述的整个形式,把它们作为言语流动的现实单位,就只有在承认单个表述是纯社会现象的基础上才有可能。马克思主义的语言哲学应该以表述是一个言语的现实现象和社会意识形态结构为基础。

在指出了表述的社会学结构之后,我们将回到哲学—语言学思想的两个流派上来,并作出最终的结论。

---

① 至于诗歌作品与艺术交际环境的脱离,并由此产生的它的物化问题,参见我们的论著《生活话语与艺术话语》。——作者

哲学—语言学思想的第二个流派(抽象客观主义)的追随者、莫斯科语言学家 P.绍尔用下面的话结束自己对现代语言学现状的简要描述。

19 世纪浪漫主义语言学说过,"语言不是一个物(ergon),而是人的一种自然的天赋的活动(energeia)"。现代理论语言学则说得不同:"语言不是一个个人的活动(energeia),而是人类历史文化的财富(ergon)。"①

这一结论的片面性和偏见是显而易见的。从事实上来看,它是完全不可信的。要知道,福斯勒的学派也属于现代理论语言学,是现代语言学思想最强有力的运动之一。不能允许把现代语言学仅仅与它的一个流派等同起来。

从理论观点上来看,P.绍尔所构造的无论是正题,还是反题,同样都应该被抛弃,因为它们与语言的真正属性同样是不相符的。

我们努力在结尾用不多的几点来表述我们的观点:

(1)语言作为一种固定的规则一致的形式体系,仅仅是一种科学的抽象化,只有在一定的实践和理论目的中才有效。这种抽象化是与语言的具体现实不相符的。

(2)语言是一个由说话者的社会言语相互作用而实现的不断形成过程。

(3)语言形成的规律绝对不是个人心理的规律,但是它们也不可能脱离说话者个人。语言形成的规律是社会学的规律。

(4)语言创作是与艺术创作或任何其他的社会意识形态创作不相符的。然而,同时语言创作要是脱离它所包含的意识形态思想和意义,就不能够被理解。语言的形成就像任何一个历史形成一样,可以作为一种不清楚的机械必然性被感触到,然而当它成为一种被认识到的和被期待的必然性时,也可能成为"自由的必然性"。

(5)表述结构是纯粹的社会结构。表述,就其本身而言,存在于说

---

① 参见 P.绍尔的《现代语言学的危机》,第 71 页。——作者

话者之间。个人的言语行为(在"个人的"一词的准确意义上)——contradictio in adjecto①。

第四章 语言中的话题与意义

话题与意义。积极接受问题。评价与意义。意义的辩证。

　　意义问题,是语言学最难以解决的问题之一。在解决它的过程中,特别鲜明地表露出语言学单方面的独白主义。消极理解的理论,不可能涉及语言知识的最基本的和本质的特点。
　　在我们研究的范围内,我们不得不局限于仅仅对这一问题展开非常简短和表面的研究。我们努力指出的只是有效研究的基本线索。
　　确定而统一的意义、统一的含义,属于任何一个作为整体的表述。我们称整个表述的这一思想为它的话题②。话题应该是统一的,否则,我们就没有谈论一个表述的任何基础。表述的题目,实际上,是个人的,并且作为表述本身是不可重复的。它是产生表述的具体历史环境的表现。表述"几点钟了?"每一次都具有另外的意义,所以,按照我们的术语,有另外的话题,取决于那一具体的历史环境(历史的——在微观的范围内),在当时的环境中它被说出来,实际上,它就是环境的一部分。
　　由此得出,话题不仅仅取决于语言学内部构成的形式,如词汇、词法、句法的形式,语音、语调,而且还取决于表述外部的环境因素。丧失了这些环境因素,我们同样也不能理解表述,就如同丧失了其中的最重要的词语。表述的话题是具体的,具体得就像该表述所属的那一

---

① 这是矛盾的说法。——译者
② 符号,当然,是约定俗成的。在这里话题也包括它的完成,所以不应该把我们的概念与艺术作品的主题混淆起来。与此接近的是"题目统一"的概念。——作者

历史瞬间。表述只有被放置在完全具体的氛围中，就像一个历史现象，才能拥有话题。这就是表述的话题。

可是如果我们局限于每一具体表述及其话题的这一历史不可复性和统一性，我们就是糟糕的辩证论者。与话题并列，或者更确切些，在话题的内部，属于表述的还有意义。与话题不同，我们通过意义了解表述的一切因素，这些因素在一切重复中被反复和保持自身的一致。当然，这些因素是抽象的：在假定孤立的形式中，它们不能具体独立地存在，然而同时它们又是表述不可分割的、必不可少的部分。其实，话题是不可分割的，相反，表述的意义可分成一系列进入其中的语言因素的意义。不可重复的表述话题"几点了？"，它与具体的历史环境有着密切的联系，不能把它分成因素。当然，表述的意义"几点了？"在所有历史的说话环境中都是一样的，由进入其中的词法和句法联系、疑问语调等的词语、形式意义所构成。

话题，是一个复杂的很活跃的符号体系，它试图等同于该形成因素。话题是形成意识对存在形成的反应。意义是实现话题的技术装置。当然，在话题与意义之间划上一条绝对机械的界线是不可能的。不存在没有意义的话题，也不存在没有话题的意义。况且，要是不把意义表示为话题的一个因素，即不构造表述"例子"，就不能哪怕是指出任何一个单独词语的意义（例如，在教别人外语的过程中）。另一方面，话题应该依靠意义的某种确定性，否则，意义则要丧失与过去和未来的联系，即丧失自己的一般含义。

对各原始民族语言的研究和当代的古代意义研究，得出一个结论，即所谓原始思维的综合性。原始人使用任何一个词语，都是为了表示最多的现象，在我们看来，现象之间并没有任何联系。不但如此，同样一个词语可以表示迥然不同的概念，如往上和往下、大地和天空、善和恶等。Н.Я.马尔院士说："完全可以说，当时一个民族所使用的仅仅是一个词，用它来表示只有人类才意识到的所有意义，当代的古代语言学为我们研究这一时代,提供了可能性。"①

也许会向我们提出这样的问题,然而这种曾经表示一切意义的词语还是词语吗?正曾是词语。相反,要是任何一个声音综合体只有一个不活跃不变化的意义,那么这一综合体就不是词语,不是符号,而只是标记②。意义的多重性,就是词语的构成特征。至于 Н.Я.马尔所说的多少能表示一切的词语,我们可以这样说:其实,这种词语几乎没有意义;它完全是话题。它的意义与其实现的具体环境是分不开的。这一意义每一次都不一样,就像环境每一次不一样那样。所以,在这里话题吞噬和融合了意义,不让它稳定,哪怕是一点的稳定。然而,随着语言的发展,音符储存的扩大,意义开始根据主要的、在集体生活中经常重复的话题,运用这一或那一词语的线索,稳定下来。

话题,正如我们说过,只属于整个表述,而要属于个别的词语,就只有当它是作为整个表述出现的时候。这样,例如,Н.Я.马尔的表示一切意义的词语总是作为整体出现的(所以也没有确定的意义)。意义只属于成分与整体关系中的成分和成分综合体。当然,如果我们根本脱离了与整体的关系(即与表述的关系),那么我们将彻底丧失意义。所以不能够在话题和意义之间划上一道清楚的界线。

最正确地表示话题与意义的相互关系是以下方式。话题是语言含义的表层和现实的界定;实际上,只有话题说明着某个确定的东西。意义是语言含义的深层界定。意义,实际上,并不说明着什么,而只是拥有具体话题中的意义的一种潜能和可能性。研究这种或那种语言成分的意义,根据我们所说的定义,可以通过两条途径:或是通过表层界定,即话题途径,在这种情况下,这将是一种在具体表述环境中的对该词语的上下文意义的研究;或是可以努力做深层的界定,即意义界

---

① 参见 Н.Я.马尔的《论雅弗语理论发展的各个阶段》,第278页。——原编者
② 由此看出,Н.Я.马尔所说的哪怕是最原始的词语,也一点不像有些人要把语言加以简化成的那种标记。要知道,意味着一切的标记,完全不能起到符号的作用。标记完全无力应付环境条件的变化。其实,标记的变化就是用另一个标记来替换。——原编者

定。在这种情况下，这将是一种在语言系统中词语意义的研究，换句话说，是词语的词汇意义研究。

区分话题与意义，正确理解它们之间的相互关系，对于建立真正的意义科学是非常重要的。至今这一重要性还未得到充分的理解。区分词语的一般和偶尔的意义、主要和次要的意义、意义和共同意义等，是很不令人满意的。以所有类似区分为基础的主要倾向，即把其主要意义归于意义的主要和一般的因素，这里把它作为现实存在的和确定的因素来看待是完全不可靠的。除此而外，话题成为不可理解的，当然，它绝对不可能归为词语偶尔的或次要的意义。

话题与意义之间的不同在与理解问题的联系中特别清楚。我们在这里扼要地谈谈。

我们已经谈过那种事先就排除了回答的消极理解的语文学类型。任何真正的理解都是积极的，并且是准备着回答的。只有积极理解才能够把握话题，只有借助于形成才能把握形成。

理解别人的表述就意味着要确定对它的态度，找到在相应的语境中它应有的位置。就所理解的表述的每一种话语，我们都仿佛要分别找出一系列自己相对应的话语。它们越多，越涉及本质，理解就越深入，越触及本质。

所以，每一个区分出的表述含义成分和整个表述，由我们引入了另一个积极的、回答的语境中。任何一种理解都是对话的。理解与表述对立，就如同在对话中一个对语与另一个对语的对立，理解寻找着说话者词语的对立语。只有对外国词语的理解，才能在母语中寻找着"同等"的词语。

所以无须说明，意义就其本身而言，属于词语。实际上，它属于说话者之间的词语，即它只有在回答的、积极理解的过程中得以实现。意义不在词语之中，不在说话者的心中，也不在听话者的心中。意义是说话者与听话者凭借该语音综合体，相互作用的结果。这是只有当两个不同极连在一起时出现的电光。谁忽视只针对积极回答理解的话题,并且在词语意义的确定方面,试图对意义做低级而稳定的、与自身同一界定,谁事实上就是想断了电源,来开电灯。只有言语交流的电流,才能给予词语以意义之光。

现在我们转来谈意义科学的最重要的问题之一,即评价和意义的相互关系问题。

任何一个事实上已说出的词语,都具有不只是这些词语具体的内容意义上的话题和意义,而且还有评价,也就是一切具体内容都包含在活生生的言语之中,都是在与一定评价重音的联系中被说出来或写下来。没有评价重音就没有词。究竟什么是评价重音,它与意义的具体关系怎样呢?

话语中所包含的社会评价最清楚,而且同时也是最表层地借助于表达声调转达出来。在大多数情况下,声调取决于直接的情境和往往最短暂的环境。确实,声调也许更重要。举一个在生活言语中运用声调的典型例子。陀思妥耶夫斯基在《作家日记》中说:

"一次在星期天,已经快入夜了,我不得不经过距六个一伙的酒鬼约十五步远的地方,我突然确信,可以只用同一名词的说法,至少不是太复杂的①,就可以表达所有思想、感觉乃至非常深刻的论断。有一个小伙子尖声而有力地说出了这一个词,以便表达自己对他们过去所谈内容的最蔑视的否定。另一个回答他时,也重复这一名词本身,然而已完全是用另一种声调,并且表达另一个意思,正是表达了对第一个小伙子否定的正确性的全部怀疑。第三个突然对第一个小伙子愤怒起来,谈话中充满了激动和刺耳的话,也冲着他喊着同样的名词,然而已含有骂人的意思。这时第二个小伙又冲着第三个小伙、骂人者发火,用这样的意思来制止他:'你为什么这样乱说,小伙子?我们在心平气和地议论,而你是从哪钻出来的,乱骂菲尔克!'瞧,他说出所有这一意思,也是用同样的一个宝贝词,用同样非常简短的一个客体称呼,只是抬起手抓住第三个小伙的肩。但是这时突然第四个小伙子,整个

---

① 谈的是一句最流行的粗话。——作者

这伙人中最小的一个,至此一直沉默着的,大概忽然找到了解决原来造成争吵困难的办法,兴奋地抬了抬手,喊着……妙,你们想出来了吗?找到了,找到了吗?没有,完全不妙并且没找到;他只重复着那同样一个没有词典意义的名词,只是一个词,总共就一个词,但只是兴奋地,兴高采烈地尖叫着,看来,是太用力了,所以第六个忧郁的年龄最大的小伙子对此就'看不惯',他一下就制止了乳臭未干的毛头小伙的兴奋,转向他,并用忧郁而有教训意味的低沉口吻,重复着那同一个在妇人面前不能说的名词,而且明确地表示着:'喊什么,住口!'就这样,没说别的话,他们都重复着的仅仅是一个词,但却是他们最喜爱的词,重复了六次,一次接一次,互相都很清楚。这是事实,我是这件事的见证者!"①

尽管酒鬼的所有六次"言语行为"都是由同一个词所构成的,但它们是不同的。实际上,这一词只是声调的支点。谈话在这里是由表现说话者评价的声调来进行的。这些评价及与其相一致的声调完全取决于谈话的最直接的社会环境,所以它们不需要某种物体的支撑。在生活言语中,声调往往具有完全独立于言语含义构成的意义。积聚着的内部声调材料常常在完全不适合该声调的语言构造中寻找着出路。同时,声调无法进入结构的精神和物质的含义。我们有表情地表现自己的情感,并深刻地叙述着偶尔受我们影响的某个词,往往是虚拟的感叹词或副词。几乎每一个人都有自己惯用的感叹词或副词,或者有时还有语义饱满的词,人常常用它来作为一种纯声调的解释,解释细微的、而有时又是很大的日常生活环境和心情。诸如此类的声调表现有:"这样、这样""是、是""这个、这个""好、好"等。这类词通常的特点是重复,即人为地延长声音形象,以便使集中的声调成为过去。同一个惯用的词,当然,说出来有着很大的声调差异,它取决于生活环境和心情的多样性。

在所有这些情况中,每一个表述所固有的话题(这是六个酒鬼所

---

① 《陀思妥耶夫斯基全集》,第 9 卷,圣彼得堡,1906 年,第 274—275 页。——原编者

说的每一个话语所特有的话题），得以充分实现凭借的只是表达的声调，并不借助于词的意义和语法联系。这样的评价和与其相应的声调不可能超出最直接环境和狭小的内心社会世界的小范围。确实，这样的评价可以称为是仅仅伴随着语言意义的从属现象。

可是并非所有的评价都如此。我们无论举哪一个表述的例子，哪怕是一个从最广义上来看依赖于最广泛的社会听众的表述，我们总是能看到表述中评价的重大意义。真的，在这里这一评价不会有哪怕是任何相似的声调表现，但是它将决定对表述的所有主要意义成分进行选择和分配。没有评价就无法构造表述。每一表述首先是评价定位。所以在活生生的表述中每一个成分不仅在指示着，而且在评价着。只有在语言体系中、而不是在表述结构中被接受的抽象成分，是没有评价的。语言抽象体系的目的也导致了大多数语言学家把评价和意义隔离开来，认为它是意义的从属成分，是说话者个人对于言语客体的关系表现。

在俄语文献中，Г.施佩特谈到评价，就像谈词语的共同意义那样。他的特点是把客体的意义与评价的意义清楚地划分开来，把它们归入不同的现实范围内。这种客观意义与观点之间的割裂完全是行不通的，并且它的依据没有考虑评价在言语中较为深层的作用。客体的意义是由评价形成的，要知道，评价决定着该客体的意义进入说话者的视野，无论是最直接的视野，还是该社会团体较广泛的社会视野。而且，评价具有的还正是改变意义的创造作用。改变意义，实际上，总是一种重新评价：该词语从一个意义的语境转入另一个语境。词语要不上升到最高的等级，要不降低到底层。词义与评价的分离，必然会导致意义在活的社会形成中丧失位置（在那里它总是包含着评价），本体论化，变成一种与历史形成相脱离的唯心存在。

正是为了理解话题的历史形成以及实现它的意义，必须考虑到社会评价。语言含义的形成联系着该社会团体的评价视野，并且评价视野形成于对该团体有意义、有重要性的全部整体含义之中，并完全取决于经济基础的扩大。在基础扩大的情况下,对于人可触及、理解和存在着的存在范围在现实地扩大着。原始社会的畜牧能手几乎不关心任何事,任何事也几乎与他无关;资本主义时代末的人,与一切都有着直接的关系,与遥远的极地,甚至与遥远的星星。这种评价视野的扩大是辩证地完成的。被引入社会注意范围的、汇入人类词语和精神之中的那些存在的新方面,要去干预那些过去注意到的存在因素,与它们进行斗争,重新评价它们,改变它们在价值视野的统一体中的位置。这一辩证的过程反映在语言意义的形成之中。然而为了与旧的含义对立,给以改造,新的含义应在旧的含义中,并借它之助,得到揭示。

由此在存在的每一个含义领域中都产生出不间断的斗争。在含义的构成中,不存在任何凌驾于形成之上的东西,不存在任何脱离社会视野的辩证发展的东西。形成着的社会拓展着自己对形成着的存在的接受。在这一过程中,不可能有任何绝对固定不变的东西。所以意义,它的抽象的、自身一致的因素,被话题所吞噬,为话题的激烈矛盾所肢解,以便以新的意义形式和短暂的稳定与一致重新呈现出来。

张 杰 译

第三编　语言结构中的表述形式史

（运用社会学方法的经验来分析句法问题）

第一章　话语理论和句法问题

句法问题的意义。句法范畴和作为一个整体的表述。段落问题。外来言语表达的形式问题。

由于语言学的传统原则和方法，特别是由于抽象的客观主义，这些方法和原则曾在其基础上得到最清晰和彻底的表现，对于句法问题，现在还没有出现有效的途径。所有的现代语言思维的基本范畴，主要是产生于印欧比较语言学的基础上，它们完全是语音的和词法的。这种培育于比较语音学和词法学之中的思维，只要透过语音学和词法学形式的眼镜，就可以看到其余所有的语言现象。透过这些眼镜，这种思维还试图来看待句法问题，使得句法向词法化①。因此句法问题的情况非常糟糕，这为大多数印欧语语言学的代表们所公认。

这是十分清楚的，如果我们回想起死去的语言和非本族语言接受的基本特征的话，这种接受是以辨识这种语言并以教会别人作为基本

---

① 这种潜在的使句法形式词法化的趋势最终具有那种在句法中及语言学中随处可见的那种东西，大半是经院式的思维。——作者

目的的①。

　　同时,为了正确理解语言及其形成,句法的问题现在具有重大的意义。要知道在语言形式中,句法形式最为接近表述的具体形式,最为接近具体的言语行为形式。言语的所有句法分解是对活生生表述的分解,因此极难被认为属于语言的抽象系统。句法形式比词法形式和语音形式更具体,而与说话的现实环境联系更紧密。因此在我们活生生的语言现象的思维中,对词法和语音形式来说,正是句法形式起着首要的作用。但以上我们所说的也很清楚,对句法形式的有效研究只能基于表述理论的深入研究。对于语言学家来说,目前表述在整体上还是个 terra incognita(未知的领域),对于句法形式的真正的、具体的而非烦琐的理解难以置评。

　　我们已经说过,在语言学中表述的整体情况非常糟糕。可以坦率地说,语言思维已无望地丧失了言语整体感。语言学家在句子中间对自己感到最深信不疑。离言语的界限、话语的整体越远,他的态度就变得越无自信。总之,他没有处理整体问题的方法;无论哪一种语言学范畴对于整体的定义都是毫无用处的。

　　要知道,所有的语言学范畴就其本身而言,只在表述的内部范围内才是适用的。这样,一切词法学范畴只是在表述内部才有意义;对于为整体下定义,它们不起什么作用。同样,句法范畴,例如"句子"范畴,它只是在表述内部作为表述的因素确定句子,但不像确定整体那样。

　　只要选取一句由一个词语构成的完成的表述(当然,相对而言,因

---

① 属于这种认知的还有比较语言学的一些特别的目的,如弄清语言的亲缘关系,它们起源演化的一系列问题以及原始语(源语)等。这些目的更有助于语言思维中语音的主要作用。在新时期由于比较语言学所占的那种极重要的地位,比较语言学的问题在语言的现代哲学中显得很重要。遗憾的是,它在这部著作中仍然是完全未触及的。这个问题是很复杂的,哪怕对它进行最表层的分析研究也需要对本书进行相当大的扩充。——作者

为任何表述都是言语过程的一部分),就可确信所有语言学范畴的这种原则上的"肤浅性"。我们可以立即确信,如果我们根据全部语言学范畴提出该词语,所有这些范畴确定仅仅作为言语的可能成分的词语,而不掩盖整个表述。那种把一个语词转化为完整的表述的长处,毫无例外地被排斥在所有语言学范畴和规定之外。如果我们把该词语扩展成带有所有句子成分(根据"所指的"方法)的一个完整的句子,那将得到一个简单句,而完全不是表述。我们无论把这个简单句列入什么语言学范畴,我们永远找不到是什么把它恰好变为完整的表述。这样一来,由于我们处于现有的现代语法范畴的语言学范围内,就永远察觉不到难以察觉的言语整体。语言学的一些范畴经常把我们从表述及其具体结构中引入语言的抽象体系。

但不仅作为整体的表述,而且所有那些独白表述的某些完成部分,都不具有语言学的规定。被另起一行文字互相分开的段落的情况就是这样。这些段落的句法组成,非常多种多样:它们能包含一个词语直至大多数复合句。说一个段落应当包含一个完整的意思,就意味着简直什么也没有说。要知道,从语言本身的观点看,一些定义是需要的,因为思想的完成性绝不是语言的定义。如果像我们所认为的那样,则不能完全把语言学定义与意识形态的定义区分开来,那么也不可能以另一些定义代替一些定义。

如果我们更深入地弄清段落的语言本质,那么就可以确信,段落在一些本质特征方面类似于对话中的一段对白。这就好像是缓和了的并且包括在独白表述中的一段对话。无论听众、读者以及他们可能获得反应感觉都是把言语分成若干部分的基础,这些部分作为段落以书面形式被表示出来。听众的这种感受越弱,对他们可能的反应考虑得越不充分,就段落来说,我们的言语就越将是不可划分的。经典的段落类型有问答式(一当问题被作者本人提出即由其自己作出回答)、补充式、暗辩式、反讽式等①。每当我们使自己的言语或其中一部分（例如,前面的一段）成为讨论的对象时,情况就有了很大的扩展,此时说话者的注意力从言语对象向言语本身正发生转移（对自己言语的反省）。这种言语语调在针对性上的转变取决于听众的兴趣。如果言语完全忽略了听众（当然,是不可能的）,那么言语本身的可分性就会缩小到最低限度。当然,这里我们是脱离专门的分解来考虑的,没有考虑这些分解的以特殊的任务与特定的意识形态范围为目的的前提。例如,诗语的诗节划分或者纯粹按类型的逻辑划分:前提—结论,命题—反题,等等。

只有研究言语交际的形式及完整表述的相应形式,才能阐明段落的体系及所有类似的问题。当语言学面对个别独白表述时,它就丧失了解决所有这些问题的有效办法。只有基于言语交际,深入研究一些更基本的句法问题才有可能。在这方面应当仔细地重新考虑所有基本的语言学范畴。最近句法学中激起的对语调的兴趣,以及与此有关的通过对各种语调进行更细致、更不同的考察来重新确定一系列句法学定义的尝试,使我们觉得收效甚微。它们只有在与正确理解言语交际原则的结合中才能取得成效。

本书以下的几章将论述句法学的一个专门问题。

有时特别重要的是用新的方法来阐明某种熟悉的且看来研究得不错的现象——使它重新问题化,借助于一系列有针对性的问题来阐明其中一些新的方面。在那些过于细致但失去任何针对性的描述及分类法的研究领域中,这就尤为重要。在这种重新问题化中能够发现某种让人觉得是偶然的和次要的现象,但对于科学却具有根本性的意

---

① 这里我们当然仅仅指的是段落问题。我们的看法是带有武断性的,因为我们没有证实它们,而且也没有在有关的资料中证明它们是正确的。此外,我们还把这个问题看得过于简单。在书面形式中用另起一行（由段落）来分解独白话语的各种形式。我们这里只涉及那种以听众的注意及其积极的理解为前提的最重要的分解形式之一。——作者

义。用已提出来的问题可以成功地揭示出该现象中可能具有的新系统。

在我们看来,所谓他人言语,即句法模式("直接言语""间接言语""准直接言语"①),这些句法模式的变体及其种类,我们认为是最有作用的"关键"现象。在语言中,我们为了转述他人的表述,为了把这些他人的表述放置到相关的独白语境中去,常常会遇到这样的变体。以这种现象为本质的特殊的方法论的意义至今没有得到充分的评价。表面上看,在这种句法学的次要问题上,人们不善于发现普通语言学重大的和根本的重要性问题②。而恰恰只有从社会学的角度对语言进行科学的考察,整个方法论的意义和这一现象的全部特征才能被揭示出来。

从社会学方向提出转述他人言语现象的问题,这正是本书下面的任务。以这个问题为基础,我们将力图在语言学中探索出社会学方法的途径。我们并不指望得到更多的具有专门历史特征的正面结论:引起我们兴趣的材料本身,就足以展开问题,并且揭示出社会学倾向的必要性。至于进行广泛的历史概括还远远不够。这些最终的概括只有留给预测和假设的形式。

第二章 "他人言语"问题的展示

"他人言语"的定义。积极接受他人言语问题及其相关的对话问

---

① 这里的"直接言语"可译作"直接引语","间接言语"可译作"间接引语"。"准直接言语",原文为 несобственная прямая речь,意为非原有的、广义的直接言语,现暂译为"准直接言语"。上文又译为"非本人直接言语"。下同。——译者

② 在 A.M.佩什科夫斯基的句法学中,例如,一共有 4 页谈到这种现象。参阅 A.M.佩什科夫斯基的《科学阐述中的俄语句法学》,彼得格勒,莫斯科,1920 年,第 465—468 页。——原编者

题。作者语境与他人言语的相互关系活动。转达他人言语的"线性风格"（活动的第一种倾向）。转达他人言语的"描述风格"（活动的第二种倾向）。

"他人言语"，这就是言语中之言语，表述中之表述，但与此同时也是一种关于言语之言语，表述之表述。

我们一般所说的这一切仅仅是言语的内容，是我们的一个话题。这种话题，而且仅仅是一个话题，例如，可能是"自然""人""从属句"（句法题目之一）；但他人表述不仅仅是言语的一个话题：如果可以这样说的话，它亲自进入言语并且作为其特别的结构成分进入言语的句法结构之中。在这种情况下，他人言语保持着自己结构和意义的独立性，且也不破坏已被接受的语境的言语内容。

不仅如此，他人表述始终只作为言语的一个话题，可能只是肤浅地被表达出来。为了充分理解它富有思想的全部内容，必须把它引入言语的结构之中。由于处于他人言语的主题叙述范围内，可以回答这些问题：某某人"怎么"说和说了些"什么"，但他说了些"什么"，也许只有通过转述他的话来阐明，哪怕以间接言语的形式。

然而，当他人表述本身进入作者言语，成为作者言语的结构成分，同时也成了作者言语的话题，并且与作者话题一致，正如他人表述，它的独立话题与他人言语的话题相一致。

他人言语作为另一个人的表述为说话者所思考，它最初是完全独立、结构完整的，并且是处于该语言环境之外的。他人言语就这样由这种独立存在很快就转入到作者的语境中去，与此同时还保存着自己具体的内容，哪怕是自己语言完整性和最初结构独立性的遗迹。把他人表述引入自己内容的作者表述，为了使其部分的同化，为了把它纳入与作者表述的句法、结构和修辞的一致之中，产生出一些句法的、修辞的和结构的标准，与此同时，即使是处于不成熟的形式中还保留着他人表述的最初独立性（句法的、结构的、修辞的），没有这一点，是无法充分把握它的。

在一些新的语言中,间接言语,尤其是非原来的准直接言语的几种变体,本质上具有把他人表述从言语结构范围转入主要结构、转入内容的倾向。然而,在这里,这种对他人词语的融合在作者语境中是无法完成的,也不可能彻底完成;并且这里除了各种意义指示之外,还保存着他人表述的结构弹性,触及作为一个独立意义整体的他人表述本身。

这样,在转达他人言语的各种形式中,一种表述与另一种表述的积极关系被表现出来,而且不是在主题结构中,而是在语言本身的固定结构形式中表现出来。

我们看到词与词对应的现象,但它明显地迥异于对话。在对话中对白在语法上是相互独立的,并且被置于共同的语境之中。要知道,没有构成对话统一体的句法形式。如果对话发生在包含它在内的作者语境中,那我们见到的是直接引语的情况,也就是我们所研究的形形色色现象中的一种。

对话问题开始越来越引起语言学家们的关注,而有时简直就是语言学关注的中心①。这完全是可以理解的:因为,正如我们已经了解的,言语的语言实际单位(Sprache als Rede,讲演用语)不是孤立的个体的独白,而至少是两种话语的相互关系,即对话。但是对对话进行有效的研究,还要求更深入地探讨他人言语的表达形式,因为在它们中间反映出基本不变的积极接受他人言语的倾向;而且要知道这种接受对于对话来说也是主要的。

的确,他人言语应该怎样接受呢?他人表述在接受者的具体的内

---

① 在俄语文献中,从语言学角度来专门论述对话问题的只有 Л.П.雅库宾斯基的一篇论文:《论对话》,《俄罗斯语言》,彼得格勒,1923 年。关于对话的一些具有半语言学特征的有趣评价载于 B.维诺格拉多夫的《安娜·阿赫玛托娃诗歌》一书,列宁格勒,1925 年(在《对话的神情》一章中)。在德国文献中,对话问题目前在福斯勒学派中正得到积极深入的研究。尤其请参阅援引于《纪念卡尔·福斯勒文集》中的《非本意的直接言语》。——原编者

心言语意识中是怎样生存的呢？它又如何在意识中积极地清楚显现出来，接受者本人后来的言语与它的关系又怎样呢？

在转述他人言语的形式中我们面临的正是这种接受的客观依据。如果能够弄清它，这种依据告诉我们的不是关于偶然的不清晰的客观心理在"内心"接受的过程，而是以语言形式积极接受他人言语的稳定的社会倾向。这一过程的机制，并非发生在个体内心里，而是在社会中，选出对他人表述进行积极评价的那些因素，并使之语法化（即归入语言的语法结构之中），这些因素既具有社会属性，又稳定不变，所以，在该说话群体的经济存在本身之中是有基础的。

当然，在积极接受他人言语和在相关语境中转述时，这二者之间存在着一些本质上的差异。不应该忽视这种差异。任何转述，尤其是固定的转述，都追求着某些专门的目的：陈述、审判记录、科学辩论，等等。此外，转述以第三者为对象，即把别人的话正要转述给的人为对象。这种以第三者为对象特别重要：它强化了社会组织力量对语言接受的影响。在生动的对话交际中，正好在转述对话者所接受的话语时，我们往往无言以对。我们只是在特别例外的情况下，在自己的回答中重复对话者的话：为的是证实自己理解的正确，在言语中捕捉它，等等。所有这些转述的特别因素都应当被考虑到。但是事情的实质却不因此而改变。转述的条件及其目的仅有助于在内部言语的积极接受的意向中使已现存的东西现实化，刚提到的这些因素同样也只能在语言中现有的转述言语的形式范围内得到发展。

当然，我们并不想确定，一些句法形式，例如，间接或直接言语的形式，正好直接表现着积极评价他人表述的形式意向。当然，我们不会直接在直接言语或间接言语的形式中接受。它们只是固定不变的转述模式。但是，从一方面看，这些模式及其变体只能在最常见的接受他人言语的意向方面产生和确定，而从另一方面，既然它们已经在语言中确定和存在，它们就调整、促进或遏止着评价意向的发展，这些意向是沿着以这些形式预先构成的轨道运动的。

语言反映的不是主观心理上的犹疑，而是说话人稳定的社会相互关系。在不同的语言中，在不同的时期里，在不同的社会团体中，在目的不同的语言环境中，占上风的一会儿是这种形式，一会儿是另一种形式，一会儿是这些形式的一些变体，一会儿是这些形式的另一些变体。所有这些说的是，说话者们那些社会的相互理解意向的弱强，这些形式都是那些意向长期固定不变的遗存。如果在一定的条件下，某种形式未受到重视（例如，有些形式确切地说是"唯理论教条式的"，是现代俄罗斯长篇小说中间接言语的变体），那么这说明，大多数理解和评价他人表述的意向很难出现在这种形式中，这种形式不给予它们以自由发展的可能，且阻碍它们。

在对他人表述评价中的一切本质东西，具有某种意识形态意义的一切可能的东西，都反映在内部言语的材料之中。因为接受他人表述的不是不会说话的哑巴，而是充满内部话语的人。他的所有感受，即所谓统觉作用的背景，都是由他的内部言语的语言来提供的，只是在某种程度上与被接受的外部言语相联系。话语与话语相联系。在这种内部言语的语境中实现着对他人表述的接受、理解和评价，即积极地理解说话者。这种积极的内部言语的接受分为两个方面：一是，他人表述受制于现实评述语境（部分与所谓话语的统觉背景相符合）、情景（内部的和外部的）、可以感觉到的情态，等等；二是，暗辩（Gegenrede）。而暗辩就是内部反驳①和现实评述，当然，两者有机地融合在积极接受的统一之中，并只被抽象地区分出来。接受的两个方面都在寻找着自我表现，在围绕他人言语的"作者"语境中具体化。不取决于该语境的目的性如何，如是否是艺术小说、论战文章、律师的辩护词，等等，我们都能在其中明显地辨别出这样两种趋向：现实评述式的及反驳式的；而且通常其中一种趋向占优势。在他人言语与转述它的语境之间，主要是一些复杂的和非常活跃的关系。不考虑到它们，就

---

① 术语出自 Л. П. 雅库宾斯基，参见 Л. П. 雅库宾斯基的《论对话》，第 136 页。——原编者

无法理解转述他人言语的形式。

过去研究人员转述他人言语形式的一个基本错误,是几乎完全使形式脱离转述的语境,因此从静态和不变的角度来确定这些形式(这种静态一般能表现出所有科学的句法特征)。然而,研究的真正对象恰恰应该是这两种因素的动态相互关系,即被转述的("他人的")和正转述的("作者的")言语。要知道,它们实际存在着,并且只有在这种相互作用中形成和发展,而不会孤立地存在着。他人言语和转述语境,仅仅是动态相互关系的术语。这种动态,本身也反映着语言思想交际者之间相互理解的社会动态(当然,在这种交际的本质的和稳定的意向之中)。

作者言语和他人言语相互关系的动态在哪些方面能得到发展呢?我们来观察这种动态的两个基本方面。

第一,对他人言语采取积极态度的基本倾向能够维护它的完整性和真实性。语言可以尽量创造他人言语的清晰而稳定的界限。在这种情况下,模式及其变体有利于更严格而准确地区分出他人言语,把它与作者语气的渗透隔开,有利于他人言语个性语言特征的简化与发展。

第一方面的情况就是如此。在这个范围内,应该严格地区分出在该语言群体中,他人言语的社会接受有多少差异,情态、言语的修辞特征、词汇学色调分别被感知到什么程度,其社会分量究竟有多少,等等。或者他人言语只作为一个完整的社会行为,作为一种不可分割的说话者的思想立场被接受,也就是只考虑言语的什么,而不考虑它的怎样。这种具体思想的以及在语言关系中失去个性的接受和转述他人言语的类型在中古时期法语中占优势(最近间接言语的非个性化变体有了明显的发展)①。这种类型我们在古代俄罗斯文献的遗产中常

---

① 有关古代法语中这方面的某些特点,参见下面。关于在中世纪法语中他人言语的转述,参见格特劳德·莱尔希的《纪念卡尔·福斯勒文集》中《非本意的直接言语》,1922年,第112页。同时参见卡尔·福斯勒的《法语的发展是法国文化的一面镜子》,1913年。——原编者

常会遇到,然而是在几乎完全没有间接言语模式的情况下。在当时主要的类型是非个性化的(就语言意义来说)直接言语①。

在第一方面的范围内,还应当区分出权势对接受言语影响的程度和言语的意识形态可信度及公式化程度。越是比较教条的言语,越是不允许理解和评价真理与谎言之间、善或恶之间的任何转变,转述他人言语的形式将越多地失去其特点。须知,在对所有社会评价作出粗略或简单的非此即彼的选择时,是无法肯定和认真地对待他人表述的所有个性化因素的。这种权势的教条主义对于中世纪法国文献,对于我国古代文献都是典型的。在17世纪的法国和18世纪的我国,唯理论的教条主义是有代表性的,同时,虽然在其他一些方面,教条主义削弱着言语的个性化。在唯理论教条主义的范围内占优势的是具体类比的间接言语变形和辞藻华丽的直接言语变形②。作者言语和他人言语相互界限的清晰性和稳定性这时达到了顶峰。

我们运用沃尔夫林的一个文艺学术语,把作者言语和他人言语相互定位动态中的这个第一方面称为转述他人言语的线性风格(der lineare Stil)(素描风格)吧。该风格的一个基本倾向是在他人言语内部个性化削弱的情况下建立起言语清晰的外部轮廓。在整个语境充满同类风格的情况下(作者和他的所有主人公操同一种语言),他人言语在句法和结构上逐渐达到最大程度的封闭状态和轮廓明显的平稳状态。

在作者言语和他人言语相互定位动态的第二个方面,我们注意到一些直接相反的特征过程。语言不断产生出一些更精辟透彻、更善于表达各种感情色彩的方法,使作者插语和评述注入在他人言语之中。作者语境力求达到分解他人言语的严密和封闭状态。这种转述他人

---

① 例如,在《伊戈尔远征记》中没有一个间接言语的实例,尽管在这篇古代传说中有大量的"他人言语"。在编年史中,间接言语非常少见。他人言语在大量简洁的、十分微弱或完全不是个性化的形式中普遍得到采用。——作者

② 在17世纪至19世纪上半期,俄罗斯文学艺术的古典主义中几乎没有间接言语。——作者

言语的风格，我们可以称之为描述风格，其倾向是消除他人话语的一些明显的外部轮廓。在这种情况下，言语本身在相当大的程度上被个性化了；对他人表述不同方面的感知是可以被准确区分的。所接受的不仅是他人话语的具体意义及包含在其中的见解，而且还有其所有词语表现的语言特点。

在此第二方面的范围内，可能还有几种不同的类型。话语界限减弱的积极性可能来自作者语境，而作者语境以其语调、口气、幽默、讽刺、爱或恨、欣喜或蔑视渗入到他人言语之中。这种类型对于文艺复兴时代（特别是在法语中），对于18世纪末及几乎整个19世纪都是富有代表性的。词语权威的唯理性教条主义这时完全被削弱了。占优势的是某种社会评价的相对性，它对于积极敏锐地接受思想、信念、情感的所有个性语言的细微差异是非常有利的。在此基础上他人表述的"色调"得到发展，它有时导致话语中含义因素的减弱（例如，在"自然派"中，甚至果戈理本人笔下主人公的话语有时几乎失去了具体的含义，成了一个色调鲜明的物体，类似于一件外套、外貌、一些日常生活物品等）。

但是可能还有另外一种类型：言语的主要部分转入他人言语，使他人话语变得比围绕它的作者语境更有力，更活跃，他人言语本身仿佛开始让作者语境渐渐消解。与他人言语相比，作者语境逐渐失去自己所特有的更合乎常规的客观性。它开始被接受，并且作为非常主观的"他人言语"自我认识。在文艺作品中，在话语的一般含义中代替作者的叙述者出现时，这种情况常常会有自己结构的表现形式。叙述者的言语是那样的个性化，富有特色且思想上不盛气凌人，就像作品中那些主人公的言语一样。叙述者的立场不稳定，多半是因为他用所塑造的主人公的语言说话。他不能把更大的、完全可靠的客观活动范畴与他们的主观态度相对应。陀思妥耶夫斯基、安德烈·别雷、列米佐夫、索洛古勃以及一些现代俄罗斯小说家的叙述就是这样的①。

如果作者语境对他人言语的渗入，对于在接受他人言语中的有限的唯心主义或有限的集体主义是具有代表性的，那么分解作者语境证明着言语接受的相对个人主义。意识到自己是主观的，在评论着和插着话的作者语境，与主观的他人话语是相对立的。

就整个第二方面而言，转述他人言语的各种混杂模式的特殊发展是具有代表性的，如转述非原来的间接言语，特别是转述他人表述最模糊的界限的非原来的直接言语。占多数的是那些直接言语的变体，这些变体对于作者的意向是比较灵活而可渗透的（分散的直接言语，间接言语的一些词汇分析形式，等等）。

仔细研究对于接受他人言语采取积极态度的所有这些意向，应当始终注意到所研究的语言现象的一切特点。特别重要的是作者语境的目

---

① 有关叙述者在叙事文学中的作用有相当多的资料。至今我们还说得出卡·弗里德曼的一本主要著作《叙述者在叙事文学中的作用》，1910年版。我们对叙述者的兴趣是由"形式主义者"激起的。正如 B.B.维诺格拉多夫"沿着由作者到主人公的路线作曲线"运动一样，确定了果戈理作品中叙述者的语言风格（参见他的《果戈理与自然派》）。在类似的关系中，按照 B.B.维诺格拉多夫的观点，存在着一个戈利亚特金式风格的《同貌人》中叙述者的语言风格。（参见陀里宁编辑的《陀思妥耶夫斯基》中他的《彼得堡叙事诗〈同貌人〉的风格》，1923年1月，第239页和第241页；别林斯基已经发现了叙述者语言与主人公语言的相似之处。）Б.М.恩格尔哈特在自己论陀思妥耶夫斯基的著作中完全公正地指出，在陀思妥耶夫斯基的作品中"找不到外部世界的那种称为客观的描述……正因为如此，产生出文艺作品中那种现实的多种布局，这种布局在陀思妥耶夫斯基的后继者们的作品中导致了存在的独特解体……"Б.М.恩格尔哈特认为索洛古勃的《卑劣的小魔鬼》和 A.别雷的《彼得堡》就是这种"存在的解体"（参见 Б.М.恩格尔哈特的《陀思妥耶夫斯基的思想小说》，载陀里宁编辑的《陀思妥耶夫斯基》，第2卷，1925年版，第94页）。巴利原来是这样确定左拉的风格的："左拉像任何其他作家那样经常利用接受，接受的内容是，所有的事件都通过人物头脑，风景的描写由他们的眼睛所折射，本来的主题思想通过他们的嘴说出来。在他后期的一些长篇小说中，这种创作风格特点渐渐成了一种习惯，一种迷惑力。在《罗马》中，无论在历史悠久的城市的任何一个角落，发生的任何一件事情，无不在他这位天主教神甫的视野之中。借助于媒介，无论哪种宗教思想不在形成。"（引文摘自 E.洛克的《经历过的谈话》，第64页）。伊里亚·格鲁兹捷夫的一篇有趣的文章《关于艺术叙述的技巧》是专门论及叙述者问题的（《巡回剧团札记》，彼得堡，1922年，第40、41、42期）。然而，转述他人言语的语言学问题在这些著作的任何地方都未被提及。——原编者

标趋向。艺术言语在此关系中，表达社会言语相互理解中的所有转变要灵敏得多。演说用语与艺术用语不同，根据自身的目标方向在对待他人言语时已经不那么自如了。演说术需要明确感知他人言语的界限。它对于词语的归属特别敏感，对真实性问题一丝不苟。法庭演说的特点是，清晰地感知就判断的客观性而言、诉讼"双方"言语的主观性，清晰地感知法庭判决和整个法庭调查的言语。政治性演说用语也是类似的。重要的是确定演说言语、诉讼言语和政治言语在本世纪该社会群体的语言意识中所占的比重是多少。其后，应该经常注意到被转述的他人言语的社会等级状况。越是强烈地感知他人言语的等级程度，它的界限就越清晰，它就越少地渗入到评述和插语的意向之中。这样，在新古典主义的范围内，在一些低级体裁中存在着一些本质上放弃唯理论教条的转述他人言语的直线方式。有代表性的是非本来的直接言语，恰好在拉封丹的寓言和故事中首先得到的充分发展。

在概括所有我们所说过的关于他人言语和作者言语动态相互关系的一些可能意向时，我们能注意到下列一些时期的特征：以直线的和无个性、内容丰富而深刻的方式转述他人言语为特征的权势的教条主义（中世纪时期）；具有更清晰方式的唯理论教条主义（17和18世纪）；具有生动的方式和渗入作者插话和评述他人言语之中的现实主义和批判的个人主义（18世纪末和19世纪）；最后，是具有解构作者语境的相对的个人主义（现代）。

语言不能自我存在，而只存在于与具体表述及具体的个体言语行为相结合之中。只有通过表述，语言才能交际，充满活力，成为现实。言语交际的条件、它的形式、区分的方法由时代的社会经济先决条件所决定。这些社会言语交际的变化条件就决定着我们所研究的转述他人表述的形式变化。此外，我们认为，在用自己语言感知他人言语和说话者个性的这些形式中，特别明显和突出地表现出在历史中变化着的社会意识形态交际的形式。

征　钧　译

第三章　间接言语、直接言语及其变体

模式与变体：语法学和修辞学。俄语转述他人言语的一般特征。间接言语模式。间接言语直观分析变体。间接言语的印象变体。直接言语模式。现成的直接言语。实际应用的直接言语。言语干扰现象。修辞问语和感叹语。被替代的直接言语。准直接言语。

我们已经拟定了作者言语和他人言语相互理解进程的基本趋向。这种进程趋向在转述他人言语模式和在这些模式的变体里，能够寻求到自己具体的语言表示法，条件是这些模式在此时此刻能够成为获得作者和他人话语力量对比的语言发展标志。

现在从我们所指出的发展趋势的角度来扼要研究一下模式的特征及其最重要的变体的特征。

首先简单分析一下变体和模式的关系。这种关系与真实生动的节奏和抽象的音步之间的关系相类似。模式只有在它具有确定的变体形式中才能得以实现。在几个世纪或几十年期间，这些变体中积聚了一些变化，一些依据对待他人言语态度而出现的积极理解的新习惯得到固定，这些变化和习惯后来作为句法模式中牢固的语言构成而积淀下来了。变体自身处于语言学和修辞学研究的边缘。有时可能会出现争论：这种用模式或变体来转述他人言语的形式是语法学问题，还是修辞学问题。曾经有过这种争论，比如在涉及德语和法语中的准直接言语概念时，巴利的观点是一方，而卡莱基和洛克的观点又是一方。巴利不承认准直接引语中有意义相同的句法模式，他只看到它里面有修辞变体。关于法语中准直接言语问题的争论可能还要持续下去。我们认为，划定语法学和修辞学之间、语法模式和修辞变体之间严格的界限，从方法论角度看是不相宜的，也是不可能的。这种界限在语言生活实际中是模糊不清的,在语言生活中一些形式处于语法化的过程中,另一些形式则处于非语法化的过程中。正是这些具有双重意义的形式界限引起了语言学家的极大兴趣:正是在这里可以捕捉到语言发展的趋势①。

我们把所说的间接和直接言语模式的扼要特征仅确定在俄语文学语言的界限内。在此情况下我们根本不期望能够彻底说明它们一切可能的变体。对我们来说,重要的只是问题的方法论一面。

显然,俄语中转述他人言语的句法模式的发展是异常迟缓的。准直接言语的句法特征,在无论怎样明确的俄语中都丧失了(不过在德语中它并未丧失),此外有两种模式存在:直接言语和间接言语。但是这两种模式并没有显著的区别,而对别的语言来说这些区别则是明显不过的。间接言语的特征是很不明显的,它在口语中很容易和直接言语的特征相混合②。

Consecutio temporum③的缺乏和假定式的无所作为使我们的语言中独特的间接言语丧失了,不能提供有利的依据来大量发展从我们观点来看是极其重要和有趣的变体。因而对于俄语来说,只能说直接言语具有绝对首要的意义。在我们语言的历史中没有笛卡尔式的纯理性主义阶段。在笛卡尔纯理性主义阶段中,充满理性和自信的客观主义的"作者语境"对他人言语的具体内容进行了解析,建立了间接转述

---

① 经常可以听到福斯勒及其门徒的辩解,说他们对修辞问题的研究要比专注于词语意义的语言学研究深入得多。事实上,福斯勒学派只对边缘问题感兴趣,他们只知道这些边缘问题的方法论和启发性意义,而在这一点上我们认为这一学派确有很大优势。这一学派的不足之处在于,他们在解释这些现象时,正如我们所知道的,他们首先提出来的是主观心理因素和个别修辞任务。这样一来,语言有时简直成了个人趣味的一种玩物而已。——原编者
② 在其他诸多语言中间接言语和直接言语在句法上有明显的区别(时、式、连词和人称词有专门的应用),因此在这些语言中存在着专门的非常复杂的间接转述言语模式……在我们的俄语中,甚至我们刚才所说的间接言语的唯一特征也常常不能持续多久,因此间接言语和直接言语会混合。比如,《钦差大臣》中的奥西普说:"主人说了,您要是不付清旧账,他就不让您就餐。"(A.M.佩什科夫斯基:《俄语句法》,第465—466页。)——原编者
③ 法语:短暂连贯性。——译者

他人言语的复杂而有趣的变体。

　　俄语中所有的这些特点，为转述他人言语的生动活泼风格的形成提供了非常有益的环境。这些风格确实有点薄弱和模糊，缺少对被克服的边缘和阻力的感受能力（就像在其他语言中一样）。作者与他人言语之间很容易相互作用和相互渗透。这是因为在我们的文字语言历史中演说所起的作用不大所致，这种演说在转述他人话语时总是伴随着明确直接的风格，伴随着它的粗俗的、但又是固定同义的语调。

　　先让我们来弄清间接言语的特征，它是俄语中使用最少的模式。我们从少数反对 A.M.佩什科夫斯基的批评意见着手。A.M.佩什科夫斯基在说明了我们语言中间接言语形式尚未形成的意见之后，发表了下述在更大程度上是奇怪的声明：

　　"只有尝试着间接地转述不太常见的直接言语（比如：驴把头抵在地上，说，这太棒了，还说，它讲的不是假话，听它唱不感到无聊；但是驴又说，很遗憾，它和它们的好胜者还不认识，只要它还没有学会多少的情况下，它还应该更多地学习），才能让人相信，间接转述言语不是俄语所固有的。"①

　　如果 A.M.佩什科夫斯基哪怕遵循一下语法规则，在法语中能将直接言语直接地转译成间接言语，那么他就会得出同样的结论。比如说，如果他试图把拉封丹寓言中的间接言语形式翻译成直接言语甚至是准直接言语形式（这种准直接言语在拉封丹作品中大量出现），那么他就会获得在语法上无比正确、但在修辞上是极不容许的结构，就像在他的母语俄语中的例子一样，尽管在法语中准直接言语和间接言语是很接近的（有相同的时态和人称）。直接言语和准直接言语中的一系列单词、惯用语和短语，如果被放入间接言语的结构中，那将是很不协调的。

　　A.M.佩什科夫斯基犯了一个"语法学家"的典型错误。不采用相应的修辞措施就把他人的言语从一种转述模式直接地、纯语法地翻译

---

① A.M.佩什科夫斯基：《科学的俄语句法学》，第 2 版，第 466 页。

成另外一种转述模式,这只是语法课堂教学练习的方法,是一种在教学上低劣的和不能容许的方法。在现实生活中语言的这些模式根本得不到应用。这些模式表示积极接受他人言语的趋向。每一个模式都能在确定的、只有这种模式所具有的趋向中独特地、创造性地分析研究他人的表述。如果语言在自己的发展阶段上能够把他人表述作为扼要的、不可分割的、不变的和不能渗透的整体来感知,那么在语言中除了极其简单消极的直接言语模式(内容丰富深刻的风格式样)之外就不会有任何模式存在:A.M.佩什科夫斯基在自己的尝试中坚持他人表述不变的观点,但与此同时他又试图把间接言语模式应用到他人话语的转述中去,这样一来,他就根本没有证明俄语中不具有间接转述特征,相反他却证明间接言语模式在俄语中仍具有独特性,尽管对它的研究还很不够;他还证明,不是所有的直接言语都能够逐词逐句地翻译成这种模式的[①]。

　　A.M.佩什科夫斯基具有特点的尝试证明他完全忽略了间接言语本身的语言意义。这个意义归结为有分析地转述他人言语。与转述同时进行的、把他人表述无法从转述中分割开来的分析,就是间接言语所有变体的必然特征。只是分析的程度和趋向有可能不一样而已。

　　言语中所有易于激动的感情因素既然不是通过内容而是通过表述形式表示出来,那它们就不会在这种形式中转入间接言语,而间接言语的分析趋向在上述过程中能首先表现出来。这些因素从言语形式转入言语内容,并且只有在这种情况下它们才能进入间接结构,甚至转移到主句中,作为进入言语中动词的注释。

　　请看一个直接言语的例子:

"太好啦!这是真正的表演!"

这个例子不能用间接言语这样转述:

"他说,多好啊,这是表演。"

[①] 我们所分析的 A.M.佩什科夫斯基的错误,再次证明语法学和修辞学之间相互脱节的方法论的危害性。——原编者

但是可以转述成这样：

"他说,这太好啦,这是真正的表演。"

或者转述成这样：

"他异常兴奋地说,这多好,这才是真正的表演。"

在感情激动的因素影响下,直接言语中所有可能的省略和空出都不能用间接言语的趋向来分析,它们只有在发达的和完整的形式中,才能在间接言语结构中出现。在 A.M.佩什科夫斯基所举的例子中,驴发出赞叹："太棒了!"这就不能用间接言语来直接表达成：

"驴说,太棒……"

可是只能表达成：

"驴说,这太棒了……"

或者可以表达成：

"驴说,夜莺唱得太棒了……"

同样,"讲得一点不假"这句也不能用间接言语来直接表达。只能用直接言语来表示："很遗憾,不认识……"等等,不能转述成"可是很遗憾,不认识……"等等。

当然,说话人意图的每一个结构的和结构重音的表示法在这种形式里都不能从直接言语转成间接言语。因此,间接言语中并不拥有疑问句、感叹句和祈使句的结构和重音的特征,它们只能在间接言语的内容中被揭示出来。

间接言语能按另一种方式"听到"别人的表述,它能比另一些模式更枳极地领悟在这种表述的转述中别的因素和特色,并使它们具有现实意义。因此把表述从另一种模式直接地、逐词逐句地转译成间接表述模式是不可能的。当直接表述本身已经被有分析地建立起来,建立在直接言语中的可能的分析界限内,这种转译才有可能。分析乃是间接言语的灵魂。

在研究 A.M.佩什科夫斯基的"尝试"时,我们发现,这些话语的词汇学色彩,诸如"太棒""学会了"等,都与间接言语的分析本质完全不相协调。这些话语太生动；它们只能描绘寓言中主人公驴的语言风格（个性化的或典型化的），而不只是仅仅转述它所说的话语的准确具体的意思。要想替换它们，只能用意义等值的话语（"好""完善"），或者把这些"话语"保留在间接结构里，把它们用引号标出来。在实际大声地阅读这段间接言语时，我们可以用另一种方式来念出这些已指明的词语，只要用自己的语调来使其明白，这些表达法是从人物言语直接获得的，我们只有隔开它们。

但是这里我们有必要认真地着手区分两个方向的工作，这两个方向可以被间接言语的分析趋势所接受，相应地也可以被它的两个基本变体所接受。

确实，间接结构的分析可以沿着两个方向进行，或者，准确一点地说，可以属于两个本质上有区别的客体。他人的表述可以作为说话人确定的思维立场被领悟，在这种情况下它的准确的具体的内容（说话人讲了什么）可以借助于间接结构而有分析地被转述。这样，在我们所说的情况里，可以准确地转述驴对夜莺歌唱的具体意思的评价。但是可以领悟和有分析地转述他人的话语，把它们作为一种说法来看待，这种说法描述的不仅是言语对象（甚至主要的不是言语对象），而且包括说话人自身：描述他的言语风格、个性化的或典型的风格（或是这，或是那），不是包含在言语内容，而是在言语形式中的精神状态（比如：停顿、词语的分布、富有表现力的语调等），描述他的能否善于表达等。

这两种有分析的间接转述客体可以深入地、原则性地区分开来。一种情况下，组成它意思的具体的因素的意义可以被分解出来；另一种情况下，像这种表述本身可以用它的词语修辞成分来叙述。语言修辞分析可能是第二种趋向的逻辑界限。与这种修辞分析的同时，对他人言语进行具体分析在间接转述的类型中还在进行，结构会出现具体意义与深入到它里面的词语层有分析的割裂现象。

我们把间接言语模式的第一种变体称为直观分析变体，把第二种变体称为词语分析变体。直观分析变体把他人表述理解成纯主题观点，但它却不具有任何主题意义，这种变体在他人话语里面简直听不到，也捕捉不到。那些具有主题意义的方面才是词语形式结构的方面，也就是说，它们需要对说话人思维观点进行理解。我们所说的变异能够在主题上进行转述（因此，我们所举的例子中感叹结构和赞叹表现力可以用"很"这个词来转述），或者它能作为作者的特点直接把它们引入到作者的语境中去。

直观分析变体为作者言语的回答和解释趋向提供了很大的可能性，同时还保持着作者的话与别人的话之间明确而又严格的距离。为此这种变体是转述他人言语直接风格的最好手段。这种变体毫无争议在本质上具有使他人话语主题明确的趋向，并且随他人之后保持了与其说是结构的，倒不如说是意义上的弹性和独立性（我们看到，他人的话语具有表现力的结构在它里面是如何被主题化的）。当然，这只能获得被转述言语的众所周知缺乏个性的价值。

直观分析变体只能在一些纯理性主义和教条主义作者语境中获得或多或少迅速而又本质的发展，在这种语境中，无论在什么情况下，作者用自己话语，用第一人称来坚持自己的某种思维立场，这时思维的兴趣感总是强烈的。什么地方没有这种语境，什么地方作者的话语本身就富有特色和被物化，或者，什么地方叙述人能直接引入相应的类型，这种变体就可能在什么地方具有非常次要的无足轻重的意义（比如，在果戈理、陀思妥耶夫斯基以及其他作家的作品中）。

俄语中这种变体一般是不够发达的。它最多只能在提供知识的和演说的语境中才能遇到（在科学作品、哲学和政论作品等中遇到），在这种语境中不得不说明别人关于对象的意见，不得不把它们进行对比，不得不划清与它们的界限。这种变体在文学言语中是很少见的。它只能在那些在自己的思维趋向和分量的意义上不拒绝使用自己的词语的作用（如屠格涅夫，特别是托尔斯泰）那儿，才能获得众所周知的意义。但是即使在他们那儿，我们也找不到那种在法语和德语中常见到的这种变体的丰富性和多样性。

现在我们转入词语分析变体的讨论。这种变体把他人表述中的词和短语引入了间接结构，这些话语和短语表现出了主观的和修辞上的特征，它们常被引用，致使它们的特殊性、主观性、典型性都能明确地感受出来，它们经常直接被引号标出来。请看下面四个例子：

（1）"谈到死者，他（格里高利）画了个十字，说道，他智能有限，很笨，而且还疾病缠身，更糟的是他不信神；他还说，是费多尔·巴甫洛维奇和大儿子教他不信神的。"（陀思妥耶夫斯基《卡拉马佐夫兄弟》）

（2）"那边波兰人一出事，他们俩就大摇大摆毫无顾忌地出现了。他们大声地证明说，首先他们俩都'为王权服务'，他们还说'潘·米佳'建议他们用三千卢布来买他们的荣誉，还说他们亲眼看到了他手中有大把的钞票。"（同上）

（3）"克拉索特金对于这一指责，态度傲然，他让大家看到，同十三岁的同龄人一起玩马戏，玩'我们的时代'，可是件不光彩的事。他这样做是为了表现他的'气恼'。因为他爱他们，而在他的感觉中，谁也不敢向他问个究竟的。"（同上）

（4）"他找到她（即娜斯塔西娅·菲利波夫娜）时，她已经处于好像是完全疯癫的状态：她大声呼喊着，颤抖着，尖叫着，嚷着说罗戈任被她藏到了花园里，藏在他们家的房子里，说她现在就看到了，说他夜里会揍她……要她的命！"（陀思妥耶夫斯基《白痴》。这里他人表述在间接结构里保持着表现力。）

进入间接言语的并感受自己特色的他人词语和表示法（特别当它们打上引号时），用形式主义者的语言来说是一种"奇异化"，而且正是在作者要求的那种趋向里是一种奇异化表现；它们被物化了，它们的修辞色彩显得更鲜明，同时在它们上面体现了作者态度的语气——讽刺、幽默等。

应该把间接言语的这种变体同间接言语直接转入直接言语的情况区分开来，虽然它们的功用差不多是同样的：当直接言语继续用间

接言语表示时,它的言语的主观色彩在作者所需要的趋向里就显得更加明确。例如:

（1）"特里丰·鲍里索维奇无论怎么支吾,但是在审问庄稼汉之后还是承认自己找到了一百卢布,还加了一句话,他已经在当时就把所有的钱都还给了德米特里·费多罗维奇,而且是'诚心诚意地'交给他的,'当时大家都喝醉了,未必能全记得这些。'"（陀思妥耶夫斯基《卡拉马佐夫兄弟》）

（2）"尽管他回忆起他过去的老爷时,充满了深深的敬意,他还是说了话,比如他说道,他的老爷对米佳很不好,'没有好好教育孩子。米佳这个小家伙,没有我恐怕要被虱子吞吃掉了'。他在讲述米佳的童年生活时又加了这些话。"（同上）

这种由间接言语形成直接言语的情况,好像是从它里面直接产生的——类似罗丹雕塑中没有完全脱离未成型巨块的可塑模型,就是直接言语生动表现的无数变体中的一种。

这就是间接结构词语分析变体。它在转述他人言语时将产生完全生动特殊的效果。这种变体必须以语言意识中他人表述个性化的最高程度为前提,必须以有能力区分地感知表述的词语层与表述的具体意义为前提。这无论是权威的还是纯理性的接受他人表述的情况都不曾具有的。作为常用的修辞方式,它只能在批判的个人主义和现实主义个人主义的条件下在语言中扎下根来,同时,作为直观分析变体,它正是对于纯理性个人主义才特有。在俄语文学语言历史中,这最后的阶段几乎是完全停滞了。这样我们观察到了词语分析变体相对于直观分析变体拥有无可比拟的优势。俄语中 Consecutio temporum（短暂连贯性）的缺乏反而对词语分析变体的发展极其有利。

这样,我们就会看到,我们所说的两种变体,虽然在模式的一般分析趋向方面是联合在一起的,但是在表示他人话语和说话人个性的语言观点上有很大的不同。对于第一种变体来说,说话人个性仅仅像是拥有了固定的思维观点（认识的、伦理的、生命的、日常的观点）,在这个被严格直观地转述的观点之外,它对于转述者是不存在的。第二种变体则相反,个性被赋予了主观的风格(个体的和典型的风格),赋予了思维和说话的风格,作者对这种风格的评价是一种非自由行为。这里说话人个性已经被浓缩到只有形象的程度了。

俄语中还可以指出第三种相当重要的间接结构变体,这种变体主要用于转述主人公内在的言语、思想和感受。这种变体能够很自由地说出他人言语,使其简略,经常只指出他人言语的主旨和重要部分,因此这种变体可以被称为印象变体。在这种变体中,作者语气可以轻松自如地在它模糊的结构中反复运用。下面请看《青铜骑士》中这样一个印象变体的典型范例:

"他想些什么呢?他想他很穷,他想他必须用劳动来给自己挣得独立性和荣誉;他想上帝也许会赐给他智慧和金钱。他还想,竟也有这样一些幸运者,他们成天游手好闲,智力低下,懒惰成性,可是这些家伙日子过得惬意得不得了!他想他只要再苦干两年;他甚至想到了天气并没有变化;他想河流一直在涨水;他想,涅瓦河上的桥梁未必会被拆掉,他想他要和巴拉莎分开两到三天。他就这样胡思乱想着……"

我们通过这个例子可以看出,间接言语的印象变体位于具体分析变体和词语分析变体中间的某个地方。这里经常要进行明确具体的分析。在叶甫盖尼的意识里会明确无误地出现一些词和短语(但是它们的特别性却没有被强调)。而作者自己的讽刺,他所强调的东西,他在处理和省略材料方面的主动性都会最强烈地被感受到。

现在我们再转入对直接言语模式的分析。这种言语模式在俄语文学语言中得到了极其充分的研究,具有多种本质各异变体的极其纷繁多样的特性。从古代文献中的直接言语那巨大、消极和不可分割的块状物到现代的灵活,经常把它引向作者语境的双重意义的方法,它的发展经历了漫长而有成果的历史道路。不过,我们在这儿不必去研究这个历史道路是如何形成的,也不必去对文学语言中直接言语现有变体进行静止的描述。我们只限于对这样一些变体进行研究,在这些变体中语气能相互交换,就像作者语境和他人言语能相互感染一样。与此同时,我们感兴趣的主要的不是作者言语转向他人表述,把自己语气贯穿于他人话语之中,而是相反,即他人词语贯穿和分布于作者所有的语境中,使其变得模糊和具有双重意义。此外,在上述两种情况之间不能总是出现极端的境界:相互的感染总是经常会发生的。

那种可以被称为有准备的直接言语的变体是为相互关系进程的主要趋向(作者的转向)服务的①。

这已经是属于我们所熟悉的从间接言语产生直接言语的情况。而从准直接言语产生直接言语的情况则是这种变体特别有趣和普遍的现象,这种准直接言语自己作为叙述的一半和他人言语的一半为它的统觉作用提供了准备。这里语境能预料到未来言语的基本主旨,作者的语气也能渲染这种主旨;通过这种方法,他人表述的境界可以被极大地削弱。这种变体的经典范例是陀思妥耶夫斯基《白痴》中梅什金公爵在癫痫病发作前的形象,这部小说第二部整个第五章几乎都是这种变体(这里也是准直接言语的最典型的范例)。梅什金公爵的直接言语在整个这一章中一直都在他自己的世界里回响,因为作者只在梅什金公爵自己的视野里展开故事。这里为他人说的话建立了一种一半是他人的(主人公的)、一半是作者的统觉背景。这种情况向我们非常清楚地表明,作者语气这种深入渗透到直接言语中的情况几乎总是与作者语境本身客观性得到削弱的现象联系在一起的。

另一种被用于同样意图的变体可以称为物化的直接言语。这里作者语境是这样被建立的,即主人公的客观定义(作者代说的)牢牢覆盖了它的直接言语。那些充满了它的客观形象的评语和情绪,转移到

---

① 我们在涉及作者独白和解释直接言语时没有采用比较原始的方法,即在直接言语里加上作者标记(即打上着重号),没有向括号内插入各种不同的意见、结语或者仅仅表示赞叹、疑问、怀疑的符号(如"原文如此"等)。在适当的地方把它的动词与解释和插进的意见相结合,对于克服直接言语的消极性具有实质性的意义。——原编者

了主人公的话语方面。他人话语的意义分量被降低了,但是它们特有的逻辑意义,它们的修辞色彩或者它们的日常典型性得到了加强。这样,当我们在舞台上根据化妆、服饰和整个场景来了解喜剧人物时,我们在理解他的话语的意思之前就已做好了准备要发笑。在果戈理和所谓"自然派"代表作家的作品里,在大多数情况下直接言语是这样。陀思妥耶夫斯基在自己的处女作中也试图让心灵回到这种被物化了的他人话语里。

他人言语的准备和事先叙述出他人言语的主旨、评价和强调的内容,这些可以把作者语境完全主观化,把它渲染成主人公的语气,以至于他自己开始把它作为确实包含了作者所有语气的"他人言语"而发出声来。叙述只是在主人公自己的视野里绝对地进行,正如我们所看到的,巴利为此还指责过左拉,同时,不仅在空间和时间的界限内,而且还在重要语气的视野里,巴利还建立起一种对于他人表述来说是特殊的统觉背景。这就能够说出一种事先预料到的和呈分散状态的他人言语的特殊变体,这种他人言语隐藏在作者语境里,并且仿佛在主人公真实直接的表述中被发掘出来。

这种变体在现代散文中,特别是在安德烈·别雷的那些受其影响的作家作品中(诸如爱伦堡的《尼古拉·库尔波夫的一生和毁灭》)普遍使用。但是它的典型范例还得在陀思妥耶夫斯基创作的早期和中期阶段作品中去寻找(在陀思妥耶夫斯基创作的晚期,这种变体就很少见到了)。现在让我们来分析一下他的中篇小说《丑闻》。

整个叙述都可以被标上引号,就像是"作者"的叙述,虽然在主题和结构上没予以标明。而且在叙述内部,几乎每个修饰语、定语和评价语都可以标上引号,就像它们是从这个或那个主人公的意识中产生出来的一样。

让我们从这篇小说开头部分选录一小段加以分析:

"那是一个冬天的夜晚,天气晴好、寒冷;已经是十一点多钟了,可是在首都彼得堡一幢漂亮的两层楼房的一个舒适、装饰豪华的房间里,还坐着三位特别受人尊敬的先生,他们正在就一个有趣的话题进行着引人入胜很有气派的谈话。这三位先生都拥有将军头衔。他们都坐在漂亮柔软的安乐椅里,围着一张小桌,一边侃侃而谈,一边安详而又舒适地啜饮着香槟酒。"

如果我们不去注意有趣而复杂的语气游戏,那么只能将这段话作为在修辞上是极其丑陋和庸俗的情况来判定。实际上,在总共只有几行的描写文字里,修饰语"漂亮"出现了两次,"舒适"也出现了两次,此外还出现了诸如"豪华的""很有气派的""引人入胜"和"特别受人尊敬的"等修饰语。

如果我们认真地从其他作者(比如像从屠格涅夫或托尔斯泰)那儿,或者哪怕是从叙述者,但是同一个叙述者(比如像在第一人称叙事)那儿接受这种描写的话,那么我们就不可避免地要对上面的描写风格做最严厉的批评。上面每一个修饰语都是那么庸俗、苍白无力,一点也不说明问题,它们只是为两种语气、两种观点和两种言语相交错、斗争提供了舞台。

不过还有一大段是表示房东——一个三等文官尼基福罗夫性格特征的:

"对他得交代几句:他从一个小官吏开始升迁,他一连四十五年默默地做着浪费时间的麻烦事……他很不喜欢粗枝大叶和感情冲动地做事,认为感情冲动是一种道德上的粗枝大叶。在他生命的最后日子里,他完全沉湎于一种甜蜜懒惰的舒适和一贯的孤独之中……他的外表是异常体面的,胡子总是刮得干干净净,显得比自己的年龄要年轻得多。他很善于保养,决心要活得长一些,举手投足都像是一个高贵的绅士。他的地位也是相当舒适的,在哪儿开开会,他做一点笔记。总之一句话,他是一个最受人尊敬的人。他只有一个想法,或者干脆说是一个强烈的欲望,那就是他要拥有一幢属于自己的别墅,建造得有老爷气派而并不坚实。最后,他的这一欲望也实现了。"

现在我们弄清楚,前面一段中那些庸俗、雷同,又是那么地道的庸俗和雷同意义的修饰语,是从哪里得来的了。它们产生于对自己舒适生活津津乐道的总体意识,产生于自己所拥有的别墅、自己的地位和自己的官阶所津津乐道的意识,来自三等文官尼基福罗夫在社会上赢得人们羡慕的那种意识。这些修饰语都可以作为"他人言语"即尼基福罗夫的言语而标上引号。但是这些修饰语不仅仅是属于这位主人公的,因为是叙述者在进行这样的叙述,叙述者好像是与"将军们"看法一致,好像是在向他们献媚,完全站在他们的立场上,与他们一个鼻孔出气。但是与此同时,作者又在极力进行挑拨性的夸张,在对所有这些可能的和实际存在的表述进行有目的的讽刺和挖苦。作者在每一个庸俗的修饰语上面都通过叙述者这一中介来讽刺和挖苦自己的主人公。这样在这段话中就会出现复杂的、几乎在我们大声朗读时难以转达的语气游戏的情形。

以后的故事整个是在另一位主要角色——普拉林斯基的视野中构筑起来的。整个故事充满了这位主人公的修饰语和评价语,也即是他的隐蔽的言语,在这种充满了作者讽刺的背景中展现出了真正的、打上引号的、内在和外在的"直接言语"。

这样一来,这篇故事中的每个单词,就它自己的表现力,自己的感情色彩和在句中的重要程度而言,都不约而同地进入两种相互交叉的语境和两种言语中:一种是文章作者的言语(讽刺的、嘲弄的),另一种是主人公的言语(当然不具有讽刺色彩)。这种同时出现的两种言语在表现力方面有不同趋向的关系,说明了句子结构的独特之处,说明了"句法学的反常"和风格的独特之处。只要处在这两种言语中的一种界限内,句子的构造就会是另一种样子,风格也会是另一种样子。我们面对的是典型的、几乎根本未研究过的语言学现象——言语干扰。

这种语言干扰现象在俄语中可以部分地在间接言语的词语分析变体中占有一席之地,还可能出现在那些比较少见的场合,在那儿不仅单个的词语和表示法,而且那种有表现力的他人表述结构都在间接转述的范围内保持着。在我们所举的第四个例子里,那儿直接言语的弱化了的感叹结构确实转进了间接言语之中。结果出现了某种不协调的情况:作者在有分析的转述中采用了平静的照实叙述的语调,同时又采用了神经有点错乱的女主人公那种激动不安、歇斯底里般的语调。由此可看出,这个句子的句法特征具有了某种独特的扭曲形式,这个句子要为两位主宰者服务,同时又与两种言语有关联。但是在间接言语范围内,语言干扰现象不可能获得多少明确固定的句法表达方法。

准直接言语是最重要和在句法上最具有模式化(这种情况在法语中很突出)的形式,这种形式是由于两种语调上有不同趋向的言语干扰混合的结果。考虑到它的特殊重要性,我们把它单独列为下一章来讨论。在那里我们将仔细回顾罗曼语族和日耳曼语族中关于这个问题的历史。围绕着准直接言语曾经有过的争论,关于这个问题所发表的意见(特别是福斯勒学派的意见)具有很大的方法论意义,因此我们将批判地进行分析。这里,在本章中,我们将研究俄语中与准直接言语亲近的某些现象,看来,这些现象为准直接言语的产生和形成奠定了基础。

我们感兴趣的只是直接言语在它的生动叙述中的模棱两可的双重变体,因此根本涉及不到其中一种最重要的"直线"变体——修辞直接言语。

这种"令人确信"的变体形式和它具有的不同变异情况,其社会学意义是非常巨大的。但是我们没有能力对它们进行整体研究。我们只能就某些与修辞有关的现象进行一些研究。

存在着两种众所周知的现象:修辞性疑问语和修辞感叹语现象。就我们的观点来看,有一些属于在语境中具有局限性的情况也是很有趣的。它们仿佛处于作者和他人言语(通常是内在言语)的交界处,而经常直接进入这个或那个言语之中,也就是说,可以把它们作为疑问语或被主人公倾注到自己身上的感叹语来解释。

下面举一个有疑问语的例子：

"是谁在溶溶月色里，在万籁俱寂之中，悄悄地一步一步走来？是一个俄罗斯男子。在他面前站着一位契尔克斯少女，温柔地默默地向他问候。他默默无言望着少女，心里寻思：这是个梦幻？还是感情麻木的无聊游戏？……"（普希金《高加索的俘虏》）

主人公最后几句（内心）独白仿佛在回答作者的修辞性问语，因此这最后几句话可解释为是主人公自身的内心言语问语。

再举一个感叹语的例子：

"可怕的声音说明了一切；他眼前骤然天昏地暗。别了，神圣的自由！他只是奴仆一个！"（同上）

在散文式的语言中有一种情况很普遍，那就是主人公的思绪中或关于主人公行为的叙述中经常会出现诸如"那时会怎么办呢？"的疑问语，而且这个疑问语是孤立的，不仅属于作者的疑问语，也属于主人公的疑问语，这时主人公陷入了一种难堪的境地。

但是，在这些和它们相似的疑问语和感叹语中，毫无疑问，作者的主动性占着优势，因此它们永远不会置于引号之内。这里说话的是作者本人，但是却以主人公的口气，好像在代他说话。

下面就是这种类型的一个有趣的例子：

"哥萨克们俯下身拾起长枪，望着河中那昏暗的浊流，在他们身旁，那些敌人的武器在昏暗中飘浮……你在想什么呢，哥萨克人？你回想起那先前的战役……永别了，自由的哥萨克村庄，父辈的家园，静静的顿河，永别了，战争，还有那美丽的女郎！隐蔽的敌人偷偷靠上岸，一箭离弦，在空中飞驰——一个哥萨克就从血迹斑斑的小山冈上倒下了。"（同上）

这里，作者就代表主人公在说话，作者替主人公说一些他能说的或者他应该要说的、在当时情况需要说的话。普希金替哥萨克说出了与他的故土离别的话（这些话，哥萨克本人自然是不可能说出来的）。

这种代替别人所说的话语已经很接近准直接言语。我们把这种言语称为"被替代的直接言语"。当然,这种替代要求作者的言语和被替代的(可能被替代,应该被替代的)主人公的言语在语调方面具有同样的倾向性,因此这里不会出现任何干扰现象。

当作者和主人公之间在修辞性构造语境的范围内存在着评价和语调的完全一致时,作者的修辞语言和主人公的修辞语言有时便开始相互覆盖,他们的声音会相互交融,并且保持很长阶段,这一阶段同时属于作者的叙述和主人公内在的(有时也是外在的)言语。有一种已经和准直接言语几乎没有区别的现象出现,只是还缺少干扰。由于立足在拜伦式的修辞语言上,准直接引语在年轻的普希金那儿出现了(看来,也是首次出现)。在《高加索的俘虏》中,普希金完全和自己的主人公在评价和语调上保持了一致。作者的叙述建立在主人公的口气上,而主人公的话语也建立在作者的口气上。因而我们在这里还能找到下面一种情况:

"那边横亘着一条条形状相同的小山峦;在它们之间蜿蜒着一条孤零零的小径,忧郁地消失在远方……年轻的俘虏心情沉重,焦躁不安……这条遥远的路通向遥远的俄罗斯,通向他的祖国,在祖国他骄傲地无忧无虑地度过自己火一般的青春年华,在祖国他第一次尝到欢乐,在祖国他热爱着许多可爱的人们,在祖国他也经受了极度的磨难,暴风雨般的生活使他断送了希望、欢乐和前程……他体会到了人世沧桑,他懂得了虚伪生活的代价。他在人们心灵中找到了反叛,在爱的理想中找到了痴梦一场……啊,自由!……他在人世间寻找的只有你,啊,自由……他在人世间看不到任何希望。啊,你们哪,这最后的幻想,你们也从他身旁躲开。他啊,原本就是个奴隶。"(同上)

这里,俘虏本人的"沉重心情"就被明确地表达出来了。这是俘虏的言语,可是形式上却由作者表述了出来。我们如果把所有的人称代词"他"都换成"我",并且把动词形式做相应的改变,那么不会出现任何修辞上的或其他方面的不合理和不协调。特别是在这段话语中还引入了第二人称呼语(呼唤自由和幻想),这更能强调出作者同主人公的一致性。主人公的这段言语与长诗第二部分中他所说修辞性直接引语在修辞和意思上没有丝毫区别:

"忘记我吧:我不值得你爱,我不值得你欢喜。……没有狂喜,没有奢望,我是苦难的牺牲品,行将就木……

"为什么你不早早出现在我面前,不在那些我充满了希望和充满了令人陶醉的理想的日子里出现!现在已经晚了!希望的幻影已经消失得无影无踪……"(同前)

所有谈及准直接言语的作者(可能只是巴利一个人除外),都会承认我们的例子是准直接言语的最为典型的范例。

但是,我们也倾向于将这种情况视为被替代的言语。的确,将它变成准直接言语只需要往前一步就够。普希金迈出了这一步。他脱离开自己的主人公,用自己的评价和语调来把它们与作者主观语境进行对比。这里,在我们所举的例子里,还缺乏作者和他人言语的干扰现象。结果,也缺乏由这种干扰现象产生的语法特征和修辞特征,这些特征使得准直接言语与环绕作者的语境形成区别。要知道在这种情况下,我们只根据纯意义指向来弄清楚"俘虏"的言语。我们在这里感觉不到有两种趋向不同的言语相融合,感觉不到他人言语在作者转述以后的弹性和对抗性。

最后,为了表明什么是真正的准直接言语,我们举出普希金《波尔塔瓦》里的一个准直接言语的典型范例,并以此来结束我们的这一章:

"但是他(科丘别依)在内心深处隐匿了自己的精明强干和凶狠劲。在极度悲痛中他现在只想着进棺材。他不希望玛泽帕有什么可恶。所有的罪过都是女儿一人造成的。可是现在他与女儿也要分别了:看她在让家庭蒙羞、忘却苍天、忘却法律时怎么去回答上帝……而他却要在蒙受奇耻大辱的家庭圈子内为自己寻找勇敢、坚定和忠诚的同志……"

第四章 法语、德语和俄语中的准直接言语

法语中的准直接言语。托波勒(Tobler)的观点。托马斯·卡莱普基(Th. Kalepky)的观点。巴利(Bally)的观点。巴利的实体化的抽象客观主义批评。巴利和福斯勒学派。德语中的准直接言语。欧根·莱尔希(Eugen Lerch)的观点。洛克(Lorck)的观点。洛克关于语言想象作用的理论。格特劳德·莱尔希(Gertraud Lerch)的观点。古法语中的他人言语。文艺复兴时期中古法语中的他人言语。拉封丹(La-fontain)和拉·布吕耶尔(La-Bruyère)作品中的准直接言语。福楼拜作品中的准直接言语。德语中准直接言语的产生。福斯勒学派的实体化主观主义批评。

法语和德语中的准直接言语现象在不同的作者那儿用不同的术语来表示。每一个作者在涉及这个问题时都独立使用自己的术语。我们一直使用格特劳德·莱尔希(Gertraud Lerch)的"uneigentlich direkte Rede"[①]这个术语,把它视为所有术语中最中性的术语,视为理论受约束的基础术语。这个术语用在俄语和德语中是没有争议的,但是用在法语中可能会引起一些争议。

下面就是法语中几个出现准直接言语的例子:

1. Il protesta:"**son père la haïssait!**"[②]

转成直接言语就是:

Il protesta et s'écria:"**Mon père te haït!**"[③]

转成间接言语就是:

---

① 德语:准直接言语。——译者
② 法语:他申辩道:"他的父亲恨他!"——译者
③ 法语:他气愤地写道:"我的父亲恨我!"——译者

Il protesta et s'écria: **son père la haïssait.**①

用准直接言语表示则是:

Il protesta:**Son père,s'écria-t-il,la haïssait!**②

(这个例子是格特劳德·莱尔希自己引自巴尔扎克作品的。)

2.Tout le jour, il avait l'oeil au guet, et la nuit, si quelque chat faisait du bruit, **le chat prenait l'argent** (Lafontaine)③。

3.En vain il (le colonel) parla de la sauvagerie du pays et de la diffcuté pour une femme d'y voyager: elle (miss Lydia) **ne craignait rien; elle aimait par-dessus tout à voyager à cheval; elle se faisait une fête de coucher au bivac; elle menaçait d'aller en Asie-Mineure.** Bref, elle avait réponse à tout, car **jamais Anglaise n'avait été en Corse; donc elle devait y aller** (P. Mérimée, *Colomba*).④

4.Resté seul dans l'embrasure de la fenêtre, le cardinal s'y tint immobile, un instant encore... Et ses bras frémissant se tendirent, en un geste d'imploration: "**O Dieu! puisque ce médecin s'en allait ainsi, heureux de sauver l'embarras de son impuissance, ô Dieu! que ne faisiez-vous un miracle pour montrer l'éclat de votre pouvoir sans bornes! Un miracle, un miracle!**" Il le demandait du fond de son âme de croyant. (Zola, *Rome*)⑤

---

① 法语:他写信气愤地告诉他说,他的父亲恨他。——译者
② 法语:他申辩道:"他在信中告诉他,说他的父亲恨他。"——译者
③ 法语:白天他一整天都在监视他。到了晚上,哪怕是只猫弄出点声响,他都以为这只猫是要偷走他的钱财。(拉封丹)——译者
④ 法语:忽然,上校谈起了乡下的贫困和一个单身女人要去这穷乡僻壤的困难。她却不怕,她特别喜欢骑马旅行;她为自己能在野外露营大感满足;她还扬言要去亚洲矿场。总之,她什么都能应付。因为还没有一个英国人在科西嘉岛上度过夏天。(梅里美:《高隆巴》)——译者
⑤ 法语:红衣主教一动不动地倚靠在敞开的窗户上;又过了片刻……他伸出颤抖的双手,做出恳求的姿势:"啊,上帝!既然这个医生这样来来去去,他要是能予以拯救,岂不幸哉! 啊,上帝! 为什么你不能尽显你的奇迹和无限的威力! 一个奇迹,只要有一个奇迹啊!"他从心底里发出一个信徒虔诚的祈祷。(左拉:《罗马》)——原编者

(后面两个例子是托马斯·卡莱普基、巴利和洛克都引用而且争论过的。)

准直接言语现象作为一种转述他人表述、介乎直接言语和间接言语之间的特殊形式,最早是由托波勒于1882年提出来的(见 *Zeitschr. f. roman. philol.* Ⅺ,S.437①)。

托波勒将这种言语现象界定为"直接言语和间接言语特有的混合形式"②。根据他的观点,这种混合形式从直接言语借用了语调和词序,从间接言语中借用了动词的时和人称。

这个定义作为纯描述性质的定义是可以接受的。事实上,从对特征表层的比较描述来看,托波勒正确地指明了这种混合形式与直接言语和间接言语相应的区别和联系。

但是这个定义中"混合"一词是完全不能被接受的,因为这个词需要做词源学解释,是"什么东西由混合构成",这未必能解释得清楚。再说,它被称为"纯描述"也不准确,因为出现在我们面前的不是两种言语形式的简单机械混合和算术相加,而是一种对他人表述积极领悟的全新和良好结果的趋向,是作者言语和他人言语相互关系进程中特别的趋向。但是,托波勒没有注意到这种进程,他只确定了模式的抽象特征。

这就是托波勒的定义。但是他是如何解释我们所说的言语形式出现的呢?

"说话人作为过去发生事件的传达者,援引他人独立形式的话语时,就仿佛这个话语是在过去讲的。这时,说话人将当时说的真实表述转变为过去形式,目的在于表明当时说的表述与被转述的过去发生的事件是同时的。此外,说话人使用了另外一些变化(动词的人称形式,代词),目的在于表明这个表述是属于讲述人自己的。"

托波勒的这种解释是建立在不可靠的、但在旧语言学中很流行的

---

① 法语:《罗马语言学杂志》,第11卷,第437页。——原编者
② 法语原文为:Eigentümliche Mischung direkter und indirekter Rede.——原编者

体系之上的:如果说话人自觉地承担风险而引入这个新的话语形式,那么他是如何作出推断并说明的呢?

并且,即使对这种体系的解释被认为是可以接受的,那托波勒所称的"说话人"的所有理由也不能完全令人信服和清晰可辨,因为,他要想保留表述的独立性,就像它真的发生在过去,那他最好还是用直接话语形式来转述他人表述,这样他所谓的属于过去的、属于主人公而不属于讲述人的表述就都是疑问的了。或者说,要是用第三人称来叙述过去的事,那为什么不直接用间接言语形式呢?这样不更简洁些吗?要知道,在我们所说的话语形式中,并因这一形式而获得的基本的作者言语和他人言语之间全新的相互关系,在托波勒理论中正好是找不到自己表示法的。摆在托波勒面前只有两种旧形式,他想用这两种形式拼凑成一种新形式。

我们认为,依据所述的体系中说话人的理由,最好的情况只可以解释已经具有的形式在这种或那种具体情形下的应用,然而无论在何种情况下也不能解释语言中新的形式的构成。一方面,说话人个人的意图和理由只能在现有的语法体系界限内理性地扩展;另一方面,它们只能在那些社会语言交际的条件界限内扩展,这些条件只在这个方面占据着优势。这些体系和这些条件被揭示出来,而且它们明确划定着说话人的语言视野。要开阔这一视野,不是说话人个人力量所能办到的。

说话人无论给自己提出什么样的设想,他无论怎样犯错误,无论怎样分析,无论怎样混淆形式,无论怎样组合这些形式,他都既不能构造出语言中新的语法模式,也不能建立起社会语言交际的新趋势。只有当说话人的社会语言相互作用的趋势正在形成并被采用时,在说话人主观主义设想中才具有创造性质,而这些趋势的改变则依赖于社会经济因素。这样一种改变应该会发生,这样一种社会语言交际和表述相互目标的改变应该会发生,目的是建立了一种从本质上是全新的对话人词语的感觉能力,这种感觉能力便在准直接言语中找到了表示的方法。这种言语形式在形成的同时,开始进入语言体系圈,在这个圈子里只有说话人个人语言设想才能被确定、被论证和被有效地成为现实。

另一位写过有关准直接言语文章的作者是托马斯·卡莱普基(Th.Kalepky)①。托马斯·卡莱普基承认准直接言语是转述他人言语时完全独立存在的第三种形式,并且把它界定为一种隐蔽的或者模糊不清的言语(verschleierte Rede)。这种形式的修辞意义在于,必须猜出是谁在说话。果然,从抽象语法学角度看,说话的是作者,而从全部语境的实际意义角度看,说话的是主人公。

托马斯·卡莱普基的分析对我们问题的研究所具有的促进作用是毫无争议的。他试图为我们的形式探求出一种崭新的积极的修辞学派,以此来替代两种模式抽象特征的机械混合。托马斯·卡莱普基正确地理解了准直接言语的双重性质,但是他却没有正确地界定出这种双重性质。无论怎么也不能赞同托马斯·卡莱普基的是:摆在我们面前的是隐蔽性言语,要想获得说话人的意思必须靠猜测。但是没有人会从抽象语法论断来开始理解过程,因为任何人一开始就很清楚,主人公是根据意思来说话的。问题就出现在语法方面。此外,在我们的形式中根本就没有"或者……或者……"的两可情况,但是它的特点正是在于,这里既有主人公在说话也有作者在说话,还在于这里一种语言结构界限内保留了两种不同趋向声音的腔调。我们看到,原本隐蔽的他人言语现象在语言中具有了位置;我们还看到,这个隐蔽在作者语境中的他人言语潜在的行为引起了这个语境中特殊的语法和修辞现象。但这就是"他人言语"的另一种变体。准直接言语,这是公开的言语,虽然它就像雅努斯神一样具有双重面孔。

托马斯·卡莱普基的主要方法论不足在于,他只在个性意识的界限内来阐释我们所指出的语言现象,他只探求这种现象的心理根源和主观审美效果。以后我们在分析福斯勒学派,如洛克、欧根·莱尔希

---

① 发表在《罗马语言学杂志》,第13卷,1899年,第491—513页。——作者

和格特劳德·莱尔希的观点时,我们还会回到对这个问题所进行的原则性批评上来。

巴利在1912年对我们的问题发表了看法(见"G.R.M.,Ⅳ,S.549 ff.,597 ff.)①。1914年他在回击托马斯·卡莱普基的论战时,在一篇原则性很强的、题为 Figures de pensée et formes linguistiques(G.R.M., Ⅳ,1914,S.405 ff.,456 ff.)②的文章中重新论述了这一问题。

巴利观点的实质是:他认为准直接言语是间接言语古典形式的一种最新变异。按照他的意见,这种言语形式是由下面方式构成的:il disait, qu'il était malade>il disait:il était malade>il était malade (disait-il)③。(中间的转换形式当然是语言学作用所致。)

巴利认为,这里联词(que)的脱落可以解释成是语言所具有的最新的趋势,表明句子的并列组合要比主从组合好得多。接下来巴利指出,间接言语的这种变异(他称为相应的"自由间接风格"——Style indirect libre)不是一种停滞的形式,而是处于运动中的形式,它努力朝直接言语迈进,就像朝自己的极限迈进一样。巴利认为,即使在最具有表现力的情况下,也很难界定,"自由间接风格"是在何处终结,"直接风格"又在何处开始。顺便指出的是,他认为我们上面所举的第四个例子左拉的一段话就是这种情形。正是红衣主教在向上帝祈祷所用的呼语"啊,上帝!为什么你不能尽显你的奇迹和无限的威力!"第二人称同时在间接言语特征里置于呼语的地位,就像在直接引语中一样。巴利认为第二种类型的间接言语(在直接言语中省略了联词而只依靠词序来维持)是类似于德语中自由间接风格(Style indirect libre)的形式。

巴利严格地把语言学形式(formes linguistiques)和思维形象(figures de pensée)区分开来。近来,他又理解那些从语言观来看并不很有逻辑的表达方法,在这些方法中,语言学符号与它普通意义之间的正常关系

---

① 《日耳曼语言杂志》,第4卷,第549—597页。——原编者
② 法语:《修辞格与语言学形式》(载《日耳曼语言杂志》,1914年,第4卷,第405—456页)。——原编者
③ 法语:"他说,是他病了。"→"他说,他病了。"→"他病了(他说)。"——原编者

遭到了破坏。在一个词的严格的意义中,思维形象不能被语言学现象所认可:因为没有准确固定的语言学特征能够表示它们。相反,相应的语言学特征在语言中表示的不是思维形象能嵌入语言学特征中的问题。而巴利则把纯形式的准直接言语归入这种思维形象。要知道,从严格的语言学角度看,这是作者的言语,而从意义上看,乃是主人公言语。可是这个"从意义上看"是无论什么特殊的语言学符号都不能表示出来的。需要指出的是,摆在我们面前的现象已超出了语言学范畴。

这些就是巴利观点的基本轮廓。这位语言学家是当今抽象客观主义语言学派最重要的代表。巴利将语言形式实在化并赋予它以活力,他通过对具体的言语行为(有生命的实际存在的文学和科学作品等中的言语行为)进行抽象化而获得这些语言形式。语言学家们进行这种抽象化,正如我们所指出的,目的是弄清别人僵化的语言,是要对这种语言进行实际的研究。巴利就是这样来赋予这些抽象语言的形式以活力并使其发展的:间接言语变体开始趋向直接言语模式,并在这个趋向过程中构成了准直接言语。在这个新形式的构成中,创造作用通过联词(que)的脱落和引入话语中的动词的脱落而表现出来。实际上,在巴利所提供的语言学形式的语言抽象体系中并没有出现发展现象,也没有出现活力,不存在什么建树。活力只出现在表述与表述相接触过程中,也就是说出现在话语相互关系出现的那个地方,这种关系尽管不是直接的、"面对面的",而是中介的、文学性的相互关系[①]。

不是抽象的形式趋向形式,而是以"说话人个性"的语言意识,在变化了的积极领悟的基础上的两种表述的相互的方向性发生着变化,在它思想意识独立性及其表述个性基础之上发生变化。联词(que)的脱落不是使两个抽象形式相互接近,而是使所有它们意思上完整的两个表述相互接近:好像一旦障碍被消除,作者的语调就能自由地进入他人的言语中。

[①] 关于言语相互关系的直接和中介形式请参看前面所引的 Л.П.雅库宾斯基的文章。——原编者

语言学形式和思维形象之间,语言(la langue)和言语(la parole)之间的方法论脱节现象,是那种实体化客观主义所造成的结果。语言学形式,正如巴利所理解的那样,只在语法和词汇中存在(这种存在当然是完全合理的),但是在活生生的语言现实中它们却深入到非理性的、从抽象语法角度看是"修辞格"的自然因素中。

巴利在把法语中的准直接言语和德语第二种类型间接结构做类比时也出现了错误①。他这个错误是异常显明的。从抽象语法角度看,巴利的类比是无可非议的;但是从社会语言趋势角度看,这个对比是经受不住批评的。要知道不同语言中这个和那个社会语言趋势(它受这些和那些社会经济条件的制约)在依赖于它们语法结构时可以在不同的外部特征中表现出来。在这种或那种语言中只有在某一方面表现最灵活的那种模式才会开始在确定的方向里发生变异。这种情况在法语中原来就是间接言语模式,而在德语和俄语中则是直接言语模式。

现在我们转入研究福斯勒学派的观点。这些语言学家把主要研究精力从语法学转入到修辞学和心理学,从"语言学形式"转入到"思维轮廓"。正如我们所知道的,他们和巴利的原则分歧是很大的。洛克在自己批评日内瓦语言学家观点的著作中使用了洪堡的术语,把自己的语言观点和巴利的语言观点相对照,认为自己的语言观点像是 energeia②,而巴利的语言观点像是 ergon③。这种个人主观主义的基本理论和巴利对这一常见问题的观点简直是格格不入。作为准直接言语解释要素纷纷出现的有:语言中的激情,语言中的想象、移情、语言趣味等。

不过,在分析他们的观点之前,我们先举德语中三个准直接言语的例子:

1.Der Konsul ging, die Hände auf dem Rücken, umher und bewegte

---

① 巴利的这个错误托马斯·卡莱普基指出过。巴利在自己第二篇文章中也部分地纠正过这个错误。——作者
② 德语:现实存在。——译者
③ 德语:真实事件。——译者

nervös die Schultern.

Er hatte keine Zeit. Er war bei Gott überhäuft. Sie sollte sich gedulden und sich gefälligst noch fünfzig mal besinnen! (Th. Mann. *Buddenbrooks-Verfall einer Familie*)①

2.**Herrn Gosch ging es schlecht**；mit einer grossen und schönen Armbewegung wies er die Annahme zurück, er könne zu den Glücklichen gehören.**Das beschwerliche Greisenalter nahte heran, es war da, wie gesagt, seine Grube war geschaufelt. Er konnte abends kaum noch sein Glas Grog zum Munde führen, ohne die Hälfte zu verschütten, so machte der Teufel seinen Arm zittern. Da nutzte kein—Der Wille triumphierte nicht mehr**(ibid.)②.

3.Nun kreutzte Doctor Mantelsack im Stehen die Beine und blätterte in seinem Notizbuch. Hanno Buddenbrook sass vornüber gebeugt und rang unter dem Tisch die Hände.**Das B, der Buchstabe B war an der Reihe! Gleich würde sein Name ertönen, und er würde aufstehen und nicht eine Zeile wissen, und es würde einen Scandal geben, eine laute, schreckliche Katastrophe, so guter Laune der Ordinarius auch sein mochte**… Die Sekunden dehnten sich martevoll. ***Buddenbrook* … jetzt sagte er *Buddenbrook*…*Edgar*** sagte Doctor Mantelsack…(ibid)③

---

① 德语：领事双手放在背后，在旁边走来走去，不时地神经质地耸耸肩膀。他没有时间，他在上帝身边工作很忙。而她应该要忍耐，要静心冥想，要再祈祷50次！（托马斯·曼，《布登勃洛克一家》）——原编者

② "戈先生的情况可不妙；他做了一个幅度很大而又极优雅的手势。他本该是很幸福的人，可是老年的艰难时光临近了，是时候了。前面说了，他的坟墓已被掘好。死神让他手臂直打战，晚上他几乎不能将盛着格罗格酒的酒杯送到嘴边而不泼出酒来。这时任何诅咒已无用……意志已失去了胜利的力量。"（同上）——原编者

③ 德语：现在，曼特尔扎克博士双腿交叉站在那儿翻阅他的笔记本。汉诺·布登勃洛克身体向前倾着坐在那儿，双手却在桌下紧扭在一起。字母"B"，轮到字母"B"了！马上就轮到叫他的名字了。他会立即站起来，虽然他一句不懂。这可是个耻辱，一个明显而又可怕的灾难。教授本应有好的心情，他的运气也可能会不错……可是这几秒钟的时间让人等待得实在难以忍受。"布登勃洛克"……现在念到"布登勃洛克"了……"埃德加"，曼特尔扎克博士说……（同上）——原编者

从以上几个例子可以清楚地看出,德语中的准直接言语和俄语中的准直接言语在语法上完全相类似。

欧根·莱尔希(Eugen Lerch)也在1914年对准直接言语问题发表了看法。① 他把准直接言语界定为一种"似同事实的言语"②。这种言语形式在转述直接言语时,就好像它的内容是作者自己所叙述的一种事实。在对直接言语、间接言语和准直接言语进行比较之后,欧根·莱尔希从它们是否具有内容的现实性角度得出一个结论,那就是准直接言语更具有现实性。他根据印象的生动和具体性将对于间接言语的修辞偏好赋予了准直接言语。欧根·莱尔希的定义就是这样的。

详细研究准直接言语的是洛克(Lorck)。他在1921年写了一本小书,书名是 Die"Erlebte Rede"③。这本书是作者献给福斯勒的。洛克在书中详细地研究了我们所说问题的历史。

洛克把准直接言语界定为"被体验过的言语"(Erlebte Rede),以区别于作为"被说过的言语"(Gesprochene Rede)的直接言语和作为"被告知的言语"(Berichtete Rede)的间接言语。

洛克是这样来阐释自己的定义。假定浮士德在舞台上这样独白说:"Habe nun, ach! Philosophie, Juristerei … durchaus studiert mit heissem Bemühn…"④剧中主人公是用第一人称在说话,而观众却感觉到说话是第三者:"Faust hat nun, ach! Philosophie…"⑤这种在经过自身感悟体验内部实现的转换,使被体验过的言语接近了讲述者。

如果此时观众想向他人、向第三者转述他听过的并被他体验过的浮士德言语,那么他在转述时或者用直接言语逐词逐句地说出浮士德的言语:"Habe nun, ach! Philosophie…"⑥或者用间接言语形式来表

---

① 见《日耳曼语言学杂志》,第6卷,第470页。——作者
② 德语原文是"Rede als Tatsache"。——作者
③ 德语:论被体验过的言语。——作者
④ 德语:啊! 如今努力去学习哲学和法学,是要完全凭热情啊……——译者
⑤ 德语:啊! 浮士德如今在学习哲学了……——译者
⑥ 德语:啊! 现在来学习哲学……——译者

示:"Faust sagt, dass er leider"①或是"Er hat leider…"②如果他自己渴望在自己心中唤起他在舞台上所体验到的生动印象,那他就会这样回忆起:"Faust hat nun, ach！Philosophie…"③或者是因为事情涉及过去的印象,他会这样说:"Faust hatte nun, ach!"④

因此,洛克认为,由于准直接言语只是直接反映他人言语感受以及对他人言语活生生印象的形式,因而准直接言语对于向他人即第三者转述言语来说是很少有益的。因为在这样的转述里,通报的性质就会丧失,显得像是一个人在和他自己说话或者像是产生幻觉。从此可明白,这种言语形式在口语中得不到应用,它只用于艺术形象的目的之中。这里它的修辞意义显然是巨大的。

其实,艺术家在创作过程中所想象出的艺术形象本身是具有现实性的;他不仅能看到它们,而且能听到它们。他并不迫使这些艺术形象说话(就像在直接言语中一样),他只是听到他们说话。这种仿佛是从梦境中听到的声音里获得的生动印象,只能用准直接言语形式来直接表达。这就是想象本身的形式。所以这种形式就首先出现在拉封丹的童话般的世界里。这种形式最容易被像巴尔扎克、特别是福楼拜这样一些作家所喜爱,这些作家最能沉入并被忘却在他们创造的想象世界里。

艺术家在运用这种形式时也只有面向读者的想象。在这种形式的某些事实和思维内容的帮助下他并不急于告知别人,他只是想向别人直接转达自己的印象,在读者心中唤起生动的艺术形象和观念。他并不面向理性,而是面向想象。只有从理性的推断和分析角度看,准直接言语中说话的是作者,而对于生动的想象来说,说话的才是主人公。想象是这种形式之母。

---

① 德语:浮士德说,他觉得很遗憾。——译者
② 德语:他觉得很遗憾……——译者
③ 德语:啊！浮士德现在学过哲学了……——译者
④ 德语:啊！浮士德如今学过(哲学)了！——译者

洛克在自己另外一些著作中所发展的基本思想是：语言中的创造作用不是属于理性，而正是属于想象。只有被想象所创造的形式，现成的、凝滞的、被想象的真实心灵所抛弃的形式，才能听从理性的支配。它自己是什么也创造不了的。

洛克认为，语言不是现成的存在（ergon），而是永远处于形成和对真实事件（energeia）的描写之中。它不是获得不相干的目标的手段和工具，而是活生生的有机体，自身承受自身的目标，自身承受着实现这一目标。语言这种创造的独立性，只有通过语言想象才能得以实现。想象在语言中的自我感觉仿佛就像在自己族类的生命要素中的感觉一样。语言对于想象不只是一种可能，而是紧密相连的。想象为了它自身能被语言游戏本身所满足。有的学者，比如像巴利，在研究语言时总是从理性的角度着手，因而他就不能弄清楚那些在语言中还是活的形式，在这些形式中还跳动着形成的脉搏，这些形式尚未转变成实现理性的手段。因此巴利并没有理解准直接言语的特殊性，他由于在这种言语中没有找到逻辑同义性，便把这种言语形式从语言中排除了。

洛克从想象的角度试图弄清并解释出准直接言语中的"未完成"（Imparfait）形式。洛克把"确指过去形式"（Défini-Denkakte）和"未完成形式"（Imparfait-Denkakte）区分了开来。这些行为的区分不是根据思维内容，而是根据自己形成的形式本身。涉及"确指过去"（Defini）形式时，我们的看法是趋向于外部，即趋向想象事物和内容的世界；而涉及"未完成"（Imparfait）形式时，我们的观点则趋向内部，即趋向意思形成和确立的世界。

"确指过去形式"（Défini-Denkakte）具有事实上固定的性质，而"未完成形式"（Imparfait-Denkakten）则具有经历过的和有过印象的性质。在它们当中，想象自己将重新唤起活生生的往事。

洛克对下面一个例子进行了分析：

L'Irlande poussa un grand cri de soulagement, mais la Chambre des lords, six jours plus tard, **repoussait** le bill; Gladstone **tombait**. (Revue de d. *Mondes*, 1900, Mai, ctp .159)①。

洛克说,如果用"确指过去"(Défini)形式来替换两个"未完成"(Imparfait)形式,那我们就能十分明显地感觉到如下区别:"格拉德东没有指望了"(Gladston tombait)有一种充满感情的语气,而"格拉德东很失望"(Gladston tomba)只是具有一种干巴巴的公文腔。在第一种情况下,好像意思是在对自己的对象和自己本身慢慢叙述中表达出来的,但这里给人的感觉不是格拉德东失望的概念,而是所发生的事件的重要性。否则句子就会是这样的:"la Chambre des lords repoussait le bill"②。这里就好像会预料到令人不安的事件后果会发生:"未完成"(Imparfait)形式进入"repoussait"(拒绝)表示着一种紧张的等待。整个句子足可以大声地说出来,目的是抓住说话人心理状态的这些特殊性。"repoussait"最后一个音节读起来要用表示紧张等待的语调。这种紧张感在"格拉德东没有指望了"(Gladston tombait)这一句中得到松弛并且似乎得到了平衡。在上述两种情况下,"未完成"(Imparfait)形式被赋予了感情,渗透了想象;它主要的不是确定,而是慢慢地经受和重新建立被表达的行为。这就是"未完成"(Imparfait)形式对于准直接言语所具有的意义。而"确指过去"(Défini)形式在由这个形式所建立起来的想象氛围里是不可能具有的。

这就是洛克的观点。他把自己的分析亲自称为"语言情感"(Sprachseele)方面的研究。这个方面的研究(即语言情感方面的研究③);据他所说,首先是福斯勒开始的。洛克只不过是踏着他的足迹进行自己的研究工作的。

洛克只是在静力学和心理学观点上研究问题。1922年,格特劳德·莱尔希在自己出版的著作中,站在福斯勒学派的立场上,试图为

---

① 德语:爱兰德发出刺耳的尖叫,为的是减轻痛苦;上议院一连几天疲惫不堪地讨论,还是拒绝了这项议案;格拉德东没有指望了。(《环球杂志》,1900年5月,第159页)——译者
② 德语:上议院拒绝了这项议案。——译者
③ 德语原文是:das Gebiet der Sprachseelenforschung。——译者

我们所说的形式展现广阔的历史前景。他的著作里有一系列更可贵的观察研究,因此我们来详细地分析一下他的著作。

在洛克的观点中,想象发挥着作用,而在格特劳德·莱尔希的观点里,发挥作用的是移情(Einfühlung)。正是这种移情作用可以在准直接话语中找到自己完全相符的表示法。引入的动词(说过、想过等)是直接和间接言语形式的前提。作者就是这样把说过话的责任推到主人公身上。由于在准直接言语中使用了这个动词,作者就可以这样来介绍主人公的话语,仿佛是他自己很严肃地接受了这些话语,仿佛涉及的都是事实,而不是随便说出来的,不是臆造的。格特劳德·莱尔希说,只要诗人在移情的基础之上,在心理自居的基础之上,在把自己与他人等同的基础之上,去建立他自己本人的想象,这是可能的。

这个形式是怎么历史地形成的呢?它的发展需要哪些历史的前提呢?

在古法语中,心理结构和语法结构还远不能像现在这样严格地区分开来。并列和主从组合还多种多样地交织在一起,标点符号还处于萌芽状态。因此直接言语和间接言语之间还不曾有严格的界限。古法语中的作者还不能把自己想象的艺术形象从自己特有的"我"中区分开来。他深入进去参加了他们的行动和说话,仿佛起着他的说客和保护神的作用。他还没有学会在不依赖自己的参加和干预情况下来转述别人逐词逐句的外部形式的话语。他的古法语禀性还没有远远脱离冷静的、消极的观察和客观主义的判断。但是作者与自己主人公的这种融合在古法语中不仅是他自己选择的结果,而且是一种必然:对于明确相互界限来说缺乏严格的逻辑和句法形式。因此在这个语法形式缺少的情况下,古法语中首先出现了准直接言语,可它不是作为自由的修辞方式而出现的。它的出现,是简单语法形式不能分析它的观点、不能把它的观点与它的主人公的观点区分开来的结果。

请看欧拉里阿塞昆兹(Eulaliasequenz)①—首有趣的诗:

---

① 欧拉里阿塞昆兹,公元9世纪下半叶法国诗人。——译者

> Ellent adunet lo suon element:
> **melz sostendreiet les empedementz**
> **qu'elle perdesse sa virginitet.**
> Poros furet morte a grand honestet.①

  这里,格特劳德·莱尔希说,女圣者不可动摇的决定同作者替她所说的热烈的话语和谐地交融(Klingt zusammen)在一起。

  在中世纪后期的中古法语中,这种把自己专心致志于别人心灵的情况已经不再出现了。这一时期的历史学家中极少见到现实历史学家了,而作者的观点也同他所塑造的对象的观点迅速独立开来。感情让位给理性。转述别人话语成为无个性的、苍白的形式,在它里面只能听到作者的话,而很难听到主人公的话。

  在这种没有个性的阶段之后,开始了文艺复兴时代迅猛的个人主义阶段。转述他人言语又重新努力成为更直观的形式。作者努力重新接近自己的主人公,用更亲近的态度来对待主人公。一种不确定的、自由的、心理上被粉饰的、奇妙而又合乎逻辑的时和式为风格的形成显出了特色。

  在17世纪,一种间接言语的时和式的固定的规则开始形成,这种规则与文艺复兴时代语言的非理性化相抵触。这时一种和谐的平衡在思维的主观化和客观化方面,在具体分析和人称结构的表达方面开始形成了。所有这一切都没有来自学院派的压力。

  应该意识到,作为自由修辞方式,准直接言语的出现只是在一种背景借助于短暂连贯性的形成而出现之后,准直接话语只有建立在这种背景下才能明显地感觉到。它首先出现在拉封丹的作品里。在这种形式中保持了一种对于非古典主义的在主观主义和客观主义之间

---

① 法语:她要把精力积蓄,她还要忍受痛苦,她不能丧失贞操,她死时赢得荣誉会很高。——原编者

的典型平衡。

言语中动词的省略用来表示作者与主人公的同一,而未完成形式的使用(相反在直接言语中使用现在时形式)和与间接言语保持一致的代词的选择用来表示作者保持自己独立的立场,表明作者与自己主人公的经历毫无保留地融合了。

这种准直接言语方式非常适合于寓言作家拉封丹。它完全克服抽象分析和直接感受的双重性,使它们处于和谐一致的状态。间接言语太需要分析,太僵化,直接言语虽然能重新塑造别人话语的戏剧性效果,却不能同时为别人表述提供舞台,不能为这种话语提供精神的和道德的环境。

如果这种方式对于拉封丹来说是为建立奇妙的移情作用服务的,那么拉·布吕耶尔就从这种方式中吸取了惊人的讽刺效果。他不是在童话般的国度里来描绘自己的艺术形象,也不带有轻微的幽默色彩,他把自己对这些形象内在的反抗和自己战胜它们的方式用准直接言语形式来表达,他排斥那些他所描绘的形象。拉·布吕耶尔的所有艺术形象都通过虚假的客观性的 medium(媒介)而具有讽刺的反叛的性格。

在福楼拜的作品中,这种方式表现出了更加复杂的性格。福楼拜无法阻止把自己的观点集中于他本来就厌恶和仇视的东西身上,但在这里他能感觉到自己,能够把自己同这些他厌恶和仇恨的东西混合在一起。准直接言语在福楼拜那儿变得如此具有双重性,如此不安,就像他对待他自身和对待他所创造的形象的态度具有原发性一样:他的内在的立场在喜爱和厌恶之间摇摆。准直接言语由于可以同时允许与自己所创造的形象混合和保持自己独立的立场、保持自己同这些形象的距离,在最大程度上对于表现自己对自己主人公的爱和恨具有良好效果。

这就是格特劳德·莱尔希(一些有趣的)看法。我们还会从欧根·莱尔希那儿借取一些德语中这种方式出现时间的情况,把它们补充到法语里准直接言语发展的历史概况中去。在德语中准直接言语出现是非常迟的:作为自觉的,充分研究过的方式,它第一次出现在托马斯·曼的《布登勃洛克一家》(1901)中,看来,是受了左拉的直接影响。这部"家族史诗"被作者用充满感情的语气表述出来,这种语气仿佛是布登勃洛克家族成员中的普通一员所说出的,这个成员在回忆时,又回忆起而且鲜明地重新感受自己家族的全部历史。我们还要补充的是,托马斯·曼在自己最后一部长篇小说《魔山》(1924)中赋予这种方式更深入细致的应用。

我们非常清楚,对这个问题的分析并不具有任何实质性的和新奇的意义。我们还是转入对洛克和莱尔希观点的批判性分析。

与巴利实体化的客观主义对立,在洛克和格特劳德·莱尔希的著作中突出鲜明地表现出了一种始终一贯的个人主观主义。说话人个人主观主义批判是建立在语言性格的基础之上的。语言在一切场合下都表现为个人心理力量和个人思维意图的宣泄。语言的形成原来就是说话人个体思想和性格的形成。

福斯勒学派的这种完全充满个人主义的主观主义在解释我们所说的具体现象时,也与巴利的抽象客观主义一样是不能被人接受的。实际上,说话者的个性,他个性的感受,主观意图和倾向,自觉的修辞构思不会存在于语言物质的体现之外。因为在语言自身的体现之外,尽管是在内部言语里,个性既不会被赋予说话者自己,也不会被赋予别人;个性可以在自己内心里阐述和认识的只是这样一种东西,那就是以定型的词语、评价、重音形式出现的客观的阐述的材料,意识的物化世界,为什么会存在的。内在的主观主义的个性及其他个人的自我意识不是作为能够为因果关系解释的支柱的具体事实,而是作为思想体系而被揭示出来。内在个性,它的全部主观意向,全部内在的深度,都只能是一个思想体系;而思想体系在意识形态创作比较稳定和被研究过的产品里不能界定自己时,它是模糊不清的、摇摆不定的。因此凭借主观心理因素和倾向来解释某种意识形态现象和形式是毫无意义的;因为这意味着要用一种比较模糊和紊乱的思想体系来解释另一种比较清晰和明确的思想体系。语言能够阐述内在个性和这种个性的自我意识,能够创造、区分和深化这种个性及其自我意识,而不是相反。语言中个性的形成,说实在,与其说表现在语言的抽象形式中,还不如说体现在语言的思想观念主题方面。从自己内在的主观内容角度看,个性就是语言的主题,而且这个主题在比较固定的语言结构范畴里得到发展和变化。应该指出的是,不是话语成为内在个性的表现,而是内在个性成为被表现的或被驱入内部的话语。话语是社会交际,物质个体和生产者之间相互社会作用的表现。这种全面物质交际的条件限定和制约着以下情况:在这种时代和这个范围内,内在个性能获得何种主题的和结构的定义;它是如何意识到自己的,这种自我意识将有多么丰富和令人信服,它将如何述说和评价自己的行为。个人意识的形成将依赖于语言的形成,当然,是在它的语法和具体思想观念结构里形成。内在个性的形成伴随着语言的形成,这种语言能作为最重要和最深刻的主题中的一种而被全面和具体地理解。语言的形成也就是交际形成的时刻,这一时刻与这个交际和它的物质基础是不可分割的。物质基础决定着社会的分化,决定了它的社会政治体制,物质基础有等级地分配和安置社会中相互作用的人们;这些也都决定着言语交往的地方、时间、条件、形式和方式,同样也制约着语言发展中该时代个人表述的命运,它的不可渗透性的程度,它的不同方面感受分化的程度,它的含义和言语个性化的特点。而这就首先需要在固定的语言结构里,在模式和它们的变体中找到自己的表现。这里不是把说话人个性作为摇摆不定的主题,而是作为比较固定的结构来揭示出来(的确,这个结构能具体地和不断地与确定的及与它相适应的主题内容相联系)。这里,在转述别人言语的形式里,语言本身对个性本身就像对话语的载体一样有所反映。

  福斯勒学派做了些什么呢?他们用自己的解释来赋予说话人个性比较固定的结构反映的摇摆不定的主题化,他们把社会形成的事件和历史事件放到具有个人动机的语言中,虽然这些动机是最灵敏最真挚的。他们将一种思想体系赋予了另一种思想体系。但这些思想观点即语言形式和他的应用的主观理由的客观物质因素,仍停留在他的研究的范围之外。我们不能判定,研究使思想体系意识形态化的工作完全无益。相反,为了更容易渗透到它的客观根源,有时使形式结构主题化是十分重要的,因为那些根源的东西是普遍性的。被福斯勒学派思想家所带入语言学的那种思想上的生动性和尖锐性,能帮助阐明语言的某些在抽象客观主义那儿是僵化了的停滞了的方面。因此我们应该要为此而感激他们。他们刺激和触动语言的意识形态灵魂,这种语言在一些语言学家那儿使人想起了无机界现象。但是他们并没有走向语言的真正客观的解释。他们与历史生活接近了,但是他们没有接近解释历史;接近了历史生活的永远激动人心的、永远变化着的表层,而没有接近它的深刻的原动力。洛克在收入他著作里的一封致欧根·莱尔希的信中所作出以下的有点意想不到的结论尤为突出。他在描绘了法语的僵化和理性的陈旧之后,补充说道:"对它而言,只有一种革新的可能性:资产阶级应该让位给无产阶级。"①

在语言上这怎么能与想象的特殊创作作用相联系呢? 难道无产阶级就是这样的幻想家吗?

当然,洛克指的是另外一种意思。他的意思大概是:无产阶级随身带来了社会语言交际,说话人言语相互作用的新形式,带来了社会语调和口气的新世界。无产阶级还随身带来了说话人个性的新的语言观点,带来了话语本身和语言真理的新观点。也许,洛克在作出自己的论断时具有某种详细的说明。但是在它的理论中,这一点并没有找到任何表示。资产者幻想起来也不会比无产者差,况且他们的闲暇时间要多得多。

洛克充满个人主义色彩的主观主义在应用到我们的具体问题时说明,作者和他人言语相互关系的进程在他的观点中没有被反映出来。准直接言语根本就不表现对他人话语的消极感受,而是表现积极的目标,这种目标绝对不是通向把第一人称转变成第三人称,而是通

---

① 德语原文是:Für sie gibt es nur eine Möglichkeit der Verjüungung:anstelle des Bourgeois muss Proletarier zu Worte kommen.——译者

313

向把自己的语气带入他人话语之中；这种语气与他人话语的语气发生冲突，产生干扰。不能赞同洛克的是，准直接言语形式接近于对他人言语直接的接受和体验。他人言语转述的每一种形式都以自己的方式来接受他人的话语并且进行积极研究。格特劳德·莱尔希好像捕捉到了这种进程，可是却没有在主观心理语言中表达它。这样一来，两位作者试图在平面上展开三维现象。在准直接言语的客观语言现象中，不是移情作用在个人心灵的界限内与间距相融合，而是主人公的重音语气（移情作用）与这个和那个语言结构界限内的作者的重音语气（距离）相融合。

无论是洛克还是格特劳德·莱尔希，他们两个同样都没有考虑到对于理解我们所说的现象十分重要的一种因素：评价。这种评价积存于每一个生动的词语里，被话语的重音和富有表现力的语调而表现出来。在自己生动和具体的重音强调和语调之外，言语的含义是难以表达出来的。在准直接言语中，我们所了解别人的话语不完全是根据依附于它的意思，而是首先根据主人公说话的重音和语调，根据言语有价值的流向。

我们领悟到，这些别人的评价是如何打断作者的重音和语调。正如我们所知道的，准直接言语正是以此来与替代的言语相区别，而在替代的言语中在作者周围的语境方面不会出现任何新的重音。

我们还是回到俄语中的准直接言语的例子。

下面就是从《波尔塔瓦》中选取的在这方面具有异常特性的范例：

"玛泽帕装着一副忧伤的样子，用一副恭顺的目光仰视着沙皇。'上帝明鉴，苍天在上：他是个可怜的首领，二十年忠心耿耿效忠沙皇；他为沙皇倾其所有，赞颂无止……啊，恶毒多么盲目而疯狂！难道他在垂死之际还开始学习背叛和给名誉抹黑吗？不是他吗，愤然拒绝帮助斯坦尼斯拉夫，羞愧地，拒绝乌克兰王冠，协议把致沙皇的秘密信件，按职责打发了吗？他没有对汗和威严的苏丹的唆使表示沉默吗？乐于用英雄的忠诚，用智慧和军刀与白发沙皇的敌人斗争，奋斗，不吝惜生命，今日凶狠的敌人竟敢玷污他的白发！究竟是谁？伊斯克拉，柯丘别依！还曾一直是他的朋友呢！……而且凶手含着凶狠的泪水，以自己冷酷的举动，要严惩他们，给谁严惩呢？坚强的老人！谁的女儿投在他的怀抱中？但是他那颗冰冷的心，压制了那单调的絮语。'"

在这段话中，一方面，句法与修辞通过玛泽帕哀怜恭顺的绝妙语气表现了出来；另一方面，这段"流泪的哀诉"是由作者语境有价值趋向所决定的，是用陈述性语调决定的，这种语调在此种情况被愤怒的语气所渲染，它们后来在修辞性问语中被发掘了出来："谁被处死了？老者是不会屈服的！谁的女儿投入他的怀抱？……"

在阅读上段话时可以用两种语调来转述每个词语，也就是说用玛泽帕的哀诉来愤怒地揭露她的虚伪，这种阅读方法也是完全可以的。这里我们遇到的是一种粗俗的，带有修辞性的，有一些极为粗糙的和明确的语调的情况。在大多数情况下，特别是在准直接言语成为普遍现象，在新文学散文中，具有重要干扰的声音转述是不可能的。此外，准直接言语的发展与大量散文体裁向无声音区的转变相联系。只是这种散文的无声化能使那种语调结构多层化和不能被声音转述的复杂化成为可能，这种语调结构对于新文学而言是如此具有特殊性。

再有陀思妥耶夫斯基《白痴》中的一个例子，这是个两种言语不被一种声音同等转述而干扰的例子。

"为什么他，公爵，现在不亲自走近他，而是转身离开了他，好像什么也没发现似的，虽然他们的目光已经对视了一下。(是啊，他们的目光对视在一起了！而且他们还相互看了一会儿。)他不是想亲自拉住他的手，和他一道去那儿的吗？他不是想亲自在明天去他那儿，对他说他去过她那儿了吗？他不是在去他那儿的半路上，当他的心头突然充满了喜悦时，他自己不是断绝了与自己的魔鬼的关系了吗？或者在罗戈任心中有某一种感觉，即在这个人今天的整体形象里，在他说的所有话语中，在他的举止行动和眼神中，能够证实公爵可怕的预感，能够证实他的魔鬼的愤怒诅咒吗？有一种东西是他自己亲眼所见，可是却很难分析和叙述，不能用足够的原因来证实，不过尽管有这么些困难，有这么些不可能，他还不是能够说出全部完整的和强烈的、能不由自主地转入最坚定信仰的印象吗?信仰什么呢?(噢,这个怪物,这个有损尊严的信仰和这个卑贱的预感,是如何折磨公爵的啊!他又是如何自责的啊!……)"

在这不长的一段话里我们可以找到非常重要而又有趣的问题,即由作者语境所表现出来的他人言语的声音体现问题。

表现重要的有表现力的语调的困难性在于要把它们经常从作者的重要视野里来回转换成主人公的视野。

在什么样的情况下和在什么样的范围内主人公能够得以充分表演呢?在绝对充分的表演下我们理解的不仅是有表现力的语调的转变(这种转变在一种声音和一种意识里是可能的),而且是声音的转变,这种声音体现在它个性化特点所有总和的意思中;我们还理解人称(也即面具)的转变,这种人称体现在面部表情和姿势所有个性化特点的意思中。最后,我们还理解在所有角色表演过程中,这个声音和表情对自己的全封闭性。因为在这个封闭的个性化世界里已经不可能被渗透和传播作者的语调。由于他人声音和表情的封闭,由作者语境转变成他人言语和由他人言语转成作者语境的任何递进都不可能出现。他人言语好像是在话剧里要开始说出来,在话剧中没有大规模的语境,那里语法上与它们孤立的另一位主人公的对白与这个主人公的对白是对立的。因此,通过绝对充分的表演,在他人言语和作者语境之间形成了对话中的一种对白对另一种对白的相似关系。作者用这种方式就与主人公接近起来,他们的关系在对话中形成了。这一切都有必要会得出结论,那就是他人言语绝对充分地表演,在大声阅读文学散文时是极少有可能的。否则,语境中的基本艺术任务的冲突是不可避免的了。当然,在这些极少有的情况下,言语只能涉及直接结构直线的和适度优美的变体。但是如果直接言语被作者在对白中所做的情景说明隔断,或者如果在直接言语穿插着太多的作者语境评价性质的影子,那么绝对充分的表演是不可能的。

但是部分的表演是可以的(不赋予新形象)。这种表演允许在作者语境和他人言语之间进行渐渐的语调转变;在另外一些情况下,在具有双重性变体时,所有的语调在一种声音里能直接混合。确实,这只有在与我们所举例子类似的情况下才有可能。修辞性问语和感叹语常常具有从一种语气转变成另一种语气的功能。

剩下的就是我们对准直接言语的分析进行总结了,同时也就是对我们这本书第三部分进行总结。我们将总结写得简要点儿:因为所有本质性的内容都包括在前面章节里了,我们要竭力避免重复。

我们详细研究了一些直接言语转述的最重要形式。我们没有进行抽象语法性质的描述,我们在这些形式中努力寻找到这样一种材料,即语言本身在自己发展的这个或那个时代能感受到他人话语和说话者的个性。在这种情况下,我们一直期望表述和说话人个性的命运在语言中能够反映出言语相互作用的社会命运,反映出话语意识形态交际在它的最具本质的趋势中的社会命运。

话语作为意识形态现象,能够出色地表现出不间断的形成和变化,它能敏锐地反映着一切的社会进步和变革。在话语的命运里能够体现出说话人交际场合的命运。但是可以分几种途径来研究话语的辩证的形成。可以研究含义的形成,也就是研究话语准确含义上的意识形态史,研究作为真理历史形成的认识的历史,因为真理的永恒只是指真理的永恒形成;研究作为文艺真实形成的文学史。这是一个途径。与这一途径密切相连、不断协作的另一个途径是:研究作为意识形态材料的语言本身的形成,作为存在的意识形态折射的环境的语言本身形成,因为人类意识中的折射的反映,只有在话语中或通过话语才能完成。要研究语言的形成,要完全脱离语言中折射的社会存在,脱离社会经济条件的折射力,显然是不行的。脱离开真理的形成和词语里文学真实的形成,脱离人类社会,即这个真实和真理就是人类社会存在,是不可能研究话语的形成的。这样,两个途径在不断相互作用中都来研究自然界形成和话语形成历史的反映和折射。

但是还有一个途径:研究话语本身社会形成的反映,研究这一途径的两种界限:话语哲学历史和话语在话语中的历史。我们的工作就是研究这后一个趋势。我们很好地理解它的不足,只希望话语在话语问题本身形成具有实质性的意义。真理的历史,文艺真实的历史和语言的历史可以因对它们主要现象的折射研究而获得很多好处,这种现象是指具体的表述,它存在于语言本身的结构中。

下面还有一段关于准直接言语和关于它所表达的社会倾向的结束语。

研究准直接言语的出现和发展应该与研究另外两种生动的变体直接言语和间接言语的发展紧密地联系起来。这样我们就会相信,准直接言语是位于现代欧洲语言发展的大道上,它标志着表述社会命运中某种实质性的转变。转述他人言语中形象生动风格的极端形式的胜利,这当然不是被心理的因素和艺术家个人修辞任务所能解释,但是都能被言语普遍的、深刻的主观化意识形态话语——表述所解释。它已经不是实质性意思观点的纪念物凭证,它只是作为偶发的主观化状态的表现而被感受到。在语言意识中表述的典型化和个性化外层是如此被分化出来,以至于它们完全将它的意思内核掩盖了、相对化了,使那种在它里面实现的负责任的社会立场被掩盖了、相对化了。表述好像停止了成为严肃的含义核算的对象。只有在科学文体中还存在着绝对的话语,"来自词语自身"的词,是确定的词。在话语创作的所有别的领域,占优势的不是"说出来"的话语,而是"想象出来"的话语。所有言语活动在这里都导致"他人话语"和"好像是他人话语"的分布。甚至在人文科学中替换有责任心表述的趋向也会表现出来,这个表述是"目前占有优势观点"的统计与归纳推断科学问题的当代状态的描述,并常被认为这是对问题最有力的"决定"。在所有这方面说明着意识形态话语的令人惊讶的脆弱性和不确定性。文艺的、演说的、哲学的和人文科学的言语成为"意见"王国,早就知道的意见"王国",甚至在这些意见中占首位的其实不是在它们当中有"什么意见",而是"怎样地"提出意见,是个别地呢,还是集中地提意见。这个过程在欧洲最新资产阶级话语命运里和在我们的话语命运里(几乎到最近时期为止)都可以界定为**话语物化**,界定为**话语主题的降低**。诗学、语言学和语言哲学的形式主义流派在我们这儿和在西欧那儿都是上述过程里的鼓动者。这里未必需要补充说明,这个过程用什么样的阶级前提来说明,也未必需要重复洛克所说的正确语,即在什么步骤下才能更新意识形态的话语,更新被令人信服的和绝对的社会评价所渗透的主题话语和严肃的具有认真负责态度的话语。

华 昶 译

题 注

《弗洛伊德主义　批判纲要》

此书出版于 1927 年,苏联列宁格勒,署名为 B.H.沃洛希诺夫。1983 年美国纽约查里兹出版社根据 1927 年版重印此书,署名巴赫金与沃洛希诺夫。此书与 1927 年前后出版,发表的论著如《生活话语与艺术话语》《现代活力论》《文艺学中的形式方法》《马克思主义与语言哲学》等,在 20 世纪 70 至 90 年代,因它们的真正作者问题,苏联与西方学界进行了长期的争论。1993 年,俄罗斯《新文学评论》杂志发表鲍恰罗夫的长文《关于一次谈话及其相关问题》。鲍恰罗夫与后期的巴赫金过从甚密,有过多次谈话,并做了记录。他与巴赫金多次谈及上述著作的作者问题,但巴赫金一般不大愿意谈论这一话题。不过话题既然引起来了,巴赫金承认,三本著作(《弗洛伊德主义》《文艺学中的形式方法》《马克思主义与语言哲学》)和 1926 年发表的论文《生活话语与艺术话语》等都是他写的,而且是"从头到尾",但这是为朋友们而写的,并给了著作权。1993 年,莫斯科迷宫出版社在"面具下的巴赫金"标题下,重印了上述三本书,并保留了原有的作者署名,以存历史原貌。无可争论,上述三本书的真正作者是巴赫金。但是巴赫金一再申明,要是按自己的意愿写作,这些论著就不会是这个样子了。本书译文是根据 1983 年纽约版译出的,曾于 1987 年由中国文联出版公司出版,现译文作过校订。上面的题注写于 1998 年。

经过多年的讨论、争论,当今巴赫金研究界的主流意识表示,三本书及其他论文的版权,都归原作者所有,因为至今没有材料证明不是原署名作者的著作;同样,也无实证材料证明它们系巴赫金所作。当然,可以肯定,巴赫金的某些思想与它们所表述的思想,在一定程度上存在联系。

《在社会性的彼岸》

本文最初发表在列宁格勒《星》杂志(1925年第5期)上,署名 B.H.沃洛希诺夫。

《生活话语与艺术话语》

本文译自 Г.别拉娅编的《1917—1932年苏联美学思想史》,莫斯科艺术出版社,1980年。原文署名 B.H.沃洛希诺夫。

B.H.沃洛希诺夫,苏联音乐家,音乐研究家。曾在维特堡音乐学院工作,后来在俄罗斯社会科学研究所协会附属的研究生班学习,与巴赫金交往甚密。在与巴赫金交谈的基础上,他撰写了一系列有关美学和艺术哲学专著。

《生活话语与艺术话语》这篇论文是就"现实'材料'向艺术创作转化的这个一般美学问题"而作的。它的意义在于它在作为统一整体的艺术作品的体系中提出了"作家—主人公—读者"诸范畴的联系问题。

这篇文章最初发表在文学期刊《星》(1926年第6期)上。

《马克思主义与语言哲学》

本书出版时署名 B.H.沃洛希诺夫,出版于1929年1月,列宁格勒,激浪出版社。书出时巴赫金已遭逮捕。1930年该书再版。其后过了四十余年,该书译成英文在西欧才重见天日。现根据莫斯科迷宫出版社1993年版本译出。该书在20世纪70至80年代就作者著作权问题有过争论。1993年第三版,标有"面具下的巴赫金"。鲍恰罗夫根据与巴赫金的谈话记录,于1993年著文写道:"三本著作(《弗洛伊德主义》《文艺学中的形式方法》《马克思主义与语言哲学》)和《生活话语与艺术话语》一文,都是他写的,甚至是'从头到尾',是为朋友们而写的,并给了著作权。"

  《马克思主义与语言哲学》从社会学的观点评述了当时诸种流行的语言学派。在交往理论的基础上,巴赫金探讨了一般语言学所忽视的方面,建立了"超语言学"的语言理论,并在对陀思妥耶夫斯基的研究中,作了全面发挥。语言学一般研究句法、语法、词语的系统性特征及种种规范;"超语言学"探讨的,则是语言学不感兴趣的、抽象成规律后留下的大量语言现象,即在交往中、具体语境中活生生的对话人的语言特征。表述、话语、他人话语的形成,在这一理论中占有中心地位,从而建立起了巴赫金的对话理论、语言哲学与符号理论。这些理论形成于20世纪20年代,但直到今天才汇入世界科学潮流。